JN308600

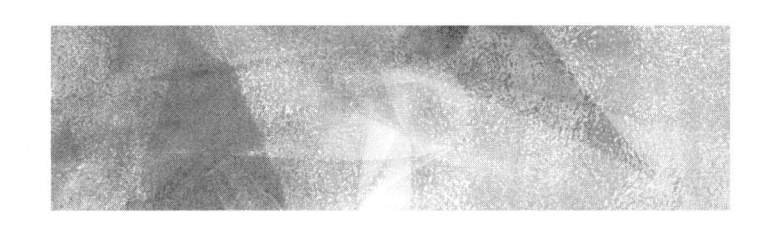

社会政策Ⅱ
少子高齢化と社会政策

玉井金五・久本憲夫 編

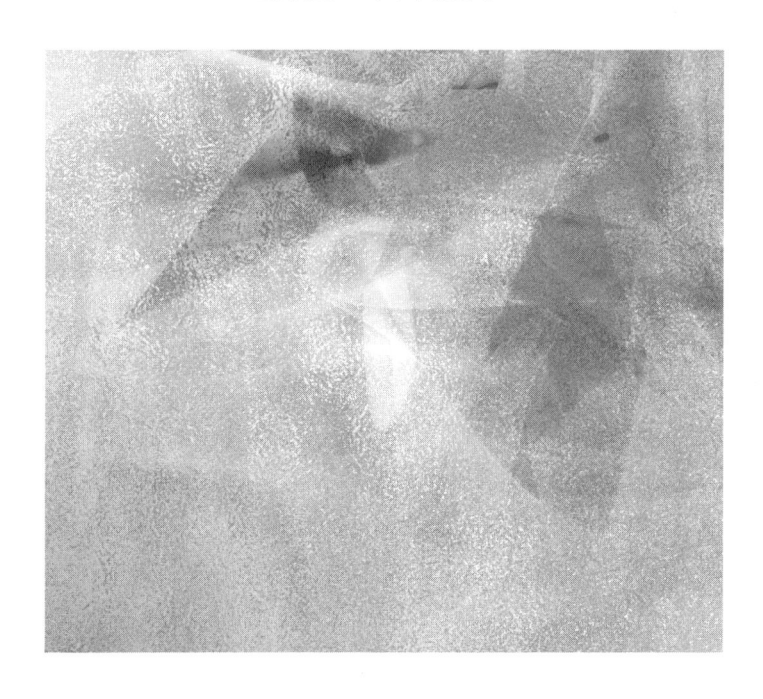

法律文化社

は し が き

　1990年代以降，日本をとりまく社会経済的条件は大きく変貌した。そうしたなかで，「格差問題」に代表されるように，それまで十分認識されなかった新しい状況が生じてきた。もっとも，以前から格差に関わる問題は多々存在してきたが，1980年代あたりにはそれが非常にみえにくくなってしまった。しかしながら，平成長期不況を経るなかで改めて私たちの眼の前に大きく現れ出たのである。
　振り返ってみれば，わが国では戦後のある時期まで「平等」「公平」といった考え方のもとで，さまざまな施策が展開されてきた。とくに国民の労働と生活に関わる社会政策は，そうした視点が土台としてあった。そして，1980年代あたりまでくると，ほぼそのような初期の目標が達成されたかのような様相を呈したのである。しかしながら，その後の諸条件の激変は社会政策の位置づけ自体にも大きな影響を及ぼすことになる。つまり，一方ではすでに社会政策によってミニマム的なものを保障する体制が整ったわけであるから，それ以上のことは自助努力でといった考えである。他方では，ミニマム自体が分野によっては確立されていないどころか，従来できあがったとみられたものにまでゆらぎが生じ始めたという見方である。
　こうしたなかで，社会政策はあるべき方向をめぐって混迷を深めてきている。いいかえれば，社会政策は理論的にも実践的にも大きな分岐点に立たされているということである。この場合，対処の仕方はいくつかあるが，そのひとつとしてこれまでの社会政策の歩みを精確に捉え，再度そのプロセスを徹底的に検証しなおすとともに，現在の到達点について十全な把握を行っておくというやり方である。これは一見オーソドックスな方法にみえるかもしれないが，社会政策が絡む，込み入った事実関係の解明はなかなか難しく，またそれを説得的に論証していくということはなおさら困難をともなうものである。とはいえ，社会政策の領域ほどさまざまな主体が正面からぶつかり合う場は他にな

く，そのダイナミックな動きを鮮明に描き出すことができれば，それだけでも十分な価値があるといってよい。

『社会政策』I・IIと題する本書は，上記の事情を踏まえて，日本の社会政策をこれまでにない高度かつ精度なかたちで抽出しようという意図を込めて刊行されるものである。従来の研究史を振り返ってみると，社会政策全体をバランスよく取り扱うテキストは少なくなってしまった。そうしたテキストが少ないというのは，学問的状況それ自体に勢いがみられないということにも通じてしまいかねない。しかしながら，日本をはじめ国際的に社会政策への新しいニーズが激増しており，むしろ実践面で多々先行する状況が形成されてきているのが現実である。それにともなって，テキスト的な文献の刊行が以前にも増して目立つようになってきた。そうしたなかで，本書は一歩高い水準から日本の社会政策を歴史的体系的に分析し，類書の枠組みを打ち破るというねらいを秘めている。

その意味で，本書は研究者はもちろんのこと，あえていえば大学院生あたりのレベルを念頭においているといえるが，他方で叙述をできるだけ平易にして学部学生，社会人等でも十分消化・吸収できるような工夫が凝らされている。したがって，かなり幅広い読者層に最新のまとまった成果を提供することができるだろう。本書のなかで，Iは雇用・労働に焦点をあてた構成をとっているが，IIの社会保障関係との連関を十分に意識しての内容となっている。また逆に，II自体もIとの有機的な結びつきを視野に入れ，たんなる個別分野の論述ではない体裁となっている。編者のうち，久本がIを担当した。他方，IIはもう一人の編者である玉井が担当する体制をとった。しかしながら，企画段階から編者間での話し合いが何度も行われており，その意味でI・IIとも2名の共同編集責任となっている。

最後になるが，今回の刊行にさいしては実に多くの方々に参加していただいた。とくに，執筆者は現在わが国で当分野を代表する気鋭ばかりである。もっとも，こうした本書の企画，出版については法律文化社の田靡純子氏の多大なご尽力がなければ不可能であった。田靡氏には心からお礼申し上げたい。また，同じく法律文化社の浜上知子氏も編集に際して絶大なる協力を惜しまれな

はしがき

かった。あわせてお礼を申し上げたい。

　2008年3月

　　　　　　　　　　　　　　　　　　　玉井　金五・久本　憲夫

目　次

はしがき

第1章　少子高齢化 ——————————————————— 1
　1　少子高齢化の実態　1
　2　少子高齢化の要因　4
　3　少子高齢化はなぜ社会の問題となるのか　12
　4　少子化対策としての家族政策について　14

第2章　財政・税制 ——————————————————— 23
　1　戦後復興期の財政　23
　2　高度経済成長期の財政　26
　3　低成長期の財政　32
　4　バブル崩壊後の平成不況期の財政　38
　5　小泉「構造改革」以降の財政　43
　6　財政と社会保障を考える視点　45

第3章　公的年金 ——————————————————— 63
　1　高齢社会と公的年金制度　63
　2　公的年金制度のあゆみ——課題の源流を求めて　64
　3　公的年金制度の現状　82
　4　公的年金制度の課題　97
　5　展　望　99

第4章　医療保障制度の現状と課題 ——————————— 103
　■医療における公共性・営利性の両立と参加型ガバナンス
　はじめに　103
　1　医療保障制度の確立と発展　104
　2　人口高齢化と低経済成長下における医療保障制度の見直し　106

  3　2006年医療保険制度・医療提供体制の構造改革　*109*
  4　医療法人制度改革における非営利性の強化と
     公共性・営利性の両立　*115*
  5　参加型ガバナンスによる公共性・営利性の両立と患者中心の改革
    ――イギリスにおける病院改革，患者・公共参加政策のからの示唆　*120*
  6　むすびにかえて――日本の医療制度改革の課題と方向　*125*

第5章　介護保障　*131*
  1　問題の所在　*131*
  2　わが国の高齢者介護保障政策の展開　*133*
  3　2000年に導入された介護保険制度とその課題　*140*
  4　介護保険制度創設以後の動きと5年間の現状分析　*145*
  5　2005年介護保険制度改正の概要と課題　*151*
  6　むすびにかえて
    ――わが国における高齢者介護保障政策の方向性　*158*

第6章　最低生活保障と公的扶助　*165*
  1　日本の社会保障制度における公的扶助　*165*
  2　公的扶助の範囲と規模　*167*
  3　生活保護制度の成立と展開　*169*
  4　生活保護制度の概要　*175*
  5　生活保護制度の現状　*180*
  6　被保護者の特徴　*185*
  7　生活保護制度の財政　*189*
  8　生活保護制度の将来　*194*

第7章　家計からみた経済社会の変動と生活　*205*
  はじめに　*205*
  1　極限状況から戦後復興期の生活　*206*
  2　高度経済成長期の生活　*217*
  3　安定的成長期からバブル経済期の生活　*228*
  4　1990年代不況期から現下の生活　*239*

目次

終　章　社会政策をとりまく諸問題――――――――255
　　は じ め に　255
　　1　共同体的要素と社会政策　256
　　2　人口問題と社会政策　260
　　3　東アジア社会政策と日本　263
　　4　む す び　266

索　引

社会政策Ⅰ　ワーク・ライフ・バランスと社会政策

　　序　章　社会政策の現在　　　　第 7 章　職場における男女平等
　　第 1 章　雇 用 政 策　　　　　　第 8 章　企業内教育訓練
　　第 2 章　雇用形態の多様化　　　第 9 章　能力開発政策
　　第 3 章　長期安定雇用　　　　　第10章　労 働 運 動
　　第 4 章　賃金処遇制度　　　　　第11章　最 低 賃 金
　　第 5 章　査定と昇進　　　　　　第12章　外国人労働
　　第 6 章　労 働 時 間

──── **執筆者紹介**[執筆順] ────

① 所属　② 専門　③ 主要著書・論文

滋野由紀子（しげの　ゆきこ）　第1章
①大阪市立大学大学院経済学研究科准教授
②日本経済論，労働経済学，家計経済学
③『女性の選択と家計貯蓄』（共著）日本評論社，2001年
　「大都市圏における育児と女性の就業」（共著）『会計検査研究』第32号，2005年
　「就労と出産・育児の両立──企業の育児支援と保育所の出生率回復への効果」樋口美雄・財務省財務総合研究所編著『少子化と日本の経済社会』日本評論社，2006年

松本　淳（まつもと　あつし）　第2章
①大阪市立大学大学院経済学研究科准教授
②財政学
③『日本が直面する財政問題』（共著）八千代出版，1999年
　『年金改革──安心・信頼できる年金制度改革』（共著）（財）社会経済生産性本部生産性労働情報センター，2005年
　『希望の構想──分権・社会保障・財政改革のトータルプラン』（共著）岩波書店，2006年

中尾友紀（なかお　ゆき）　第3章
①椙山女学園大学人間関係学部講師
②社会福祉学
③「労働者年金保険成立史論──創設の意図をめぐって」博士論文，2005年
　「労働者年金保険法の立案意図──労働移動防止の妥当性を手がかりに」『社会福祉学』Vol.45-3（No.73），日本社会福祉学会，2005年
　「戦前期日本の『長期保険』構想における労働者年金保険法成立の経過」『社会福祉学』Vol.49-1（No.85），日本社会福祉学会，2008年

西村万里子（にしむら　まりこ）　第4章
①明治学院大学法学部教授
②公共政策論，社会保障論
③『医療保障と医療費』（共著）東京大学出版会，1996年
　『イギリス非営利セクターの挑戦』（共著）ミネルヴァ書房，2007年
　『三訂　社会政策を学ぶ人のために』（共著）世界思想社，2007年

森　詩恵（もり　うたえ）　第5章
①大阪経済大学経済学部准教授
②社会政策論，社会保障論
③『現代日本の介護保険改革』法律文化社，2008年
　「男性家族介護者の介護実態とその課題」『大阪経大論集』第58巻第7号，2008年
　「2005年介護保険改正と高齢者介護保障政策」『大阪経大論集』第58巻第6号，2008年

阿部　彩（あべ　あや）　第6章
①国立社会保障・人口問題研究所国際関係部第2室長
②社会保障，公的扶助，貧困
③「子供の貧困──国際比較の視点から」国立社会保障・人口問題研究所編『子育て世代の社会保障』東京大学出版会，2005年
　「日本における社会的排除の実態」福原宏幸編『社会的排除／包摂と社会政策（新しい社会政策の課題と挑戦　第1巻）』法律文化社，2007年
　『生活保護の経済分析』（共著）東京大学出版会，2008年

室住眞麻子（むろずみ　まさこ）　第7章
①帝塚山学院大学人間文化学部教授
②人間福祉学・生活経済学
③『世代・ジェンダー関係からみた家計』法律文化社，2000年
　『福祉国家とジェンダー』（共著）明石書店，2004年
　『日本の貧困──家計とジェンダーからの考察』法律文化社，2006年

玉井金五（たまい　きんご）　終章
編者紹介参照

第1章

少子高齢化

1　少子高齢化の実態

　わが国の戦後から現在までの人口推移をみてみよう（**図表1-1**）。終戦直後の1947年の総人口は，7810万人（臨時）であったのが，その後一貫して増加し，1970年には1億372万人になり1億人を突破した。その後も増加は続いたが，2004年の1億2779万人をピークに2005年は1億2777万人と減少に転じ，人口減少時代に突入した[1]。これは，戦後初めてのことである。古くを辿れば，人口減少は珍しいことではないが，今を生きる私たちにとっては，未知の世界といえよう。今後は人口減少に加速がつき，2046年に1億人を割り込み，2055年には9千万人にも満たない8993万人になると予測されている[2]。そして，そのままの状態が続けば2105年には5千万人をはるかに下回る4459万人にまで減少する[3]。

　次に，人口の年齢構成に着目し，その推移をたどろう。人口を0-14歳，15-64歳，65-74歳，75歳以上の4区分に分ける（**図表1-2**）。高度成長期まっただ中の1965年には，総人口に占める0-14歳の割合が25.6％，15-64歳の割合が68.1％であり，65-74歳と75歳以上の割合を足し合わせても僅か6.3％にすぎなかった。65歳以上の高齢者人口と15-64歳の生産年齢人口の比率は，高齢者人口1人に対して生産年齢人口は11.2人であった。それが2005年には，総人口に占める0-14歳の割合が13.8％に減少し，15-64歳の割合は66.1％とまだ安定した推移をしているものの，65歳以上の割合は20.2％にまで増加している。75歳以上の割合も9.1％にまで上昇した。高齢者人口の増加によって，高齢者人

I

図表 1-1　わが国における戦後の総人口の推移と今後の予測

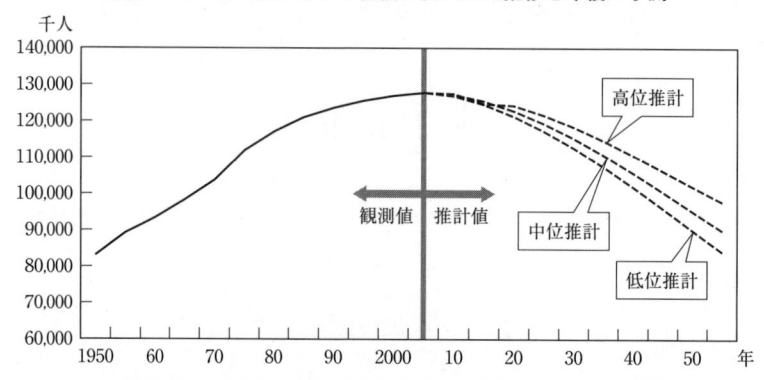

注：「中位推計」は出生中位（死亡中位）推計値（長期の合計特殊出生率は1.26と仮定），「高位推計」は出生高位（死亡中位）推計値（長期の合計特殊出生率は1.55と仮定），「低位推計」は出生低位（死亡中位）推計値（長期の合計特殊出生率は1.06と仮定）である。
出所：1950年-2005年は，総務省統計局『国勢調査報告』による。
　　　2010年以降は，国立社会保障・人口問題研究所「日本の将来推計人口」（2006年12月推計）による各年10月1日現在の推計人口による。

図表 1-2　年齢3区分別人口の推移

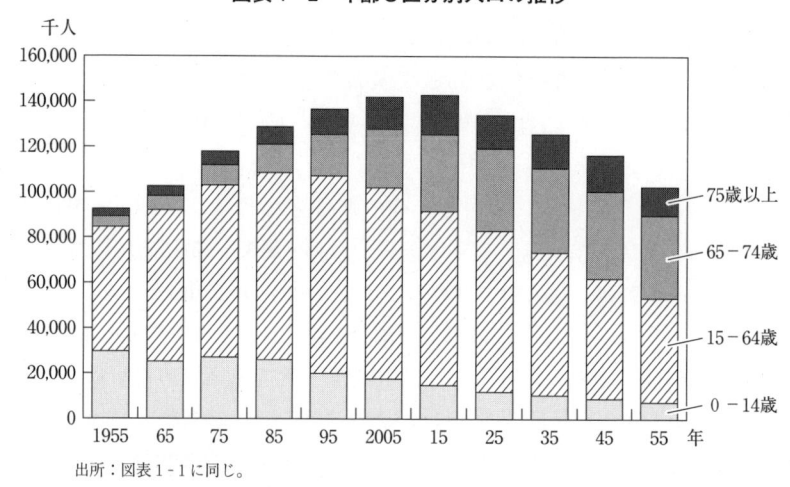

出所：図表1-1に同じ。

第1章 少子高齢化

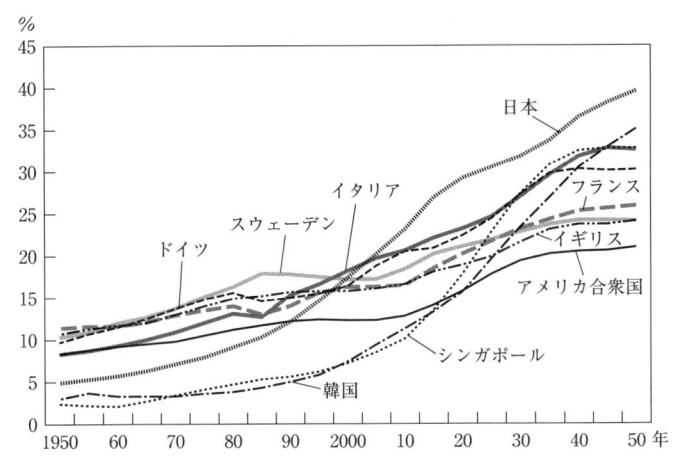

図表1-3 高齢化率の推移の国際比較

注：高齢化率とは、総人口に占める65歳以上の高齢者人口の割合のことである。
出所：UN, World Population Prospects, The 2006 Revision.
　　　ただし、日本は総務省「国勢調査」および国立社会保障・人口問題研究所「日本の将来推計人口」（2006年12月推計）による。

口1人に対する生産年齢人口は3.3人にまで減少している。2055年には0-14歳の人口はさらに減少し、総人口に占める割合は8.4％になる。15-64歳人口も減少し、現在（2005年）の約54％とおよそ半減する。これに対して、総人口に占める65歳以上の割合は40.5％と大きく、75歳以上の割合も26.5％と急増する。高齢者人口1人に対して生産年齢人口は1.3人にまで落ち込むと予測されている。

わが国人口に関する大きな特徴は、高齢化のスピードの速さである。一般に65歳以上の高齢者人口を総人口で除した高齢化率が7％を超える社会を「高齢化社会」、14％を超える社会を「高齢社会」、20％を超える社会を「超高齢社会」と呼んでいる。[4] 図表1-3が示すように、わが国は1970年に高齢化率が7％を超え、高齢化社会となり、わずか24年後の1994年には高齢化率が14％を超え、高齢社会に移行した。高齢化率が7％からその倍の14％になるのに要した年数、すなわち倍化年数を他国と比較すると、フランスは115年、スウェーデンは85年、アメリカは75年、イタリアは61年、比較的短いイギリスが45年、ド

イツでも40年と，わが国よりも約1.6-4.8倍もの長さの高齢化に対応する準備期間があった。日本社会は，世界にも類をみない急激な変化を経験したことがわかる。その後も高齢化の進展は，ますます速度を増し，2005年の高齢化率は20.1％に達して超高齢社会に入り，イタリア（20.0％）を抜いて世界一となった。一方，15歳未満の年少人口の総人口に占める割合は，13.7％と世界最低水準である。[5]

ただし，韓国やシンガポールなどアジア諸国は，現時点では高齢化率がまだ低いものの，高齢化のスピードはわが国以上のものがあり，近い将来，劇的な高齢化を経験すると考えられる。現状に甘んじず，早期に準備を進めることが肝心であろう。

2　少子高齢化の要因

（1）寿命の伸びと出生率の低下

少子高齢化の直接的な要因の第1は，急速な寿命の伸びである。戦後，栄養状態や衛生状態の改善，医療技術の進歩等によって，終戦直後の1947年の平均寿命は男性50.06歳，女性53.96歳であったのが，2006年には男性79.00歳，女性85.81歳となった。この間，実に，男性で29歳，女性で32歳もの伸びをみせた。わが国の女性は世界一の長寿であり，男性も世界最長レベルにある。[6]これは誠に喜ばしいことである。

第2の直接的な要因は出生率の低下である。合計特殊出生率[7]と出生数で戦後の出生状況の推移をみることにする。合計特殊出生率とは，出生の状況を表す代表的な指標であり，1人の女性が生涯を通じて産む平均子ども数であると捉えられている。しかし，実際に1人の女性が一生涯に産む子ども数の平均値ではない。それは完結出生児数である。完結出生児数を確定するためには子どもを産み終わっていなければならないので，現時点で出産期のピークにある女性の出生行動を把握することはできない。[8]そこで，合計特殊出生率が今まさに現在の出生状況の把握によく用いられるのである。合計特殊出生率は，出産可能年齢とされる15-49歳の女性について，その1年間の年齢別出生率を計算し，

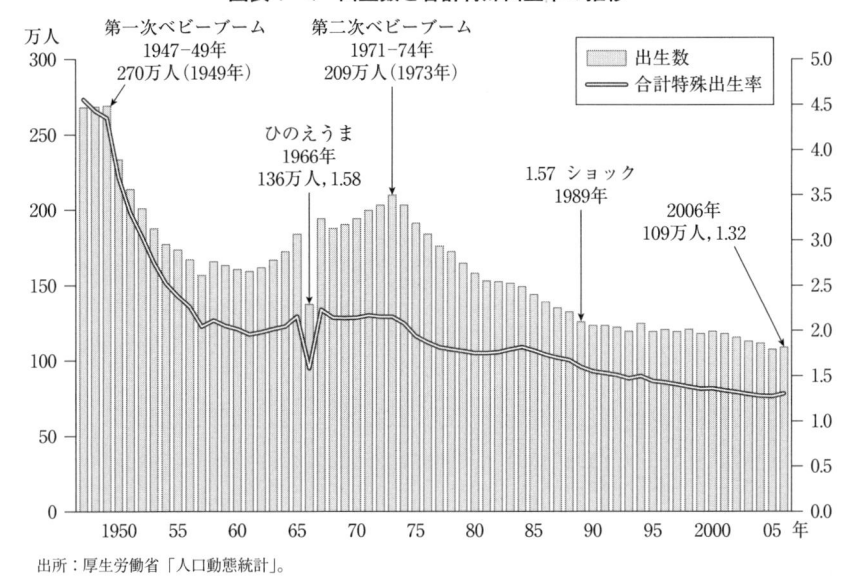

図表 1-4 出生数と合計特殊出生率の推移

第一次ベビーブーム 1947-49年 270万人（1949年）
第二次ベビーブーム 1971-74年 209万人（1973年）
ひのえうま 1966年 136万人, 1.58
1.57ショック 1989年
2006年 109万人, 1.32

出所：厚生労働省「人口動態統計」。

それらを合計して算出する。式は以下のとおりである。

$$合計特殊出生率 = \sum_{i=15}^{49} \frac{i 歳の女性が1年間に出産した子どもの数}{i 歳の女性の人口}$$

あたかも1人の女性が15-49歳の各年齢において，その年次の年齢別出生率の確率で子どもを産むと想定して，一生の間に生む子どもの数とみなしているのである。合計特殊出生率の長所は，単純な出生率に比べて，年齢別出生率を用いることで人口構成の歪みに影響を受けない点にある。しかしながら，晩産化のような出産のタイミングの遅れを調整することはできない。生涯を通じて産む子ども数は変化していなくても，先の世代に比べて出産年齢が高齢になれば，ある期間，合計特殊出生率は低下してしまう。統計を読む際にはこの点に留意する必要がある。

図表1-4は，戦後の出生数と合計特殊出生率の推移を示している。1947年か

図表 1-5　出生率の国際比較

	合計特殊出生率		合計特殊出生率
日　本	1.26	スウェーデン	1.77
アメリカ合衆国	2.05	ノルウェー	1.84
イギリス	1.80	韓　国	1.08
フランス	1.94	台　湾	1.12
ドイツ	1.36	香　港	0.97
イタリア	1.32	シンガポール	1.24
オランダ	1.73		

注：アメリカ合衆国は2004年の数値。それ以外は2005年の数値。
出所：日本，欧米諸国は，国立社会保障・人口問題研究所『人口統計資料集』
（2007年版）。アジア諸国・地域は，内閣府『少子化社会白書』（2006年版）。

ら1949年は終戦が要因となった第一次ベビーブームで，合計特殊出生率は4を超える高水準であり，1949年の1年間には270万人もの子どもが産まれた。この期間に誕生した人々は「団塊の世代」と呼ばれている。その後，合計特殊出生率は急速に減少するものの，人口規模を維持するのに必要なレベルを示す人口置換水準，2.08あたりを推移していた。1966年に一時的に合計特殊出生率は1.58に落ち込んでいるが，これはこの年が丙午（ひのえうま）に当たり，迷信による産み控えが起きたことによるものである。その後，団塊の世代が成人して出産期に入った1971-1974年に再度のベビーブームがみられる。第二次ベビーブームである。そこから現在に至るまで，出生率の低下傾向は続く。1989年の合計特殊出生率が丙午年（1966年）の1.58を下回る1.57であったことから，「1.57ショック」といわれ，出生率の低下が社会的に問題とされるようになった。2005年には最低水準の1.26を記録し，2006年には1.32とわずかにもち直したものの，依然として低水準には違いない。

　図表 1-5は，合計特殊出生率を国際比較したものである。先進諸国はいずれも出生率の低下を経験している。しかし，手厚い家族政策を実施しているフランス，北欧諸国，オランダ等は，近年，下げ止まって再上昇しており，人口置換水準には若干達しないものの，比較的高い。そして公的な育児支援はあまり行われていないにもかかわらず，アメリカ合衆国のみが，唯一，人口置換水準を超えている。確かに移民，ヒスパニック系の出生率の高さが，全体の出生率

を押し上げてはいるが、白人に限定しても1.85と先進国のなかでは高水準である[9]。他方、最近、低下が顕著なのはアジア諸国である[10]。軒並み日本さえも下回る際だった低水準である。各国とも危機意識をもち、少子化対策に乗り出してはいるものの下げ止まらない状態である。

（2）出生率低下の要因

では、出生率低下の要因を探ろう。はじめに、直接的な要因を考える。わが国は現在でも、出生した子に占める婚外子の割合は1.99％と少なく、大多数が結婚を経て出産をしている[11]。よって、1970年半ば以降の出生率の低下の要因を、結婚の状況の変化と、夫婦の子ども数の変化に分けて考える。

まず、結婚の状況の変化に焦点を当てる。**図表1-6**は男女別の年齢階層別未婚率の推移を表している。女性では、25-29歳の未婚率が1970年には18.1％と低かったのが、1980年、90年代に急速に高まり、2005年には59.0％と約6割にもなった。1990年代からは、30-34歳の未婚率が急上昇しており、2005年には32.0％と、およそ3分の1が未婚である。35-39歳についても徐々に上昇幅が拡大してきており、2005年で18.4％である。次に男性をみると、どの年齢階層においても1970年代後半から一貫して上昇している。2005年の25-29歳の未婚率は71.4％、30-34歳は47.1％と約半分、35-39歳でも30.0％と3割が未婚である。

50歳時点の未婚率である生涯未婚率についても女性は1990年代から、男性はそれよりも早い1980年代から上昇しており、2005年には、女性で7.2％、男性は15.6％にも達している。男女ともに晩婚化、非婚化の傾向は顕著であり、現在もなお進展していることがわかる。

次に、結婚している夫婦の子ども数の変化に焦点を当てる。**図表1-7**で示されているように、実は、少子化といわれはじめてからも、しばらくは夫婦の子ども数にはあまり大きな変化がなかった。夫婦が予定の子どもをほぼ産み終えていると考えられる結婚持続期間が「15年以上」の夫婦の平均子ども数は、おおむね2.2-2.3人と1970年代から安定して推移しているのである。しかし、最新の調査（2005年度調査）では、結婚持続期間が「5-9年」という比較的若い

図表 1-6　年齢別未婚率の推移

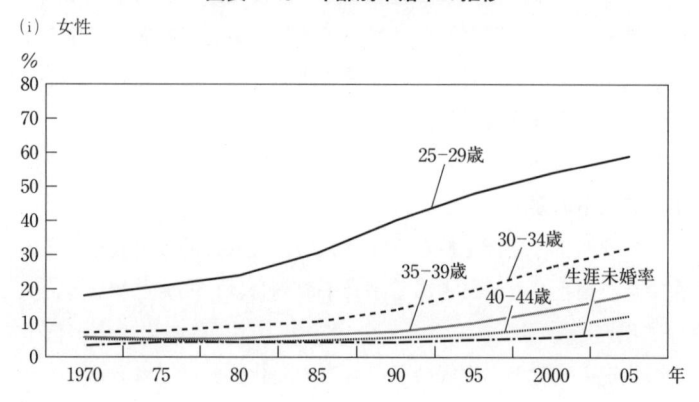

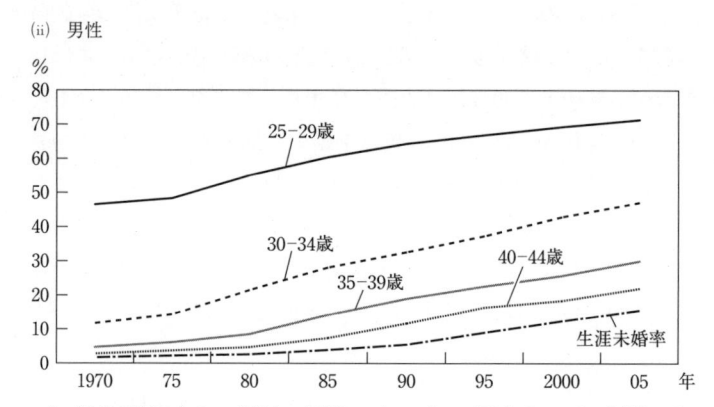

(i) 女性

(ii) 男性

注：「生涯未婚率」とは，50歳時点の未婚率のことで，「45-49歳」と「50-59歳」未婚率の平均値から算出したものである。
出所：総務省「国勢調査」。

　夫婦の間で子ども数の変化がみられ，1.63人と，13年前（1992年度調査）に比べて0.21ポイント，23年前（1982年調査）に比べて0.32ポイント減少している。[12]
　さらに，結婚持続期間「5-9年」の夫婦について出生子ども数別の割合をみたものが**図表1-8**である。子どものいない夫婦の割合は1982年では4.3％にすぎなかったのが，1992年には8.6％，2005年には11.3％と1982年の約2.6倍に急上昇している。子どもが1人の夫婦の割合も1982年では16.0％，1992年は

図表1-7　結婚持続期間別にみた夫婦の平均子ども数

出所：国立社会保障・人口問題研究所「第13回出生動向基本調査」（2005年）。

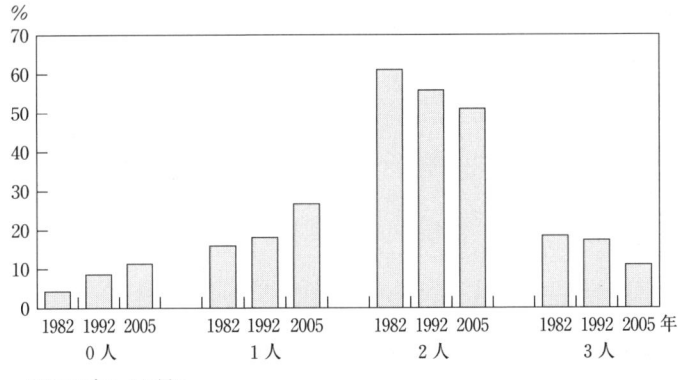

図表1-8　出生子ども数別夫婦割合（結婚持続期間5-9年）

出所：図表1-7に同じ。

18.1％，2005年は26.7％と，13年前よりも8.6ポイント，23年前よりも10.7ポイントも増加している。若い夫婦のあいだでは，子どもをもたない夫婦，一人っ子の増加が顕著にみてとれる。

　以上で，まず結婚行動の変化が現れ，続いて夫婦の出生行動の変化もみられるようになり，両者ともが出生率の低下につながっていることがわかった。岩澤[2002]では，1975年から90年までの出生率低下の約9割が結婚行動の変化

で説明され，1990年から2000年までは夫婦の出生行動の変化が約6割の出生率低下の要因であるとしている。

（3）出生率低下の経済的背景

家計（夫婦）が子どもをもつか否か，もつ場合には何人もつかという選択は，所得と子どもの価格（育児費用）を所与として，家計の効用が最大となるように決定すると考えられる。すなわち，子どもの限界費用と子どもから得られる限界効用とが一致するように子ども数が選択される。

(1)子育て費用と家計所得

わが国に限らず先進諸国でおおむね共通して経験していることだが，趨勢として，経済が発展し，家計所得が増加するにつれて子ども数は減少した。子どもを労働力や介護者としてみなさなくなったこと，避妊の普及等とともに，子ども1人あたりに教育費等で多額の出費を行ったり，時間をかけたりするようになったことが理由として挙げられよう。すると家計所得の増加とともに子どもにかける費用や時間は多くなってはいるが，子ども数は少なくなる。子ども1人あたりにかける費用や時間をベッカーは子どもの「quality（質）」と呼んだ。[13]

わが国でも家計所得の増加とともに子ども1人あたりに費やす費用は膨大なものになっている。その主要な部分は教育費である。幼稚園（2年保育）から高等学校まですべて公立で大学（4年制）は自宅から国立に通うとするならば，総額で951万円を要する。もし幼稚園（3年保育）から高等学校まですべて私立で，下宿して私立大学へ通うとするならば，2031万円もの費用がかかる。[14]他方，90年代の後半より，家計所得の減少を経験している。さらに，若年者の失業率は高く，非正規雇用者の割合は拡大しており，年功的な昇給も望めなくなったなかで，生涯所得の期待値は大きく減少したと考えられる。生涯所得の著しい減少で予算制約が強まるなか，育児費用は下方硬直性があり高止まりをしているため，結果として子ども数への需要が低下していると考えられよう。

実証研究において，学卒後正社員に就かずにフリーターや非正規雇用者となった者は，その後の結婚確率が低く，ひいては出産確率も低いことが示されて

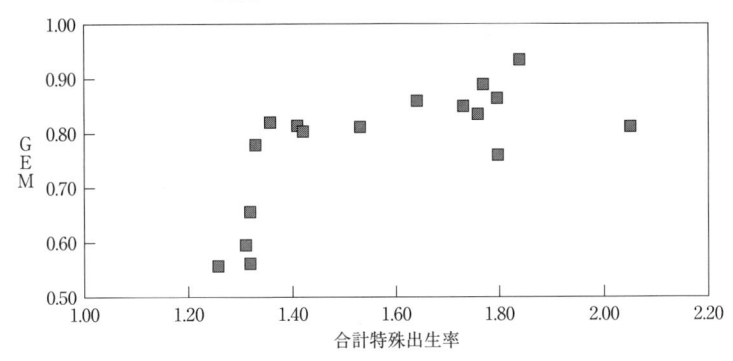

図表1-9　GEMと出生率の関係

出所：国連開発計画「Human Development Report 2003」。
　　　国立社会保障・人口問題研究所『人口統計資料集』(2007年版)。

いる。また，アンケート調査では，夫婦が理想の子ども数をもたない理由として，「子どもを育てるのに費用がかかるから」，「子どもの教育費にお金がかかるから」が最も多く回答されている。この調査は長年にわたり実施されているが，この理由を挙げる夫婦は年々増加傾向にある。

(2) 女性の就業率上昇（社会進出）との関係

女性の社会進出と出生率との関係は，女性の社会進出の段階に応じて，逆相関と相関の両者が考えられる。初期の段階は，女性の高学歴化が進み賃金率が上昇するものの，結婚や出産を選ぶか，就業を選ぶか，二者択一の選択を迫られる。もし結婚や出産でいったん退職してしまうと，子育てが一段落した後，復職する際には，パート等の非正規職に限られる。この段階では，女性の社会進出は結婚・出産・育児の機会費用の増加を意味し，出生率を低下させる要因となる。

女性の社会進出がさらに進むと，結婚・出産・育児と就業の両立の支援体制が整っていき，それが容易になる。そうなれば，女性の社会進出は，初期の段階とは逆に，機会費用の低下につながる。また，女性の賃金率の上昇は，家計所得の増加にもなるため，予算制約緩和によって出生率上昇の効果ももつ。

事実，OECD加盟24ケ国における出生率と女性の労働力率の関係は，1970

年にはトレードオフの関係があったが，1985年には相関がみられなくなり，2000年には正の相関関係へと変化している。また，OECD 諸国におけるGEMと出生率の関係についても正の相関が見受けられる（**図表1-9**）。GEM (Gender Empowerment Measure) とは，国連開発計画（UNDP）が作成している，女性が政治・経済分野でどの程度，意思決定の場に参画できているのか，経済的にどの程度，自立しているのかを総合的に考慮した指標である。具体的には，女性の所得や専門職・技術職・上級行政職・管理職・国会議員に占める女性の割合等で算出される。

3 少子高齢化はなぜ社会の問題となるのか

なぜ，少子高齢化は個人の問題にとどまらず，社会全体の問題として考えなければならないのだろうか。そして，政府が少子化対策を実施する根拠はどこに存在するのであろうか。この節では，その点について考察する。

(1) 少子高齢化と経済成長率

少子高齢化がマクロ経済，とりわけ経済成長率へ与える影響について考えてみよう。経済成長率を決定づける代表的な変数は，労働力，資本ストック，生産性である。まず労働力であるが，先に示したように，少子化で2055年には生産年齢（15-64歳）人口は2005年の約半分に減少することが予想されている。現在，非労働力化している女性と高齢者の新たな労働力化がこれから進んだとしても，潜在的な労働力人口である生産年齢人口がこれほどまでに減少するのでは，大規模な移民政策を採らない限り，労働力は大幅に減少することは間違いない。経済成長率へはマイナスの影響を与える。

次に資本ストックについて考える。シンプルなライフサイクル仮説に従えば，人々は勤労所得の一部を貯蓄に回し，引退後にそれを取り崩しながら消費を行うわけであるから，高齢化は家計貯蓄率を減少させる。すると，海外からの資金流入が増加しなければ資本ストックの蓄積の速度は鈍化する可能性がある。逆に，たとえ資本ストックが減少したとしても，労働力もそれ以上に減少

していれば，1人あたり資本量は増えることとなり，かえって生産へはプラスに働くかもしれない。よって，経済成長率への影響は一意に定まらない。

　生産性についてはどうだろうか。これもマイナス，プラス，2通りの影響が考えられる。労働力人口の減少によって規模の経済が働かなくなる，若年労働者の減少によって活力の低下や創造力の喪失を招くことになると，少子高齢化は生産性にマイナスであると考えられる。反対に，少子高齢化が1人あたりの教育投資を増やしたり，省力化への投資を増大させたりするならば，プラスの影響も考えられる。

　総合的に判断して，少子高齢化が経済成長率にマイナスの影響を与えるか否かは，議論の分かれるところである。今後の政策次第であろう。

（2）政府が少子化対策を行う意義

　もし少子化が個々人の望んだ結果であれば，これほどまでに社会の大きな問題にはならないであろう。しかし，夫婦が理想とする子ども数は，今でも2.48人と一時よりは若干減少したものの人口置換水準を大きく上回っている。独身者についても，「いずれ結婚する」と回答した人は約9割，理想とする子ども数は男性2.07人，女性2.10人と，ほぼ人口置換水準である[19]。これをみる限り，少子化は個々人が望むべくしてなった結果であるとは言い難い。政府が少子化対策を行う意義のひとつはここにある。

　次に，政府が少子化対策を実施する意義を経済学的に説明してみよう。子どもは親あるいは家族にとってかけがえのない存在であるにとどまらず，社会にも大きな利益をもたらす。なぜならば，子どもは将来の労働力の担い手であり，年金・医療制度等の世代間扶助システムを支え，社会活力の源となり得る存在だからである。私たちは，望む望まざるにかかわらず，他人の子どもたちからも，将来の経済成長や年金・医療制度等の安定的な機能といったことを通じて，恩恵を受けるわけだ。すなわち，子どもは外部経済を有する準公共財だと考えられる。そうであるならば，子育てコストを親だけに負担させると，社会全体にとって最適な出生数が達成されない。最適な出生数を達成するためには，社会全体が子どもから受ける便益に見合った費用を政府で負担する必要が

あるのだ。[20]

4 少子化対策としての家族政策について

　高齢化に対応した政策については，次章以降で個別に詳しく述べられるので，ここでは少子化対策としての家族政策に焦点を当てる。わが国では，1990年に前年の合計特殊出生率が丙午年（1966年）を下回ったことが判明した「1.57ショック」を機に，政府は出生率低下および子ども数の減少を社会的な問題と認識して，育児支援に取り組みはじめた。当時の中心的な政策は，育児休業法の導入と「エンゼルプラン」による保育サービスの充実であった。そして，ますます出生率が低下していくなか，危機意識が一段と強まり，2003年，出生率向上の意図をもったより積極策へと政策転換がはかられ，「少子化社会対策基本法」，「次世代育成支援対策推進法」が成立し，現在に至っている。[21]

　以下では，家族政策のなかで少子化対策としての意図をもつ「経済的支援」，「保育施策」，「出産・育児と就業の両立支援」の中からそれぞれ主な施策を取り上げる。そして，最後に高齢者施策との比較を行うことにする。

（1）経済的支援

　主な経済的支援には，児童手当と子育て世帯への税制の優遇措置がある。
　児童手当は，児童手当法に基づき1972年1月より実施された。当時の合計特殊出生率は2を超えており，児童手当の当初の目的は，少子化対策ではなく，育児費用負担の軽減による生活の安定と子どもの健全な育成への援助であった。[22] その後，改正が重ねられたが，1992年の改正で初めて第1子も支給対象となり，それ以降，支給額の増額，対象年齢の拡張が続き，急速に規模が拡大した。2007年4月の改正において，第1子，第2子については3歳までは1万円（1人あたり月額，以下同じ），3歳からは5千円，第3子については1万円で，いずれも小学校修了前まで給付されることとなった。ただし所得制限がある。[23]
　児童手当の支給額は，以前よりは増額されたが，育児費用に対してあまりにも少額であり，しかも教育費が重くかかってくる中学校以降には給付が終了する

ことから，子ども需要に対する効果は限定的であろう。[24]

　もうひとつの主な経済的支援である税制における扶養控除制度は，1950年に開始された。子どもの養育が担税力を減少させるということで，所得控除として設けられた。所得控除額は，16歳未満の子どもの場合，1人につき所得税で38万円，住民税で33万円である。16歳以上23歳未満の子どもの場合，1人につき所得税で63万円，住民税で45万円である。所得控除であるから，限界税率の高い高所得者ほど大きな優遇が受けられ，逆進性の問題が長らく指摘されてきた。政府税制調査会において，所得水準に依存しない税額控除への変更や，同じ目的を有する児童手当を含めた包括的な制度改革の検討が進められている。

（2）保育施策

　保育施策の中核をなすのが，認可保育所である。認可保育所は，1948年に施行された児童福祉法に規定される福祉施設で，保護者が仕事や病気等の理由で保育のできない子どもを預かって保育する。国が定めた，施設の面積，保育士の人数，給食設備等の設置基準に従って，都道府県が認可をする。設置主体が市町村の公立保育所と設置主体が社会福祉法人等の私立保育所があるが，いずれも入所の決定は市町村で行われる。保育料は，世帯の年収に従って決定される応能負担である。[25]国の基準はあるが最終的には地方公共団体が決定している。

　認可保育所の最大の課題は，入所を希望しているのに定員オーバーで入れない待機児童である。「エンゼルプラン」（1995-1999年度），その後の「新エンゼルプラン」（2000-2004年度），そして「待機児童ゼロ作戦」（2001年7月閣議決定）が策定され，保育サービスの充実がはかられるとともに，保育所の定員も増員され続けたが，それ以上に利用者の増加が著しく，待機児童の数は増え続けた。しかし，待機児童数は2004年をピークに3年連続して減少しており，ようやく減少に転じたとみられる。それでも，なお，およそ2万人の入所できない児童が残されている（図表1-10参照）。

　その他にも，認可保育所への入所は困難であるとの評判が広まっていること，実際に長い待機児童リストを目前にして，登録すらあきらめてしまってい

図表1-10 保育所定員と待機児童数の推移

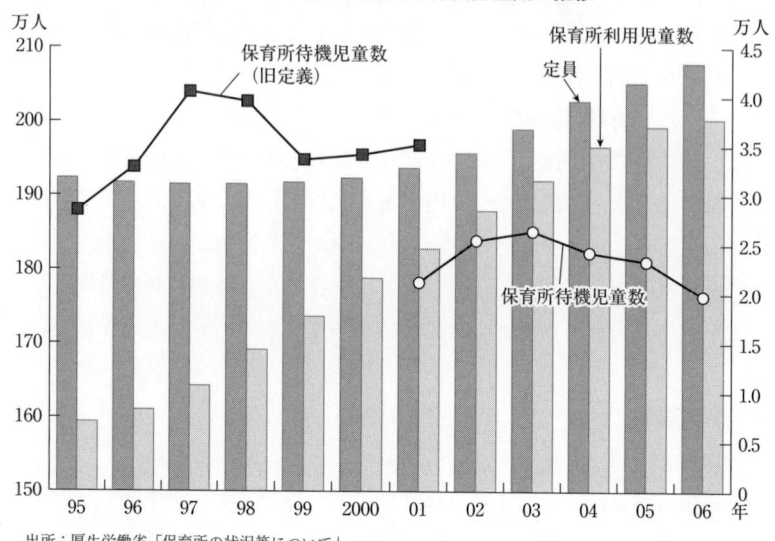

出所:厚生労働省「保育所の状況等について」。

るために，待機児童としてもカウントされていない潜在的な利用希望者は現在もなお多数存在することを忘れてはいけない。潜在的待機児童を含めた待機児童の一日も早い解消を目指した，いっそうの拡充が望まれる。[26]

待機児童の内訳をみると，低年齢児の占める割合が高いことがわかる。0歳児，1-2歳児の保育所利用児童全体に占める割合は，それぞれ3.9%，28.0%と両者を足し合わせても約3割であるのに対して，0歳児，1-2歳児の待機児童全体に占める割合は，それぞれ10.0%，59.0%と両者あわせて約7割にもなる。[27]この理由のひとつとして，低年齢児保育はとくにコストが大きく，政府からの補助金が保育サービス機関（認可保育所）に直接支給される仕組みのために，補助金を受けられなければ低年齢児保育サービスへの民間の新規参入はコスト面で圧倒的に不利になるため，なかなか進みにくいことが考えられる。新規参入を増やし，保育サービスの供給不足を解消するためには，補助金を保育サービス利用者に与え，[28]保育サービス利用者は自由に保育サービス機関を選択し，選ばれた保育サービス機関は利用者から間接的に補助金を受け取る仕組

みへの変換も検討すべきであろう。

　次に地域別の内訳をみると，待機児童が発生しているのは都市部が中心である。待機児童の76.4％が，7 都道府県（埼玉県，千葉県，東京都，神奈川県，京都府，大阪府，兵庫県），政令指定都市，中核市に集中している。他方で，地方を中心に974市町村区（全市町村区の約54.4％）では利用者が減少しており，ミスマッチの問題もある。[29]

　地域の実情や特性に応じた取り組みを行っている自治体もある。東京都は，2001年より独自に認証保育所制度を設けて，多くの企業の保育事業への参入を促し，事業者間の競争によって，多様化している保育ニーズに応えようとした。待機児童の減少にも大きな役割を果たしており，一定の成果をあげている。

　また，先にみたように保育所では 2 万人規模の待機児童がいる一方で，幼稚園では利用児童が10年間で約10万人減少している。保育所と幼稚園のミスマッチの解消，保育ニーズの多様化により，幼稚園と保育所の統合をはかる幼保一元化を求める声は昔から高かった。しかし，保育所は厚生労働省所管で幼稚園は文部科学省所管である。入所条件，保育時間，保育者の資格等，ことごとく異なっている。その壁を乗り越えて，ついに認定こども園制度が2006年10月 1 日より施行された。認定こども園は，幼稚園の特徴である幼児教育と保育所の特色である保育機能を併せもち，保護者が働いているか否かにかかわらず入園が可能であり，認定は都道府県が行うこととなった。実際の運営が始まったことで顕在化してきた問題を早期解決し，改善しながらの普及が望まれる。

（3）出産・育児と就業の両立支援

　子どもを産み育てながら仕事との両立支援政策の代表的なものが育児休業法である。[30]

　育児休業法は，育児を行う労働者の雇用の継続をはかり，育児と就業の両立を支援することを目的に，1992年に施行された。[31]その後，何度か改正を経たが，現行法の主なポイントは以下のとおりである。

①子どもが 1 歳に達するまでの間，育児休業を取得できる。ただし，保育所に

入所できない等の理由があれば1歳6カ月までの延長も可能である。
②事業主は，育児休業の申出や取得を理由として，解雇や，その他不利益な扱いをしてはならない。
③同一の事業主に1年以上継続して雇用されている有期雇用者で，子どもが1歳を超えても引き続き雇用が見込まれる者も対象となる。
④育児休業中の所得保障は，雇用保険より従前賃金の40％が支給される。ただし，そのうちの10％は復職後6カ月経過後に支給される。

　女性の育児休業の取得率は，72.3％[32]と高く，一見すると大多数の女性が取得しているかのように受け取れる。しかし，この割合の分母は「出産した女性常用労働者」であり，出産前に仕事を辞めた女性はそもそも分母の数に入っていない。厚生労働省「第1回21世紀出生児縦断調査」(2001年度)によると，第1子出産の1年前に「有職」であった女性の67.4％が第1子出産後に「無職」に変化しており，第1子の出産によって実に3分の2の女性が労働市場から退出している。すなわち，わが国では分母に入らないグループに属する女性の方が圧倒的に多く，たとえ育児休業取得率が100％だったとしても出産した全女性のうちの少数派にすぎないかもしれないことに留意する必要がある。阿部[2005]は，育児休業を取得する確率の高い人は，高学歴で勤続年数が長く規模の大きな企業で勤めている，いわば人的資本の蓄積が高く稼得能力の高い限られた人であることを明らかにしている。中小企業への普及，有期雇用者への法の実効性をいかに高めるかが今後の課題であろう。

　一方，男性の育児休業取得率は0.50％[33]と限りなくゼロに近い。男性の育児休業取得率が低い理由について，大阪市女性協会「少子社会における仕事についての調査／従業員調査」(2003年)では，男性の回答に「男性が育児休業をとりにくい職場の雰囲気があるから」(63.1％)，「男性のほうが仕事の量や責任が大きいから」(55.5％)，「昇進・昇格に影響するから」(40.3％)，「所得保障が低いので，男性が取得すると経済的に不利であるから」(37.7％)というものが多かった。男性の育児分担が大きな課題である。子育て期に当たる30歳代の男性は世界のなかでも際だった長時間労働をしており，反対に家事・育児時間は少ない。女性のみならず男性も含めたすべての労働者の働き方を根本的に見直

す必要があろう。

　その他の注目すべき最近の両立支援政策は，はじめにも述べたが，2003年に制定された次世代育成支援対策推進法である。これによって，次代の社会を担う子どもが健やかに生まれ，育成される環境の整備のために，労働者の仕事と家庭の両立のために必要な雇用環境の整備についての行動計画の策定が，301人以上の労働者を雇用する大企業とすべての自治体に義務づけられた。行動計画の策定にあたり，程度にばらつきはあるだろうが，どの企業も自社の両立支援について多少なりとも前向きに考える機会をもったことであろう。次は，中小企業へも行動計画の策定義務づけが求められる。

（4）社会保障給付における高齢世帯と子育て世帯のバランス

　社会保障給付費87.9兆円（2005年度）の内訳を対象別にみると，児童・家族関係給付費が3.6兆円で全体のわずか4.1%にすぎない。一方，高齢者関係給付費は61.7兆円で，全体の70.2%を占める。[34] これは児童・家族関係給付費の約17倍に相当し，わが国の社会保障給付は高齢者に重点がおかれていることがわかる。

　政策分野別の家族関係給付費のGDPに対する割合は，1.03%である。OECD諸国と比較すると，アメリカ（0.8%）を除いて，スウェーデン（4.91%），フランス（4.13%），ドイツ（3.25%），イギリス（3.13%）といずれもわが国の3倍を超える高い割合である。[35] わが国の子育て世帯への社会保障給付は，国際的にも低水準であることがわかる。

　経済成長率の鈍化とともに，賃金も伸び悩むなか，高齢者を一律に貧しく，弱者とみなす時代は終焉を迎えた。高齢者には少なからぬ富裕層が存在するし，働いても生活保護水準以下の賃金しか得られない若年者も多い。社会保障給付費について，高齢世帯と子育て世帯のバランスを再考すべきではないだろうか。

　現在，団塊ジュニア世代の出産時期も後半にさしかかっている。これから出産期に入っていくのは，もう少子化時代に誕生した人口の少ない世代となるため，再生産される人口規模も段々と小さくなる。出生率がたとえ人口置換水準

を上回ったとしても,「現在の」人口レベルをもはや維持することはできない。もちろん個人にとって出産時期を逃してしまえば取り返しがつかないわけだが,一国の社会にとっても,団塊ジュニア世代が出産のピーク期にあるうちに,適切な施策を講じるべきである。一刻の猶予も許されない状況である。

1） 総務省「国勢調査」。
2） 国立社会保障・人口問題研究所『日本の将来推計人口』2006年12月推計,出生中位（死亡中位）推計値。
3） 同上,参考推計。
4） 内閣府『高齢社会白書』(2006年版)。
5） 総務省「2005年国勢調査」。
6） 厚生労働省「平成18年（2006年）簡易生命表」。
7） 厳密には期間合計特殊出生率である。他に,コーホート合計特殊出生率があるが,コーホート合計特殊出生率は同一年生まれ（コーホート）の女性の各年齢（15-49歳）での出生率を過去から積み上げて算出するため,まだ産み終わっていない年齢では低めの値に出てしまう問題がある。以下で「合計特殊出生率」は,期間合計特殊出生率を指すものとする。
8） 出産可能年齢は,通常,49歳までとされる。よって完結出生児数は,49歳で確定するため,情報が古くなってしまう。
9） U.S. Department of Health and Human Services "National Vital Statistics Reports".
10） アメリカ合衆国にあってもアジア系の出生率は最も低い。
11） 厚生労働省『人口動態統計特殊報告』2004年。
12） 国立社会保障・人口問題研究所「第13回出生動向基本調査」2005年度。
13） Becker [1981：135-178]．
14） 文部科学省「子どもの学習費調査」,「学生生活調査」(2004年度) より算出。
15） 酒井・樋口 [2005]。
16） 国立社会保障・人口問題研究所「出生動向基本調査」。
17） 内閣府・少子化と男女共同参画に関する専門調査会 [2005]。
18） 国立社会保障・人口問題研究所『将来推計人口』2006年12月推計。
19） 国立社会保障・人口問題研究所「第13回出生動向基本調査」2005年度調査。夫婦の理想とする子ども数は,1992年調査までは,2.6人位で安定的に推移していた。
20） 小塩 [2005：37-39] 参照。
21） 阿藤 [2006],内閣府『少子化社会白書』(2005年版)。
22） 内閣府『少子化社会白書』(2006年版)。
23） 配偶者と子ども2人が被扶養者であるサラリーマン世帯では,所得制限の目安年収は860万円である。

24) 児童手当は,少子化対策として,ほとんど効果のないことを森田[2006]は示している.
25) たとえまったく同じ保育サービスを受けていても,所得が異なれば,保育料も異なるのである.
26) 低年齢児の保育所の充実が出生率促進に効果のあることが,滋野・大日[2001],永瀬・高山[2002]等で示されている.
27) 厚生労働省「保育所の状況(2006年4月1日)等について」.
28) 保育バウチャー,保育切符の形態が考えられる.
29) 厚生労働省「保育所の状況(2006年4月1日)等について」.
30) 育児休業制度が出生率を高めることを示したものには,たとえば,滋野・松浦[2003],滋野[2006]がある.
31) 1999年の改正より介護休業制度の導入も義務づけられ,正式名称は「育児休業,介護休業等育児又は家族介護を行う労働者の福祉に関する法律」となっている.
32) 育児休業取得率に関しては,厚生労働省「女性雇用管理基本調査」(2005年度).
33) 同上.
34) 国立社会保障・人口問題研究所「社会保障給付費」2005年度.
35) 同上.ただし,比較対象年は2003年である.

【参考文献】

阿藤誠(2006)「国際比較からみた日本の少子化と少子化対策」高山憲之・斎藤修編『少子化の経済分析』東洋経済新報社

阿部正浩(2005)「誰が育児休暇を取得するのか」国立社会保障・人口問題研究所編『子育て世帯の社会保障』東京大学出版会

岩澤美帆(2002)「近年の期間TFR変動における結婚行動および夫婦の出生行動の変化の寄与について」『人口問題研究』第58巻,第3号

小塩隆士(2005)『人口減少時代の社会保障改革』日本経済新聞社

酒井正・樋口美雄(2005)「フリーターのその後──就業・所得・結婚・出産」『日本労働研究雑誌』No.535

滋野由紀子(2006)「就労と出産・育児の両立」樋口美雄・財務省財務総合政策研究所『少子化と日本の経済社会』日本評論社

滋野由紀子・大日康史(2001)「育児支援策の結婚・出産・就業に与える影響」岩本康志編著『社会福祉と家族の経済学』東洋経済新報社

滋野由紀子・松浦克己(2003)「出産・育児と就業の両立を目指して」『季刊社会保障研究』39巻1号

内閣府・少子化と男女共同参画に関する専門調査会(2005)「少子化と男女共同参画に関する社会環境の国際比較報告書」

永瀬伸子・高山憲之(2002)「女性の育児・介護等ケア活動と就業行動」『年金制度の

改革が就業・引退行動に及ぼす影響に関する研究Ⅱ――就業構造実態調査を用いた分析』日本労働研究機構調査報告書, No.145

森田陽子(2006)「子育てに伴うディスインセンティブの緩和策」樋口美雄・財務省財務総合政策研究所編著『少子化と日本の経済社会』日本評論社

Becker, G. S. (1981) *A Treatise on the Family*, Harvard University Press

(滋野由紀子)

第2章 財政・税制

1 戦後復興期の財政

(1) 日本国憲法の制定と財政民主主義の確立

　1947年3月，戦後改革の一環として新憲法である日本国憲法が公布された。日本国憲法は，財政について第7章でふれており，第83条に財政処理の基本原則が述べられている。そこでは「国の財政を処理する権限は，国会の議決に基づいて，これを行使しなければならない」とあり，国会中心主義の思想，すなわち財政民主主義が謳われている。

　現代における財政民主主義には，通常，次の4つの原則が挙げられる。第1は，財政負担は議会が法律によって確定するという歳入法定・租税法定の原則である。日本国憲法では第84条の租税法律主義，第85条の国費支出及び国の債務負担と国会の議決がこの原則に該当する。第2は，歳入・歳出予算は議会によって審議・承認されるという予算承認の原則である。第83条，第84条，第86条の予算の作成及び国会の議決がこれに該当する。第3は，議会が決算を審議し，政府の予算執行を監督するという決算審議・予算執行監督の原則である。これは第90条の決算の検査及び会計検査院があてはまる。第4は，下院優先の原則である。これについては第60条の衆議院の予算先議・優越があてはまる。日本国憲法だけにとどまらず，財政法においても，課徴金・公共料金等の法定主義，公債・借入金の制限などが明記されている。

　また財政法第4条では，「国の歳出は，公債又は借入金以外の歳入を以て，その財源としなければならない」と公債発行，借入金が原則的には禁止され，

財政法第5条で，日銀引受の方法が否定された。このことは，その後しばらくの間，健全財政主義を出現させ，さらには1965年の国債発行再開後の国債政策をも規定することになった。

さらに日本国憲法において注目すべき点は，第25条において「すべての国民は，健康的で文化的な最低限度の生活を営む権利を有する」という生存権が明記されたことである。また第25条の第2項では，「国は，すべての生活部面について，社会福祉，社会保障及び公衆衛生の向上及び増進に努めなければならない」と明記されている。実際に，1947年には失業保険法，児童福祉法，1949年には身体障害者福祉法が制定された。1950年には生活保護法（旧法）が改定され，保護請求権を認め不服申立制度を規定し，権利としての公的扶助の性格を明確にした新生活保護法が制定された。さらには，1950年10月の社会保障制度審議会の勧告では，全国民を対象とする国民皆保険制度の提言が行われた。もっとも，こうした一連の社会福祉の充実へむけた動きが，すぐさま福祉水準の飛躍的な向上をもたらしたわけではなかった。また戦前，戦中に発足した健康保険制度，国民健康保険制度，厚生年金保険制度などの諸制度も戦後の混乱のなかで機能不全に陥っていた。しかしそうではあっても，戦後直後のこの時期に福祉国家の実現を国家的な目標として確立しつつあったことは事実であるといえよう。

（2）ドッジ・ラインとシャウプ勧告

戦後直後の戦時補償支払いを含む財政支出の急増，日銀引受国債の頻繁な発行，戦災による供給不足によって，インフレが急速に進んだ。また復金債が急増し，それによってインフレに拍車がかかった。アメリカ政府は1948年12月，日本経済を安定させ，単一為替レートを設定することを目的とした「経済安定9原則」を示し，その政策の実施のためにJ.ドッジが最高司令官の財政顧問として日本を訪れた。そして，ドッジ・ラインと呼ばれる政策が1949年2月から本格化した。ドッジ・ラインの基本的なねらいは均衡予算を達成し，古典的な自由経済の原則を復活させることであった。主な具体策としては，第1に，復金の新規融資を禁止し，日銀-市中銀行を経由する通常の金融のルートを復

活させようとした。第2に，一般会計，特別会計，政府関係機関，地方財政などあらゆる会計を通じた「予算の真の均衡」を実現し，財政黒字を公債償還にあてる。第3に，価格差補給金をはじめ，すべての補給金を一般会計に計上し，そのうえで順次これを廃止していこうとした。そして以上を前提として，1ドル＝360円という固定為替レートを採用し，国際通貨体制に日本経済をリンクさせるという内容であった。

　ドッジ・ラインによって物価の安定がはかられた後に，本格的な税制改革が残された課題となった。1949年4月，コロンビア大学教授C.S.シャウプを団長とする税制調査団が来日し，約半年間各地を調査し，その結果を報告書にまとめた。これがシャウプ勧告と呼ばれるものである。そしてこのシャウプ勧告に基づいて具体化された税制をシャウプ税制と呼ぶ。

　シャウプ税制のねらいは，およそ次のようなものであった。国税については，第1に，経済の基盤を固めて資本蓄積の阻害要因を取り除く。第2には，直接税中心の税制による応能主義の立場をはっきりとさせ，所得税の徹底した総合課税化により公平な負担を実現する。具体的には，所得税について包括的所得概念に基づく徹底した総合累進課税の採用を目指した。法人税については，法人擬制説に基づいて法人税を軽課する一方，利子分離課税を廃止するとともに，キャピタルゲイン全額課税の実施を試みた。また相続税について，一生の間に取得した相続財産を累進的に課税する方式を提唱した。また地方財政については，地方政府の財源の強化をはかることをねらいとした。具体的には，国庫補助負担金の削減，地方債発行規制の大幅緩和，地方団体の標準的財政需要と課税力の差額を補填する平衡交付金の創設などが勧告された。実際に，1950年には地方財政平衡交付金制度が発足し，地方税については，市町村税の優先的拡充，付加税の廃止，固定資産税の創設，住民税の拡充と府県民税の廃止などが盛り込まれることになった。

　こうしたシャウプ勧告による提案の多くは，1950年の税制改革で実施に移された。しかし，独立回復後は財界などからの反発も噴出し，シャウプ勧告をベースにした税制が長続きすることはなかった。次節でふれるように，資本所得と企業投資に対する優遇税制が次々と導入され，資本蓄積を優先する成長促

進型の財政システムへと変化していった。

2 高度経済成長期の財政

(1) 成長促進型財政の確立と健全財政主義

図表2-1でみるように，1950年代半ばから1970年代初頭までは，実質GDPの伸び率が約9.4%で推移する高度経済成長期であった。この間，国の一般会計歳出も増大していった。ただし，GDPに対する割合でみた一般会計歳出は，経済成長率も大きかったことから，11%程度で安定的に推移する。

1955年前後から始まった高度経済成長は，1960年の国民所得倍増計画，1962年の全国総合開発計画で加速されていった。そこでは財政も大きな役割を果たしていった。それは資本蓄積を直接あるいは間接に促進する成長促進型の財政システムであった。

たとえば第1に，公共投資が挙げられる。**図表2-2**は高度経済成長期の公共事業関係費の内訳の推移をみたものである。戦後直後の災害復旧費や治山治水に多くが割かれていた公共投資は，道路・港湾・空港などの産業基盤整備へと進展していった。とくに，揮発油税などの特定財源が設定され，世界銀行からの融資を得て，名神，東名などの高速道路の建設がはじまる道路関係の費用は増大した。こうした産業基盤整備は企業活動の隘路を解消するという意味でも大きな役割を果たした。また，こうした公共事業は国による直轄事業だけでなく，国庫補助負担金に支えられた地方政府の建設事業や財政投融資計画に基づく公団などの事業などによっても積極的に展開されていった。そうしたなかで地方の産業基盤整備は，設備の巨大化する重化学工業の新規立地の受け皿を提供することになった。

第2に，資本蓄積を促進するための租税政策の展開である。前節でみたように，シャウプ勧告に基づいて導入された租税政策の目的のひとつは，所得税・法人税の総合課税を通じた公平な負担を実現することであった。しかし，1950年代前半からの税制改革によって次々に修正されていった。たとえば，法人税について1951年に特定機械特別償却制度，1952年に価格変動準備金，退職手当

第 2 章　財政・税制

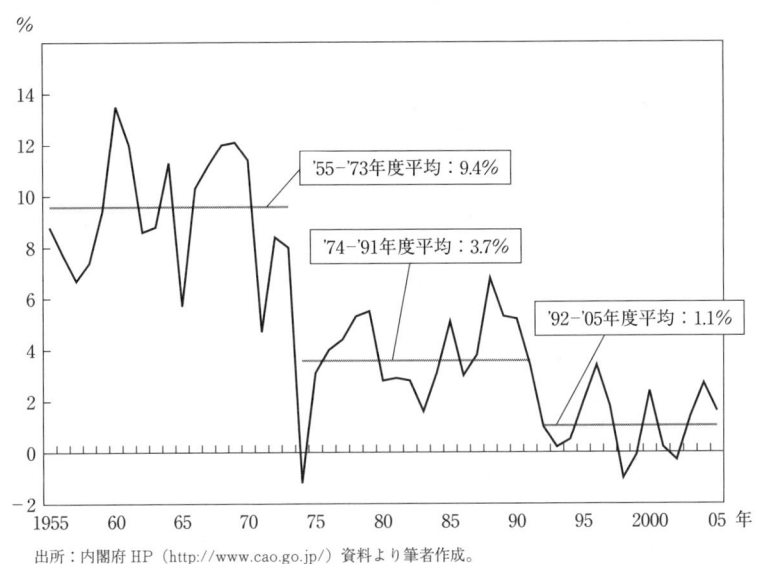

図表 2-1　実質 GDP 伸び率の推移

'55-'73年度平均：9.4%
'74-'91年度平均：3.7%
'92-'05年度平均：1.1%

出所：内閣府 HP（http://www.cao.go.jp/）資料より筆者作成。

図表 2-2　1959年度から1969年度の公共事業関係費の内訳の推移

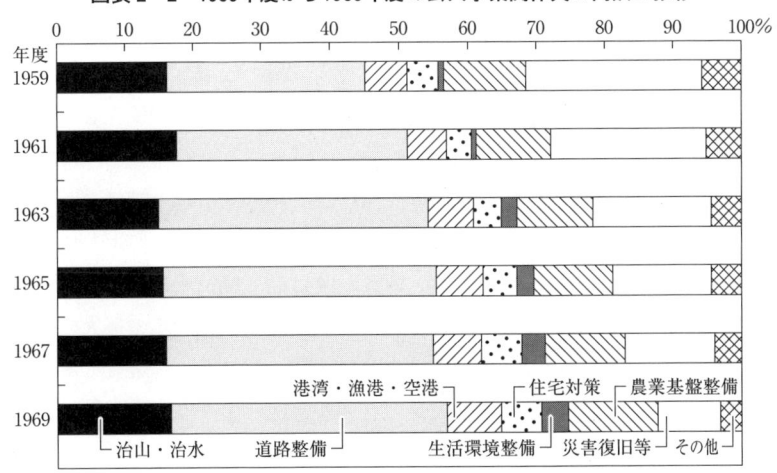

治山・治水　道路整備　港湾・漁港・空港　生活環境整備　住宅対策　災害復旧等　農業基盤整備　その他

出所：大蔵省財政史室編『昭和財政史昭和27～48年度　第1巻　総説』東洋経済新報社, pp.19-25、財務省財政史室編『昭和財政史昭和49～63年度　第1巻　総説』東洋経済新報社, pp.19-23より筆者作成。

引当金制度などの制度が次々と創設され，そうした法人税の租税特別措置が技術革新や内部留保の充実を促し，「見えない補助金」として大きな役割を果たしていった。また，1953年には有価証券譲渡所得課税，富裕税が廃止された。その一方で，同年に利子所得の源泉分離課税が導入され，シャウプ勧告が目指した所得税・法人税の総合課税原則は徐々に解体されていった。さらに，1963年には少額貯蓄優遇制度（いわゆる「マル優制度」）が導入され，これにより家計の貯蓄率は高まり，設備投資のための社会的資金の調達を可能にした。

第3は，国と地方の政府間関係の変化である。地方税についてシャウプ勧告においては，税源の重複を避けようとする意図があったが，1951年に市町村民税法人割が，1954年には道府県民税が創設された。その一方で，道府県税の中核と予定されていた付加価値税の導入は放棄されていった。また政府間財政関係についても，シャウプ勧告に基づいて設けられた地方財政平衡交付金が廃止され，1954年に国税の一定割合に総額を固定する地方交付税交付金制度が創設された。当時は，都市と農山漁村との経済格差が拡大していったため，財政力格差も拡大していった。そのため財政調整制度としての地方交付税の役割も増大していった。また，シャウプが徹底した縮小を求めた特定補助金も1950年の大幅削減以降は，土木・産業・教育・福祉などの国政の課題に即して増大へ転じていった。こうして国が主導する政策を地方政府が実施し，それを国庫補助負担金や地方交付税が財源保障する「集権的分散システム」が確立していくことになる。

ここで，この時期の一般会計歳出のうちの主要項目で，以上ではふれなかった社会保障関係費について簡単にみることにする（高度経済成長期の一般会計歳出内訳の推移については**図表2-3参照**）。**図表2-4**は高度経済成長期における社会保障関係費の内訳の推移である。高度経済成長期直前の1953年の最大の費目は生活保護費であり，次いで大きいのは失業対策費，保健衛生対策費であった。これは，戦後直後からの生活苦と失業の谷底から抜け出せない人々のための救貧政策と保健衛生対策が急務であったことを物語っている。しかし，高度経済成長を通じて，これらの費目はそのシェアを下げることになる。それと同時に伸びたのが社会福祉費と社会保険費であった。とりわけ，1960年代に入ってか

第2章 財政・税制

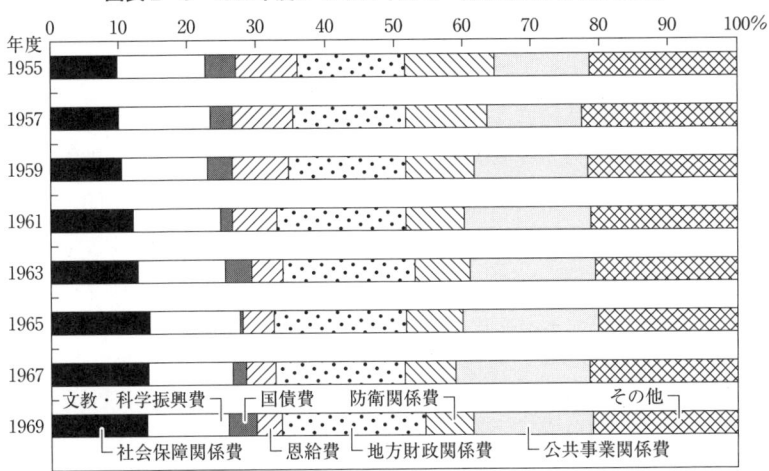

図表2-3 1955年度から1969年度の一般会計歳出内訳の推移

凡例：文教・科学振興費／国債費／防衛関係費／その他／社会保障関係費／恩給費／地方財政関係費／公共事業関係費

出所：大蔵省財政史室編『昭和財政史昭和27～48年度　第1巻　総説』東洋経済新報社, pp.19-25, 財務省財政史室編『昭和財政史昭和49～63年度　第1巻　総説』東洋経済新報社, pp.19-23より筆者作成。

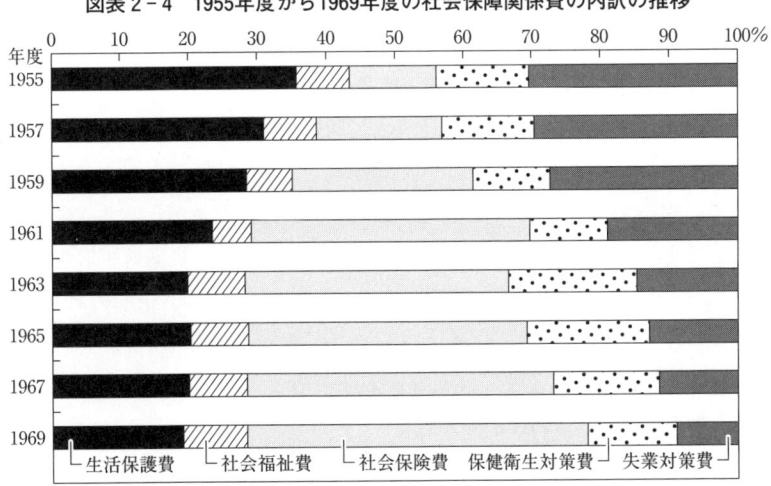

図表2-4 1955年度から1969年度の社会保障関係費の内訳の推移

凡例：生活保護費／社会福祉費／社会保険費／保健衛生対策費／失業対策費

出所：大蔵省財政史室編『昭和財政史昭和27～48年度　第1巻　総説』東洋経済新報社, pp.19-25, 財務省財政史室編『昭和財政史昭和49～63年度　第1巻　総説』東洋経済新報社, pp.19-23より筆者作成。

らの両者のシェアが上昇している。社会福祉費については，1960年代前半からの一連の社会福祉立法の影響が大きい。1960年の精神薄弱者福祉法，1963年の老人福祉法，1964年の母子福祉法，1965年の母子保健法，1970年の心身障害者対策基本法などが具体的には挙げられる。しかし，なんといってもこの時期，最大の伸びをみせたのが社会保険費であった。これは1958年に改正国民健康保険法，1959年に国民年金法が公布され，その実施にともなって1961年に「国民皆保険」「国民皆年金」の制度が一応整い，社会保険費増大に寄与していった。このように，この時期の社会保障関係費は公的扶助などの救貧政策から社会保険制度などの防貧政策へと変化していった。

　ところで，財政法による国債発行の原則廃止は，1948年度分から実施された。一般会計の歳出が増大しても，それを十分にまかなうだけの経済成長による果実が生まれた結果，1965年度まで国の一般会計での国債発行は停止された。これほど長期にわたって健全財政が継続したのは歴史上，異例なことである。そのため1965年度までは国債を活用した裁量的なフィスカル・ポリシーが発動されることはなかった。しかし，1965年の不況から徐々に公債発行による裁量的なフィスカル・ポリシーが展開されていくことになる。

(2) 公債発行下での財政と高度経済成長の継続

　図表2-1で示したように，高度経済成長期は平均で約9.4％の成長率を誇った時期であった。しかし1965年に不況が襲い，これを「構造不況」とする見方が広まり，財政の出動によって景気回復をはかる必要が説かれるようになっていった。そして，景気対策として公共事業，財投の増額，長期減税構想が打ち出された。1965年，その財源を調達するために特例法による国債1972億円が発行された。それ以降，国債依存度は10％強の水準で，建設国債が毎年発行されたが，「いざなぎ景気」と呼ばれる成長率の復活とともに減少へ向かうことができた（**図表**2-1および**図表**2-5参照）。

　このような国債を財源とした景気対策の始まりは「財政新時代」といわれるようになり，ケインズ政策の有効性に対する評価は高まった。また国債発行が常態化するようになると，それを支援する政策が打ち出されるようになった。

第2章　財政・税制

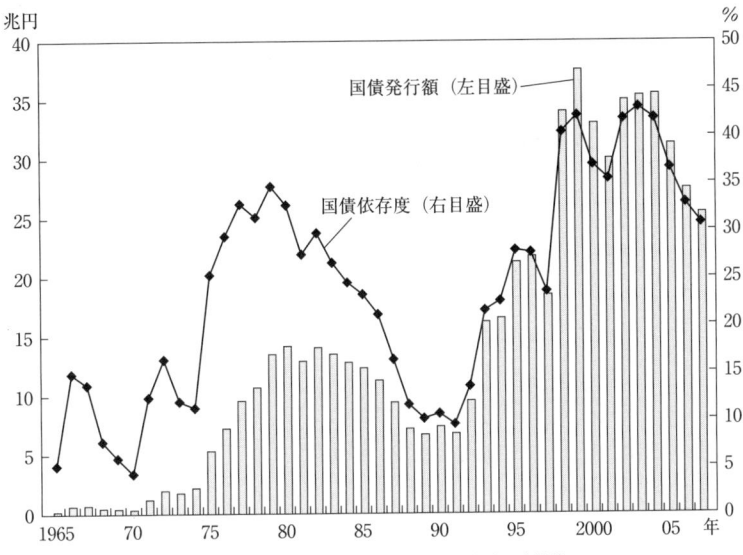

図表2-5　国債発行額・国債依存度の推移

注：2006年度は補正後の値，2007年度は当初予算の値，その他の年度は実績値。
出所：財務省資料（http://www.mof.go.jp）より筆者作成。

たとえば，金融機関の債券投資を国債に向かわせるために，金融債が日銀の買いオペの対象からはずされたり，個人投資家向けに国債非課税制度が1968年に導入された。

　この時期の財政も，基本的には成長促進型の構造を継続した。1960年代後半には再び成長率も2桁の伸びをみせるようになり，税収の自然増を背景に積極的当初予算と大規模な補正予算が組まれた。また租税特別措置も拡充された。ただし，租税特別措置の重点は高度経済成長前半期の内部留保の充実から輸出振興へと移っていった。

　一方で，加速度的に進行する高度経済成長がもたらす大きな社会変動の影響を和らげることも財政の大きな役割であった。前述したが，高度経済成長期において都市と農山漁村との間の経済格差ひいては財政力格差が拡大していった。そのため，経済力・財政力の弱い地方に厚く配分される地方交付税や国庫

補助負担金の増大は，こうした地域にとって大きな役割を果たしていた。また，経済効率の差にもかかわらず国鉄路線は拡充され，一律の運賃体系が維持されたり，赤字ローカル線の建設によって経営が悪化する国鉄への助成も増大した。さらには，農家の生活を保障するために生産者米価が消費者米価を上回る，いわゆる「逆ざや」が常態化するが，それによって拡大した食糧管理特別会計の赤字も一般会計の負担により補填された。こうした費用は一般会計では産業経済費としてあらわれ，高度経済成長期のとりわけ後半に一定以上の規模を示していた。こうした財政を通じた地域間の所得再分配のメカニズムは，高度経済成長のひずみの一端を下支えしていたといえる。

また1960年代の終わりごろになると，経済成長の果実を所得再分配の充実に振り向けるべきだという声が強まってくる。たとえば，公共投資もこの時期，住宅や下水道など国民生活関連の投資比率が増大していく。しかし，国は従来の成長志向の政策を基本的には継続したため，福祉，教育，環境を重視する政策は，国よりはむしろ，いわゆる「革新自治体」が担うことになった。ただし，こうした自治体の先駆的な試みは，のちの国政レベルでの政策転換を促す原動力にもなった。

3 低成長期の財政

(1) 1970年代の積極財政と財政赤字

1971年8月，アメリカはドル・金交換停止（ドル・ショック）というドル防衛政策を発動した。その結果，22年続いた360円の対米ドル固定為替相場を放棄して変動相場制に移行することになった。さらにその年末，スミソニアン協定が成立して，308円の新レートに移行し，1973年以降は変動相場制が定着した。これに対して，日本は内需を喚起するために1971年末から財政支出が増大され，また大幅な金融緩和が行われた。ところが，行き過ぎた金融緩和や1973年の第一次オイルショックが追い打ちをかけ，インフレーションが「狂乱物価」と呼ばれるほどまでに進行した。また**図表2-1**でみるように，1973年のオイルショックを契機として，高度経済成長の時代は終わりを告げ，低成長・安定成

長と呼ばれる時代に突入することになる。

　次にこの時期の財政状況についてみると，深刻な不況の影響を受け，租税・印紙収入は，所得税・法人税などの税収が落ち込み，その規模が減少していった。一方で，不況・経済成長率の低下に対して，社会保障制度の拡充や景気浮揚政策を含む積極的な財政政策がとられることになった。その結果，一般会計の規模は上昇し，経費の膨張が一気に顕在化することになった。このように税収が減少する一方，経費が増大することにより，財政収支のギャップが拡大することになる。この収支ギャップを埋めるために，とりわけ1975年度以降，建設国債の増発に加えて赤字国債の発行に追い込まれることになり，その後も赤字国債の発行は常態化するようになっていった。一般会計の国債依存度も急上昇し，1979年には34.7％まで上昇した。また，一般会計の国債残高や国の長期債務も急上昇することになった（**図表2-5**および**図表2-6**参照）。

　先に述べたように，1970年代における経費増大を招いた理由のひとつは，社会保障関係費の増大である（この時期の一般会計歳出内訳の推移については**図表2-7**参照）。とりわけ1973年の社会保障制度の拡充の影響は大きかった。当時の田中角栄首相は，国際的に遜色ない社会保障水準を実現するために，老人医療の患者負担の公費負担制度（いわゆる「老人医療の無料化」），健康保険法改正による家族給付率の引き上げ，公的年金制度における「5万円年金」と物価スライド制などを実施した。政府はこれをもって「福祉元年」と自称し，高齢化の進展とも相俟って，その後の経費における大規模な自然増が定着する原因となった。**図表2-8**で1970年代以降の社会保障関係費の内訳の推移をみると，生活保護費，失業対策費，保健衛生対策費の比率は大幅に低下した。その一方で，1973年以降，社会保険費の占める割合が上昇する。つまり，「福祉元年」により拡充した社会保険制度に対する国庫負担が大きくなっていったのである。

　1970年代における経費増大を招いたもうひとつの理由は公共投資である。ドル・ショックによって円の切上げ圧力に直面した政府は，拡張的な財政金融政策によって円高を回避しようとした。また，田中角栄内閣は工場などの非大都市圏への分散によって地域格差縮小を目指す，いわゆる「列島改造」をスローガンとして掲げた。そして，公共投資の拡大がその主な政策手段としてとられ

図表2-6　国・地方の長期債務残高の推移

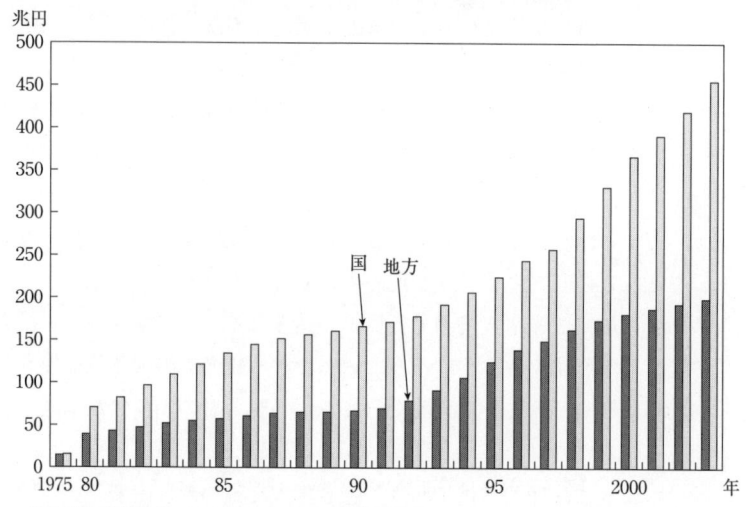

出所：財務省資料（http://www.mof.go.jp）より筆者作成。

図表2-7　1971年度から1987年度の一般会計歳出内訳の推移

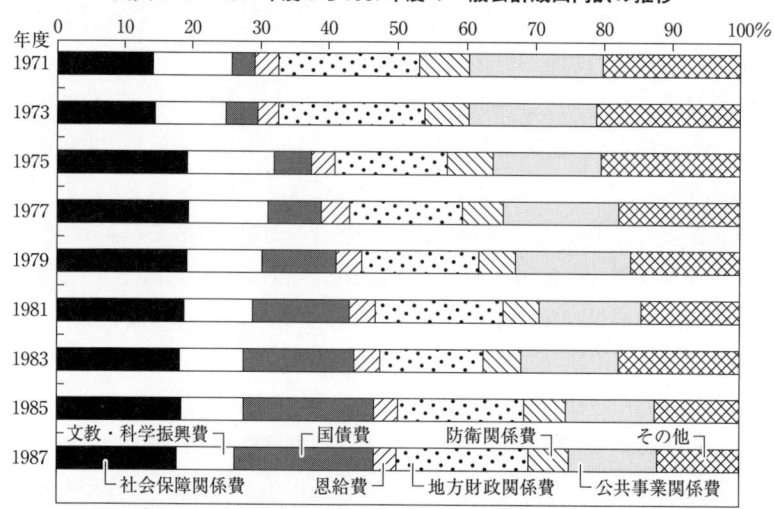

文教・科学振興費　国債費　防衛関係費　その他
社会保障関係費　恩給費　地方財政関係費　公共事業関係費

出所：大蔵省財政史室編『昭和財政史昭和27～48年度　第1巻　総説』東洋経済新報社, pp.19-25,
　　　財務省財政史室編『昭和財政史昭和49～63年度　第1巻　総説』東洋経済新報社, pp.19-23より筆者作成。

第 2 章 財政・税制

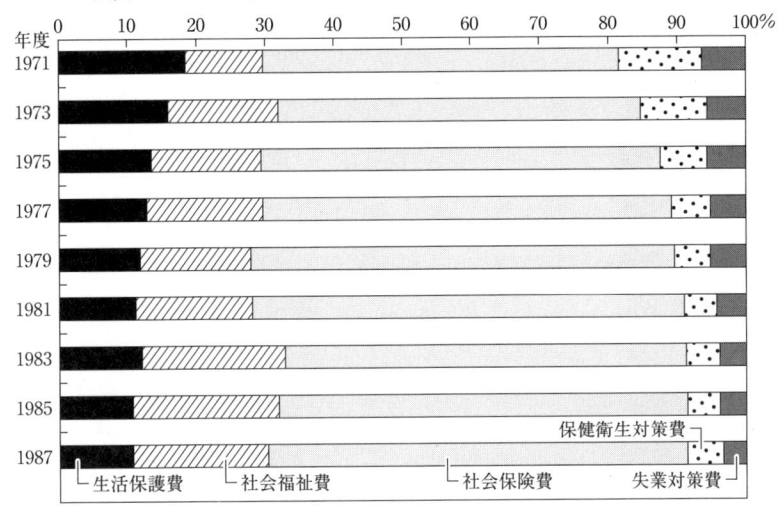

図表 2-8　1971年度から1987年度の社会保障関係費の内訳の推移

出所：大蔵省財政史室編『昭和財政史昭和27〜48年度　第 1 巻　総説』東洋経済新報社, pp.19-25,
　　　財務省財政史室編『昭和財政史昭和49〜63年度　第 1 巻　総説』東洋経済新報社, pp.19-23より筆者作成。

た。第一次オイルショックによる急激なインフレーションに対しては一時的に総需要抑制政策がとられたものの，その後の景気が低迷すると1975年度補正予算からは再度，公共投資追加などの景気対策を重視する政策がとられた。さらに1978年のボン・サミットでは，相対的に経済状況が良好な日本と西ドイツが景気刺激策をとり，世界経済をリードするという「機関車論」が合意された。こうした状況のなかで，政府は公共投資を中心とする内需拡大政策をとった。**図表 2-9**からもわかるように，高度経済成長期とは異なり，1970年代の公共事業関係費は生活環境の改善に重点を移行して，住宅対策や下水などの生活環境整備に主力が注がれるようになった。

　また，一般会計歳出項目で注目しなければならないのは国債費である（**図表 2-7参照**）。高度経済成長期には税収も豊かで，国債発行額も少なく，一般会計歳出に占める割合も 5 ％にも満たない数値であった。それが低成長の時代に入り，とりわけ1975年度以降国債が大量に発行された後，国債費は急上昇する。1979年には公債費の一般会計歳出に占める割合は 2 桁の11％に上昇し，そ

35

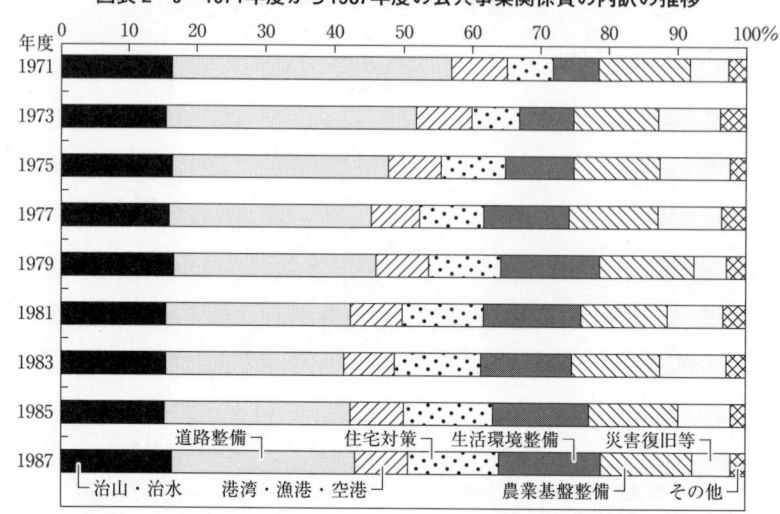

図表2-9　1971年度から1987年度の公共事業関係費の内訳の推移

凡例：道路整備／住宅対策／生活環境整備／災害復旧等／治山・治水／港湾・漁港・空港／農業基盤整備／その他

出所：大蔵省財政史室編『昭和財政史昭和27〜48年度　第1巻　総説』東洋経済新報社, pp.19-25, 財務省財政史室編『昭和財政史昭和49〜63年度　第1巻　総説』東洋経済新報社, pp.19-23より筆者作成。

の後も上昇の一途を辿り，1980年代後半には20％にも迫るまでの数値になり，日本の財政は「国債に抱かれた財政」に変化し，財政の硬直化が進行していく。

　税制面では，大平正芳首相が赤字国債の償還が始まる前，具体的には1984年度末までに赤字国債発行から脱却する方針を掲げる。そのひとつの手段として，一般消費税の導入を目指した。しかし，1979年10月の衆議院総選挙で自民党が実質的に敗北し，その導入の試みは失敗に終わった。

（2）1980年代の「臨調行革」と財政再建

　1970年代半ば以降，赤字国債の発行が続くなかで，「財政再建」が政府の重要課題となりつつあったが，容易には実現できないままでいた。そうしたなか，1980年6月の衆参同日選挙における自民党の圧勝を受けて成立した鈴木善幸内閣のもとで，1981年3月，臨時行政調査会が設置され，財政のあり方について本格的な再編構想を打ち出した。臨時行政調査会は，1982年7月の基本答

申において，行政の二大目標として「活力ある福祉社会の建設」と「国際社会に対する積極的貢献」を掲げた。そしてこの二大目標を達成するために，国・地方・特殊法人等の行政主体相互間においては，「官から民へ」「国から地方へ」という基本方向に沿った「合理的機能分担」が必要であるとした。つまり，新自由主義に理論的基礎を求めつつ，「官から民へ」という方向で公私分担のあり方を再編することが政策目標とされた。

　このような「小さな政府」志向の再編構想は，1982年11月に発足した中曽根康弘内閣のもとで具体化されていくことになる。1980年代は「増税なき財政再建」が強調された。そして，それは国の一般会計の歳出削減についての新たな手法によって推進された。1982年度は，政策経費に係る概算要求を原則として前年度と同額とするゼロ・シーリングが導入された。そして1983年度以降，原則として前年度よりも減額するマイナス・シーリングが設定された。実際，1983年度から1987年度の5年間は，当初予算において一般歳出の対前年度伸び率がマイナスとなった。ただし，その内容をみると，特別会計に対する繰り入れの停止や財投機関への補給金支出の繰り延べといった手法もとられ，いわゆる「隠れ借金」をともなっていたことには注意を要する。

　また，効率的運営が阻害されているとして，三公社の民営化が行われた。1985年には日本専売公社がJTに，日本電信電話公社がNTTに民営化され，1987年には国鉄がJRへと民営化された。またその他にも「民間活力の導入」を合言葉に，事業の民間委託や特殊会社の活用などが推進された。

　また一般歳出の主要項目についてみると，社会保障関係費については，自然増が進行するなかで，その伸びの抑制をはかる方策がとられた。たとえば，医療については1982年に老人医療の患者負担の公費負担制度が廃止された。また，1983年の老人保健制度，1984年の退職者医療制度の導入を通して，困窮する国民健康保険を財政調整すると同時に，国庫負担の削減もはかられた。年金については1985年に国民年金を基礎年金として再編し，基礎年金勘定に対して各保険からの拠出金制度を導入し，やはり困窮する国民年金に対しての財政調整制度が導入された。その他にも年金給付水準の引き下げ，医療保険における本人負担の引き上げ，診療報酬の引き下げ，生活保護の審査の厳格化などが行

われた。

公共事業関係費についてもとりわけ1980年代前半は削減された。ただし，1980年代の後半には「円高不況」対策としての公共投資も行われた。そこで，地方が実施する事業については，国庫補助負担率を引き下げるかわりに地方債の増発が奨励された。これにより事業量は確保されたが，一方では地方の負債は増大することになった。

なお，図表2-5からもわかるように，1980年代後半の国債発行額や国債依存度は低下した。これはもちろん1980年代の歳出の伸びの抑制策の影響もあるが，とりわけ大きいのは1980年代後半からのバブル景気による大幅な自然増収の影響が大きい。さらには，電電公社を民営化したNTTの株式売却益も財源確保に寄与した。その結果，一般会計収支は急速に改善し，1990年度当初予算では赤字国債を発行しないという財政再建の当面の目標は達成された。

税制面では1980年代末に大きな動きがあった。1987年の中曽根内閣時に売上税創設が意図された。しかし，このときは業界等の反発にあい撤回するが，竹下登内閣時の1988年「抜本的税制改革」により，1989年4月から消費税（3％）が創設された。ただし，同時に所得税や法人税の減税も行われ，また消費税も当初予定された税率5％が国民の強い反発から3％となったこともあり，減税超過の税制改革となったことには留意が必要である。

4　バブル崩壊後の平成不況期の財政

(1) 1990年代前半の積極財政

1980年代末からの好景気は借入れに基づく投機によって，地価・株価などが暴騰するバブルの様相を呈した。しかし，地価対策として公定歩合引き下げ，不動産融資規制，土地課税強化などの政策がとられはじめた後，1990年代の初頭にバブルは崩壊した。資産価格の暴落は逆資産効果による個人消費の落ち込み，企業の財務内容の悪化による経営破たん，金融機関の不良債権発生というかたちで，日本経済を深刻な不況に陥らせた。図表2-1でもわかるように，1992年以降はさらなる低成長の時期に突入することになる。また財政も景気の

第 2 章 財政・税制

図表 2-10 税収の推移

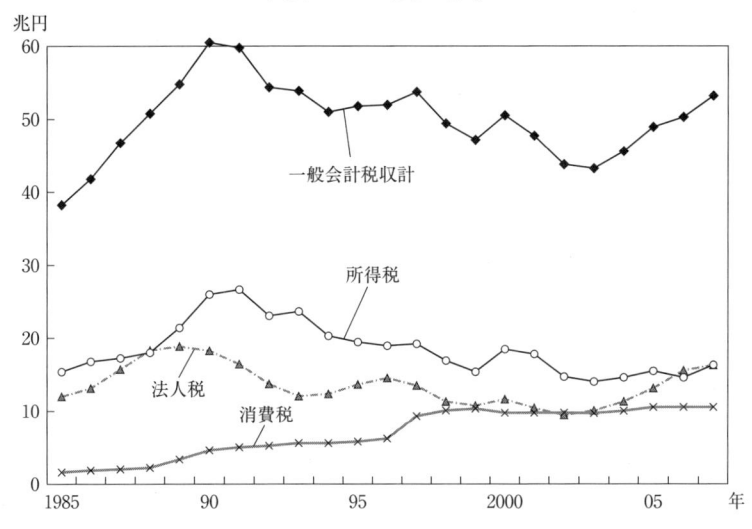

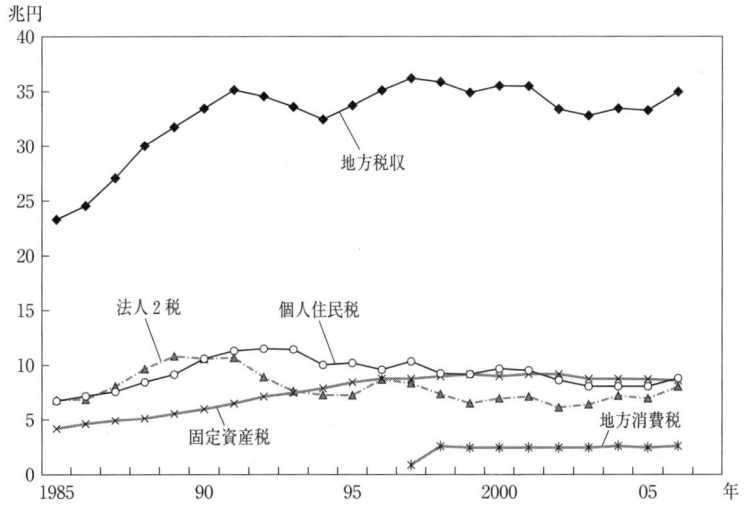

注：17年度以前は決算額，18年度は補正後予算額，19年度は予算額。
出所：財務省資料（http://www.mof.go.jp）より筆者作成。

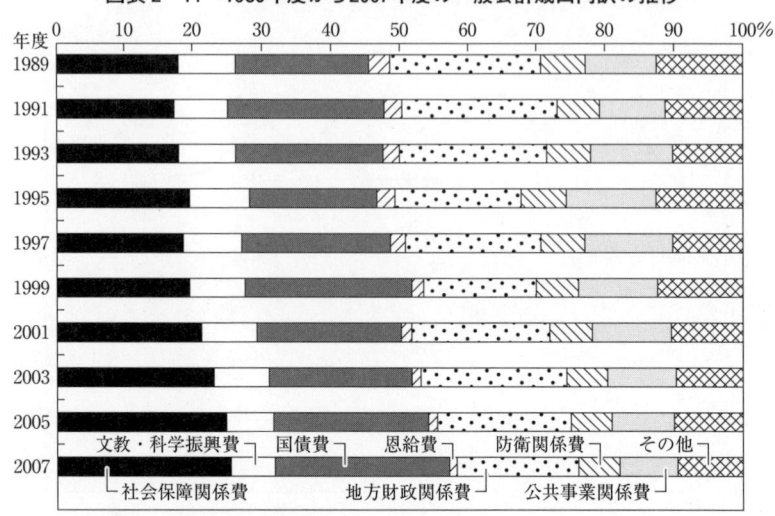

図表 2 - 11　1989年度から2007年度の一般会計歳出内訳の推移

凡例：文教・科学振興費／国債費／恩給費／防衛関係費／その他／社会保障関係費／地方財政関係費／公共事業関係費

出所：財務省財政史室編『昭和財政史昭和49〜63年度　第1巻　総説』東洋経済新報社, pp.19-23,『図説日本の財政』各年度版より筆者作成。

低迷を受けて，税収，とりわけ個人所得税・法人税の所得課税の減収に直面する（**図表 2 - 10** 参照）。

　さらに1990年代前半の財政を悪化させた要因は歳出側にもある。前述のように，政府は1980年代から内需拡大に積極的に取り組んでいた。そして1985年には，日米貿易摩擦に対して政策協調をはかるという立場から，内需拡大を謳った「前川リポート」が出された。その後，1989年に始まった日米構造協議を受けて，1990年に，政府は対外的に公共投資による内需拡大を約束し，1991年から2000年までの10年間で430兆円規模の「公共投資基本計画」を策定した。また，国内的にはバブルの崩壊を受けて，1992年からは景気対策としての公共投資が次々と打ち出され，1994年には「公共投資基本計画」が改定され，1995年から2004年の10年間で630兆円の投資を行う計画に拡大修正された。**図表 2 - 11** に示したように，この時期の一般会計に占める公共事業関係費の割合も高まった。

　しかし，それ以上にこの時期の公共投資について大きかったことは，景気対

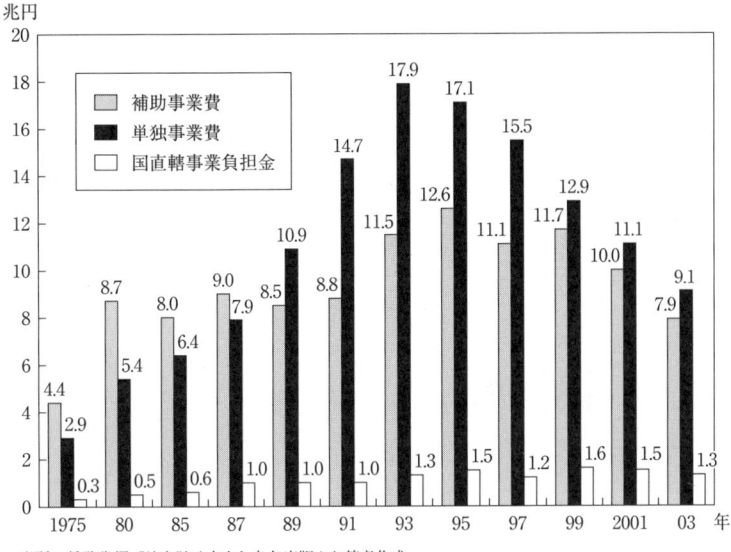

図表 2-12　普通建設事業費の内訳の推移

(兆円)

年	補助事業費	単独事業費	国直轄事業負担金
1975	4.4	2.9	0.3
80	8.7	5.4	0.5
85	8.0	6.4	0.6
87	9.0	7.9	1.0
89	8.5	10.9	1.0
91	8.8	14.7	1.0
93	11.5	17.9	1.3
95	12.6	17.1	1.5
97	11.1	15.5	1.2
99	11.7	12.9	1.6
2001	10.0	11.1	1.5
03	7.9	9.1	1.3

出所：総務省編『地方財政白書』各年度版より筆者作成。

策としての公共投資を国だけでなく地方公共団体と一体となって行ったことである。**図表2-12**は地方の普通建設事業費の推移をみたものである。1980年代は国の財政再建が進められた時期でもあり、補助事業の補助率の引き下げが行われた。それに対応して補助事業の水準は1980年代末から1990年代初頭にかけては伸びが鈍化する。一方で伸びたのは地方単独事業である。とくに1990年代前半期の伸びは著しいものがあった。地方単独事業は、文字どおり、地方が独自で行う事業である。しかし、この時期の単独事業は国からの要請でもあり、地方が単独事業を積極的に推進できるように国が単独事業債の発行を大幅に許可した。さらに、この地方債についても起債許可と同時に、後年度の元利償還費の一部を基準財政需要額に算定し、国が地方交付税で措置するという手法（いわゆる「交付税措置」）がとられた。しかし、こうした一連の施策により、国・地方の累積債務は大きく膨らむことになった（**図表2-6**参照）。

(2) 橋本「財政構造改革」と1997年以降の経済危機

日本経済は1994年ごろから，いったんは成長率の回復と税収減の減速がみられた（**図表2-1**および**図表2-10**参照）。しかし一方で，公共投資を中心とする支出増は財政状況を大幅に悪化させた。このような状況のなか，1995年に当時の大蔵大臣・武村正義は「財政危機」を宣言した。

その後，1996年10月の総選挙で実現した自民党単独政権のもとで，橋本龍太郎首相が唱える「六大改革」の一環として，「財政構造改革」が打ち出された。そして財政健全化のための五原則を次のように掲げた。①2003年度までの赤字国債依存からの脱却，②1998年度から2000年度までの3年間を「集中改革期」とし，歳出削減については「一切の聖域なし」とする，③当面は政策経費である一般歳出を対前年度比マイナスとする，④あらゆる長期計画（公共投資基本計画等）の大幅な削減を行う，⑤国民負担率（財政赤字を含む）が50％を超えない財政運営を行う。また，改革集中期間における各項目の量的縮減目標も定め，たとえば社会保障関係費は1998年度予算で歳出増を3000億円以下に抑制し，続く2年間には歳出増加率を対前年度比2％以下に抑えるとした。またそのほかにも，公共事業関係費，文教予算による補助金，防衛関係費，エネルギー対策費，中小企業対策費，政府開発援助などの領域もマイナス・シーリングを設定する目標をたてた。こうした「財政危機」に端を発するその克服策は，1970年代後半の「財政危機」に端を発した1980年代の財政再建と共通するものがある。しかし，このときの大きな違いは，1980年代の財政再建における目標やシーリングの設定が毎年の閣議決定によるものであったのに対して，1990年代半ばのそれらが法制化されたことである。具体的には，1997年11月，国会で「財政構造改革の推進に関する特別措置法」が成立したのである。また，税制については1997年の4月から消費税率が3％から5％へ引き上げられることになった。

しかし，1997年の秋口から日本経済の景気は急速に悪化する。すでに1995年には東京協和，安全，木津信用組合などの中小金融機関の経営破たんが相次いでいた。その後も地方銀行や信用金庫の経営破たんが続き，1997年には山一證券，北海道拓殖銀行，三洋証券など大手の金融機関が破綻した。政府は金融危

機を回避するため，1998年3月末から大手金融機関を中心に公的資金を投入するに至った。

　このような金融システム不安以降，不況が本格化していく。1997年以降，経済成長率は大幅に低下し，マイナス成長となる（図表2-1参照）。また失業率もバブル崩壊以前は2％台で推移し，バブル崩壊後も3％台へとゆるやかに上昇していたが，1998年に4％台に急上昇すると，2001年にはあっという間に5％台にまで到達した。それに呼応するように一般会計の税収も再び減少に転じた（図表2-10参照）。

　こうした状況と，1998年7月の参議院選挙での自民党の敗北という結果を受けて，同年の12月には，先に述べた「財政構造改革の推進に関する特別措置法」がわずか1年で無期限凍結されることになった。橋本内閣のあとを継いで1998年に誕生した小渕恵三内閣は，再び景気対策を最優先し，1998年度補正予算から公共事業を拡大した。1999年には所得税の最高税率の引き下げや定率減税，「地域振興券」の交付，法人税率の引き下げなどを実施した。これらの政策を含めて，1990年代半ば以降の所得税・法人税減税は，景気対策としての景気刺激策と高所得者・黒字企業の優遇策を組み合わせたものであった。

　以上のような歳出増と不況および減税政策による税収減の結果，国債発行額・国債依存度は急上昇し，1998年度以降国債発行額は30兆円を上回り，国債依存度は1999年には42.1％となり，未曾有の財政状況となった（図表2-5参照）。

5　小泉「構造改革」以降の財政

　2001年4月に誕生した小泉純一郎内閣は「構造改革なくして成長なし」というスローガンのもと，「構造改革」を推進した。この小泉「構造改革」では，「民間にできることは民間に」を合言葉に，公共部門の民営化および経済活動に対する規制緩和が重視された。とくに公共部門改革としては，特別会計事業や特殊法人の統廃合・民営化・独立行政法人化が進められた。また税制面では，金融所得に対する所得税の優遇措置が強化された。さらには，「地方でで

きることは地方に」を合言葉に，地方分権改革が進められた。その内容としては，国庫補助負担金の削減，国税から地方税への税源移譲，そして地方交付税の見直しといういわゆる「三位一体改革」が進められた。詳細は後述するが，現在も公共部門をスリム化するための地方政府の「自立」を重視する新自由主義的分権論と，住民ニーズへの対応を重視する地方政府の「自律」を促すための権限拡大・財源拡充論とが混在している。

次に，小泉政権の財政再建策と経済・財政に関する諸指標を簡単にみることにする。1990年代，基本的に上昇していた一般会計歳出総額は，「聖域なき構造改革」というキャッチフレーズのもと，2001年度以降低下傾向を示すようになる。その財政再建策としては，まず公共投資の大幅な削減が挙げられる。1990年代いったんは拡大した公共事業関係費は，2001年以降一般会計に占めるシェアを低下させていき（**図表2-11参照**），2001年度から2007年度にかけて約2兆5000億円削減された。また，社会保障の分野は高齢化等の影響で自然増が生じる分野であるが，経費増の抑制策がはかられた。たとえば，2002年の医療改革では保険料率の引き上げ，患者負担の引き上げ，給付水準の引き下げなどが行われた。2004年の年金改革では保険料の引き上げ（ただし上限固定），給付水準の引き下げ（マクロ経済スライド），基礎年金の国庫負担割合の引き上げなどが決定された。2005年の介護保険改革でも予防重視への転換，給付範囲と水準の見直しなどが行われた。他の分野についても，2001年度から2007年度にかけて，地方財政関係費が約1兆9000億円の減，文教および科学振興費が約1兆4000億円の減，経済協力費で約3000億円の減，などとなっている。

経済・財政についての諸指標については，2003年度以降は低成長ながらも，一時のマイナス成長からは脱却した数値となっている（**図表2-1参照**）。また，失業率についても2002年に5.4％まで上昇したが，それ以後は減少傾向となっている。また一般会計の税収も2003年度の43.3兆円をボトムに，近年は上昇している。とくに法人税収は2002年度に9.5兆円と10兆円をきる数値となっていたが，2007年度には16.5兆円の税収が見込まれている（**図表2-10参照**）。その結果，国債発行額は2006年度以降小泉内閣が目標のひとつとしていた30兆円を下回るようになり，国債依存度も低下傾向にある（**図表2-5参照**）。

「聖域なき構造改革」を提唱した小泉は2006年9月に首相を退任し，後任として安倍晋三首相が誕生した。安倍は最初の就任会見で「構造改革を加速させ，補強していく」と語り，基本的に小泉路線を継承し，財政の健全化をさらに進めていくことを表明した。その具体策として「基本方針2006」では，財政健全化を最優先課題とし，2011年度までに国・地方を通じた基礎的財政収支（プライマリーバランス）を黒字化するという「歳出・歳入一体改革」を示し，その数値目標が打ち出された。そこでは，2011年度までプライマリーバランスの均衡を果たすための対応額を約16.5兆円とし，そのうち11.4-14.3兆円を歳出削減によって対応するとした。各項目については，社会保障の分野で1.6兆円減，人件費で2.6兆円減，公共投資で3.9-4.5兆円減，その他の分野で3.3-4.5兆円減としている。

確かに一面的あるいは一部分は，近年の「財政構造改革」により，経済・財政の諸指標が改善した。しかし2007年度末で，日本の国・地方を含む長期債務残高は約773兆円にも上っており，主要先進国のなかで最悪である。その一方で，近年では個人間での経済格差や地域間の経済・財政格差が顕著になりつつあるのが現状である。

6　財政と社会保障を考える視点

第5節までは戦後の日本財政の歴史をふりかえってきた。この節では，財政と社会保障を考えるうえで重要となってくる視点について検討する。古くからいわれてきたように，財政・税制と社会政策・社会保障制度とは切っても切れない関係がある。もちろん，それらの議論のすべてをここで検討することはできないが，現在おかれている状況を鑑みて必要となる点を以下で論じてみたい。

（1）財政・租税と社会保障

まず，社会保障給付の財源を税にするか社会保険料にするかという議論について検討していくことにする。教科書的には社会保険方式と税方式について

は，それぞれメリット・デメリットがあるとされてきた。

　たとえば，社会保険方式は「社会」という言葉からもわかるように，純粋な保険原理とはやや異なった性格を帯びるということはありながらも，「保険」である以上，保険料を拠出することにより給付を受けることが可能になる。このことは，しばしば税による社会保障給付が措置的であり，「慈恵」を受けるように感じられる一方で，社会保険による社会保障給付は保険料を拠出することによって受給する「権利」を得るという特徴が挙げられる。また近年では，公共財・サービスに対して「受益と負担の一致・明確化」が声高に叫ばれるようになり，そうした流れからも社会保険方式による社会保障給付が国民にとってはわかりやすい，あるいは納得しやすいという議論もある。しかしその一方で，保険料を拠出しないかぎり社会保障給付の受給資格がないという原則から，保険料を拠出できない場合には，たとえニーズが高くてもサービスから排除されてしまう人がでてくるという側面ももつ。

　一方税方式の場合は，今述べたような受給からの排除という難点を克服することができ，また拠出と給付を現役・高齢世代というような区分に対応させずに，社会的連帯のもと社会全体で負担することも可能になる。また，近年とくに強調されてきた負担・給付問題における世代間対立から脱却させるとともに，高齢者の所得保障を広く社会全体が担うというオルタナティブの可能性がある。しかし，租税は原則としては租税の支払いと政府からの個々のサービスの受け取り（受益）の間には基本的に対応関係はないとされる。したがって，ときに税の場合，負担可能な税金に合わせて給付が抑制されるという側面をもつ。

　原則論についての議論は多々あるものの，現実の社会保障の財源については，社会保険方式と税方式が高度に混在した方式がとられている。そこで，まずは国民負担率の現状についてみることにする。**図表2-13**は国民負担率をOECD諸国間で比較したものである。これをみると，日本の国民負担率はそれほど高くないことがわかる。また，国民負担率を社会保障負担率と租税負担率でみた場合，日本は社会保障負担率については租税負担率の差ほど各国との開きがないことがわかる。近年，国民負担率の比較を行う場合には，「潜在的」

第2章 財政・税制

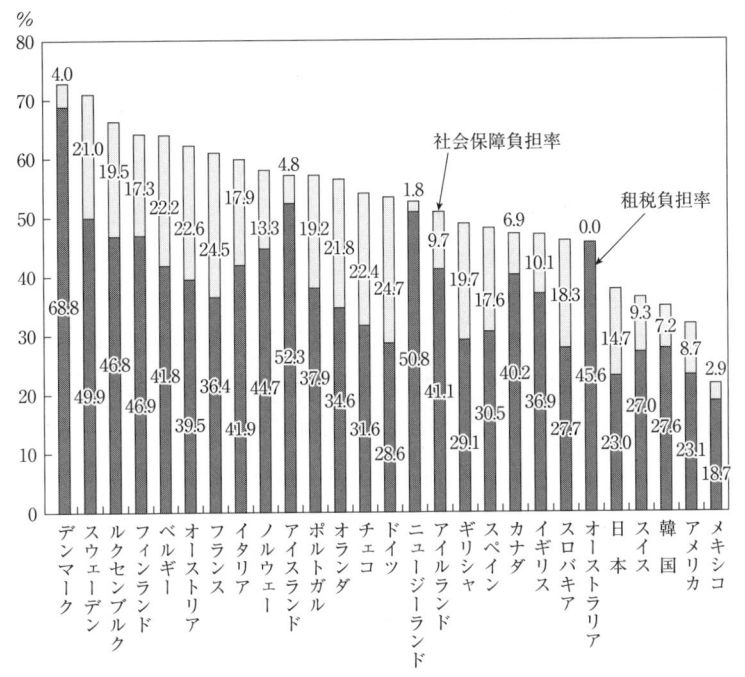

図表 2-13 国民負担率の国際比較

注：スイス，メキシコは2002年，日本は2006年，その他の国は2003年の数値。
出所：財務省HP（http://www.mof.go.jp/）資料より筆者作成。

国民負担率，つまり財政赤字をカウントした国民負担率を用いることが多い。そうした場合，日本の財政赤字の高さを反映して国民負担率は上昇し，究極的には財政赤字はいずれ租税で償還しなければならないことを考えると，日本の租税負担率は表面上の数値よりも高くなる可能性があることには留意が必要である。

そこで，日本の国民負担率の推移をみることにする（**図表 2-14** 参照）。日本の国民負担率は，基本的に上昇を続けてきた。しかし，これを社会保障負担率と租税負担率に分けてみると，社会保障負担率はやはり1973年の「福祉元年」を境に上昇の程度が強まっている。一方，租税負担率は1970年代半ばに減少

図表2-14　日本の国民負担率の推移

出所：財務省HP（http://www.mof.go.jp/）資料より筆者作成。

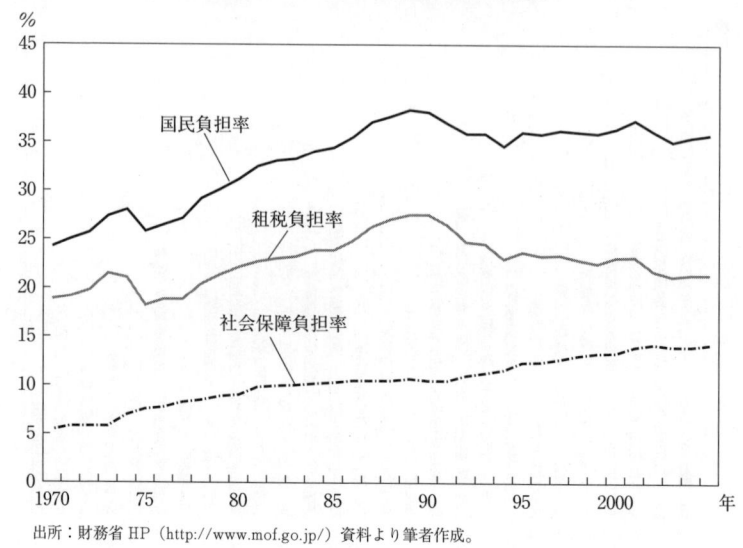

し，また1970年代末から緩やかに上昇している。さらに1980年代後半には上昇の程度が強まっている。しかし1990年代に入ると，租税負担率は減少しはじめていることがみてとれる。もちろん，社会保障負担率は政策との関連が大きい一方で，租税負担率は租税政策との関連もありながら，景気の変動とも関連していることには留意が必要であるが，近年，社会保障負担率と租税負担率の乖離が縮小してきていることは大きな特徴であるといえる。

では，もう少し社会保障制度との関連を考察するうえでも，日本の社会保障財源の項目の推移をみることにする（**図表2-15**参照）。これをみるとわかるように，日本の社会保障制度の中心である年金，医療などが社会保険制度であることから，社会保険料（被保険者拠出と事業主拠出）のウェイトが大きいことがわかる。しかし一見してわかるように，少なからず国庫負担（国による税負担）も投入されている。国庫負担については，1973年の「福祉元年」から1980年代初頭にかけてそのウェイトは上昇し，1978年から1980年の間は被用者拠出や事業主拠出よりも大きなウェイトとなった。しかし，1980年代から「国債に抱か

第2章 財政・税制

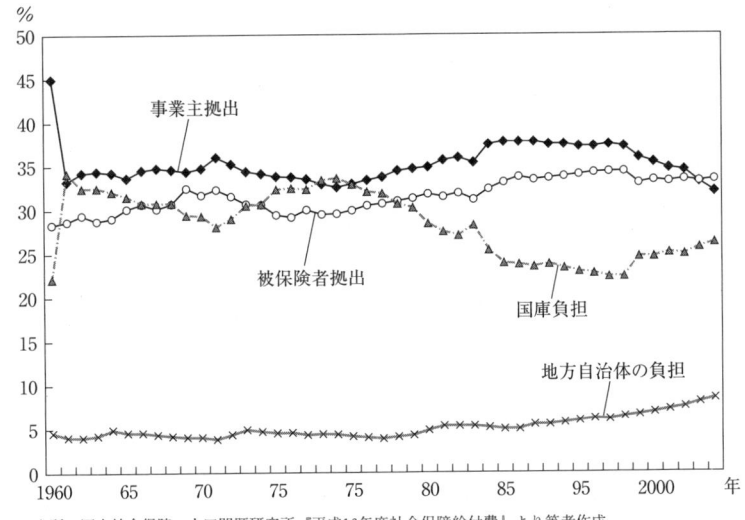

図表2-15 日本の社会保障財源の項目の推移

出所：国立社会保障・人口問題研究所『平成16年度社会保障給付費』より筆者作成。

れた財政」となると，財政再建路線の色合いの強まりを背景に，国庫負担のウェイトは減少していく。そして，1990年代には保険料が徐々に引き上げられていったこともあり，国庫負担のウェイトはさらに下降していくことになる。

しかし1998年からこの傾向とは逆の動きがみられるようになる。つまり，国庫負担のウェイトが上昇しはじめたのである。これは国庫負担の絶対額自体が伸びたことにもよるが，一方で社会保険料の額が伸び悩んだことにもよっている。

1997年の秋口以降，日本経済は金融危機の様相を呈し，大企業も含め企業の倒産が急激に起こりはじめた。そのため企業がコスト意識をさらに強めたのが，この時期である。また，企業の人員削減等が本格的に行われはじめたのもこの時期である。それを物語るように，1998年以降はとりわけ事業主拠出のウェイトが急激に下降しはじめ，2003年からは被保険者拠出と事業主拠出のウェイトが逆転するようになった。

このように，国民負担率でみても，社会保障財源内での構成でみても，社会

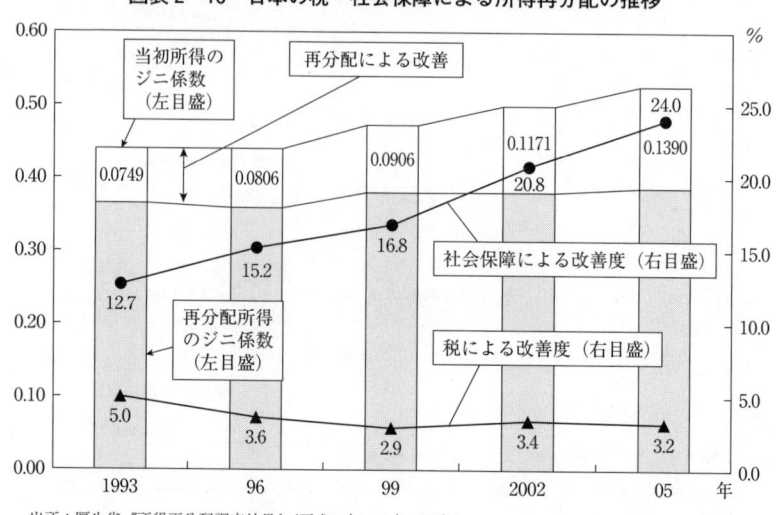

図表 2-16 日本の税・社会保障による所得再分配の推移

出所：厚生省『所得再分配調査結果』（平成 5 年, 8 年, 11 年），
厚生労働省『所得再分配調査結果』（平成14年, 17年）より筆者作成。

保険料負担と租税負担との乖離は近年縮小してきている。このことをどのように考えたらよいのであろうか。たしかに関口・伊集［2006］が指摘するように，社会保障負担を所得階層別にみると，高所得層ほど低くなるという逆進的負担構造がみてとれる。また，社会保険料が労働所得に特化して課せられるのに対して，租税であれば勤労・退職世代というような区分に対応させずに，社会的連帯のもと社会全体で負担することも制度設計によっては可能となるであろう。また近年の社会保険制度の財源構成をみていると，たとえば介護保険のように半分は公費で，残りの半分を保険料でまかなうという方式が多くとられるようになった。2008年度から実施される予定の後期高齢者医療制度の財源構成もこのような構成が予定されている。

しかし，最後に指摘しておきたい点がある。それは近年，租税による再分配効果が弱まっているという事実である。**図表 2-16** は再分配効果の推移を示したものである。これをみてわかるように，税による再分配効果は確実に低下している。この事実の背景には，1980年代以降の所得税の累進性の緩和（ブラケ

ット数の減少と最高税率の引き下げなど），1989年以降の逆進性をもつ消費税の導入とその税率引き上げ，近年の成長を重視する金融所得課税や企業所得課税の軽減措置の拡大などが挙げられる。

このようにみると，社会保障財源として税方式を選択するか社会保険方式を選択するかという二項対立的な議論では，現在の問題は解決できないということがわかる。つまり，これから重要となってくることは，税方式・社会保険方式という原理間の選択ではなく，企業と個人，世代と世代，所得階層といった間の財源負担の垂直的公平および水平的公平がいかにしたら確保できるのかということである。

（2）日本の公的社会支出の特徴と課題

次は，日本の公的社会支出の特徴を探ったうえで，今後どのような分野の社会保障が必要かを検討する。**図表2-17**は2003年におけるOECD諸国の公的社会支出の国際比較（対GDP比）を示したものである。まず公的社会支出総額に注目すると，日本の公的社会支出の対GDP比は17.73％となっている。この数値はアメリカの16.20％という数値よりはやや大きいものの，イギリスの20.64％，ドイツの27.25％，フランスの28.72％，スウェーデンの31.28％というヨーロッパ諸国や北欧よりも小さい値となっている。とくに，ドイツ・フランス・スウェーデンと比べると大きな開きがあることがわかる。またOECD諸国全体の平均値をみても20.71％となっており，やはり日本は3％ポイント小さい値となっている。つまり，全体的に日本の公的社会支出は国際的にみて低位であることが確認できる。

日本の公的社会支出の特徴について結論を先取りすると，そのほとんどは老齢年金と医療で占められているということである。そのことを確認するために，**図表2-17**を再度みることにする。ここで，老齢年金を表すのは「高齢：現金給付」である。また医療を表すのは「保健」である。老齢年金を表す日本の「高齢：現金給付」の対GDP比は6.97％となっている。これはドイツ（11.09％），フランス（10.19％），スウェーデン（7.35％）よりは小さい値となっているが，アメリカ（5.41％），イギリス（5.34％）よりは大きな値である。ま

図表2-17 公的社会支出の国際比較（GDP比：2003年）

(単位：%)

	公的社会支出総額	うち現金給付	うち現物給付	高齢	うち現金給付	うち現物給付	遺族	うち現金給付	うち現物給付	障がい・業務災害・傷病	うち現金給付	うち現物給付	保健	うち現金給付	うち現物給付
日本	17.73	9.72	7.71	8.04	6.97	1.07	1.26	1.24	0.02	0.67	0.58	0.10	6.09	0.00	6.09
アメリカ	16.20	8.40	7.66	5.46	5.41	0.05	0.82	0.82	0.00	1.25	1.25	0.00	6.75	0.00	6.75
イギリス	20.64	10.22	9.90	5.89	5.34	0.55	0.23	0.23	0.00	2.47	2.10	0.37	6.68	0.00	6.68
ドイツ	27.25	16.28	9.85	11.28	11.09	0.20	0.43	0.42	0.01	1.98	1.35	0.63	7.98	0.00	7.98
フランス	28.72	17.35	10.30	10.46	10.19	0.27	1.80	1.80	0.00	1.75	1.72	0.02	7.60	0.00	7.60
スウェーデン	31.28	15.47	14.54	10.11	7.35	2.76	0.69	0.69	0.00	6.00	4.21	1.80	7.13	0.00	7.13
OECD全体	20.71	11.89	8.23	6.90	6.36	0.54	0.77	0.76	0.01	2.45	2.06	0.39	5.94	0.00	5.94

	家族	うち現金給付	うち現物給付	積極的労働市場政策	うち現金給付	うち現物給付	失業	うち現金給付	うち現物給付	住宅	うち現金給付	うち現物給付	生活保護・その他	うち現金給付	うち現物給付
日本	0.74	0.30	0.44	0.30	0.00	0.00	0.45	0.45	0.00	0.00	0.00	0.00	0.19	0.19	0.00
アメリカ	0.70	0.09	0.61	0.14	0.00	0.00	0.54	0.54	0.00	0.00	0.00	0.00	0.55	0.30	0.25
イギリス	2.94	2.18	0.75	0.51	0.00	0.00	0.26	0.26	0.00	1.43	0.00	1.43	0.24	0.11	0.12
ドイツ	1.94	1.17	0.77	1.12	0.00	0.00	1.80	1.80	0.00	0.23	0.00	0.23	0.49	0.45	0.04
フランス	3.02	1.45	1.57	1.07	0.00	0.00	1.85	1.85	0.00	0.85	0.00	0.85	0.34	0.34	0.00
スウェーデン	3.54	1.60	1.95	1.28	0.00	0.00	1.25	1.25	0.00	0.59	0.00	0.59	0.70	0.39	0.31
OECD全体	2.12	1.32	0.80	0.59	0.00	0.00	1.10	1.10	0.00	0.33	0.00	0.33	0.50	0.29	0.21

出所：OECD Social Expenditure Database (SOCX 2007) (http://www.oecd.org) 資料より筆者作成。

たOECD全体の平均値は6.36％であり，日本はわずかに大きい値となっている。また，医療を表す「保健」の対GDP比をみると，日本は6.09％となっている。この数値はアメリカ（6.75％），イギリス（6.68％），ドイツ（7.98％），フランス（7.60％），スウェーデン（7.13％）よりもわずかに小さい値である。しかし，OECD全体の平均値は5.94％であり，日本はこの平均値をわずかに上回っていることがわかる。このように日本の年金と医療の規模は大陸ヨーロッパ諸国や北欧に比べるとやや小さいものの，OECD諸国の平均からみるとほぼ平均的な規模であることがわかる。

　ただし，日本の老齢年金と医療の国際的な特徴についてはこの数値だけでは測れない点がある。その点を確認するために示したものが**図表2-18**である。これは2003年におけるOECD諸国の公的社会支出を総額に対する構成比でみたものである。ここで老齢年金を表す日本の「高齢：現金給付」の総額に対する構成比は39.31％であり，日本の公的社会支出の約4割は老齢年金で占められていることがわかる。国際的にみてもこの数値は最高値のドイツ（40.68％）とほぼ同じ数値であり，他の国々あるいはOECD全体の平均値と比べても高い数値となっている。また医療を表す「保健」の総額に対する構成比は34.32％であり，国際的にみて，この数値は最高値のアメリカ（41.64％）よりは低いものの，その他の国々あるいはOECD全体の平均値と比べて高い数値となっている。またこの2つの数値の合計，つまり公的社会支出に占める老齢年金と医療の合計の占める割合をみると，特徴がよりはっきりする。日本の「高齢：現金給付」と「保健」の総額に対する構成比の合計は73.63％で，アメリカ（75.05）よりはわずかに小さいものの，イギリス（58.23％），ドイツ（69.94％），フランス（61.93％），スウェーデン（46.29％）よりも大きい。またOECD全体の平均値（59.42％）と比べても日本は大きい値となっている。

　このように日本の公的社会支出を国際比較してみると，その規模は小さく，しかし，その限られた公的支出のおよそ4分の3は老齢年金と医療に重点的に充てられているということが特徴として浮かび上がってくるのである。日本の場合，高齢化の進展にともなって重要となる課題を世論調査などで聞くと，「持続可能な年金，医療などの社会保障制度の構築」というような回答がなさ

図表2-18　公的社会支出の国際比較（総額に対する構成比：2003年）

(単位：％)

	公的社会支出総額	うち現金給付	うち現物給付		高齢	うち現金給付	うち現物給付		遺族	うち現金給付	うち現物給付		障がい・業務災害・傷病	うち現金給付	うち現物給付		保健	うち現金給付	うち現物給付
日　本	100.00	54.82	43.50		45.35	39.31	6.03		7.09	6.96	0.12		3.79	3.26	0.54		34.32	0.00	34.32
アメリカ	100.00	51.84	47.27		33.71	33.41	0.31		5.03	5.03	0.00		7.73	7.73	0.00		41.64	0.00	41.64
イギリス	100.00	49.53	47.99		28.52	25.85	2.67		1.11	1.11	0.00		11.97	10.18	1.79		32.38	0.00	32.38
ドイツ	100.00	59.72	36.15		41.41	40.68	0.73		1.59	1.54	0.04		7.27	4.96	2.30		29.26	0.00	29.26
フランス	100.00	60.41	35.88		36.41	35.48	0.93		6.26	6.26	0.00		6.08	6.00	0.08		26.45	0.00	26.45
スウェーデン	100.00	49.45	46.47		32.33	23.50	8.83		2.19	2.19	0.00		19.19	13.45	5.74		22.79	0.00	22.79
OECD全体	100.00	57.43	39.73		33.30	30.72	2.59		3.71	3.68	0.03		11.84	9.94	1.90		28.70	0.00	28.70

	家族	うち現金給付	うち現物給付		積極的労働市場政策	うち現金給付	うち現物給付		失業	うち現金給付	うち現物給付		住宅	うち現金給付	うち現物給付		生活保護・その他	うち現金給付	うち現物給付
日　本	4.16	1.70	2.46		1.68	0.00	0.00		2.51	2.51	0.00		0.00	0.00	0.00		1.09	1.08	0.02
アメリカ	4.32	0.54	3.77		0.89	0.00	0.00		3.30	3.30	0.00		0.00	0.00	0.00		3.38	1.83	1.56
イギリス	14.22	10.57	3.64		2.48	0.00	0.00		1.26	1.26	0.00		6.92	0.00	6.92		1.14	0.55	0.60
ドイツ	7.13	4.29	2.83		4.12	0.00	0.00		6.60	6.60	0.00		0.83	0.00	0.83		1.79	1.64	0.15
フランス	10.51	5.03	5.47		3.72	0.00	0.00		6.44	6.44	0.00		2.94	0.00	2.94		1.20	1.19	0.01
スウェーデン	11.32	5.10	6.22		4.08	0.00	0.00		3.98	3.98	0.00		1.90	0.00	1.90		2.23	1.24	0.98
OECD全体	10.24	6.36	3.88		2.85	0.00	0.00		5.32	5.32	0.00		1.60	0.00	1.60		2.43	1.41	1.02

出所：OECD Social Expenditure Database (SOCX2007) (http://www.oecd.org) 資料より筆者作成。

れることが多い。確かに年金と医療は重要な社会保障制度である。しかし，逆説的にいうと，日本はこの2つの制度に社会保障財源が重点的に充てられているため，その他の制度を拡充するという選択肢が国民の前に現れていないということもいえる。

次に，老齢年金・医療以外の日本の公的社会支出の特徴を確認する。まず前出の**図表2-18**で公的社会支出総額のなかでの現金給付と現物給付の割合をみると，2003年度で，日本は現金給付が54.82％，現物給付が43.50％となっている。この比率について諸外国やOECD全体の平均値と比較しても，日本の特徴というのは必ずしも見出せない。しかし，**図表2-17**でも確認したように，対GDP比でみた日本の公的社会支出総額はアメリカと並んで，低位であったことは再確認しなければならない。また2003年度の日本の現物給付の対GDP比の値は7.71％でやはりアメリカと並んで低位である。しかも，日本の場合，この現物給付の大部分は「保健」，つまり，医療である。ちなみに，現物給付の対GDP比の値から保健の対GDP比の値を引いた数値を各国で並べてみると，日本1.63％，アメリカ0.91％，イギリス3.22％，ドイツ1.88％，フランス2.71％，スウェーデン7.41％，OECD全体平均2.28％というように，アメリカ以外の国については，現物給付総額で比較するよりもより違いが鮮明になる。

さらに，**図表2-19**と**図表2-20**をみてもらいたい。これは公的社会支出のうち現金給付が占める割合と現物給付が占める割合を時系列でみたものである。これをみると，現金給付のシェアについて，諸外国およびOECD全体の傾向としては，低下傾向にあることが読みとれる。しかし，日本だけは緩やかながらも増加傾向にある。反対に，現物給付のシェアについて，諸外国およびOECD全体の傾向としては，増加傾向にあることが読みとれる。しかし，日本だけは減少傾向にあることがわかる。

それでは，日本で足りない現物給付にはどのようなものが挙げられるのであろうか。ひとつは，家族に対する現物給付である。たとえば，子どものケアに対するサポートなどである。**図表2-17**と**図表2-18**からわかるように，家族に対する現物給付は対GDP比でみても，構成比でみても日本は最も低位に位置

図表 2-19　現金給付（構成比）の推移

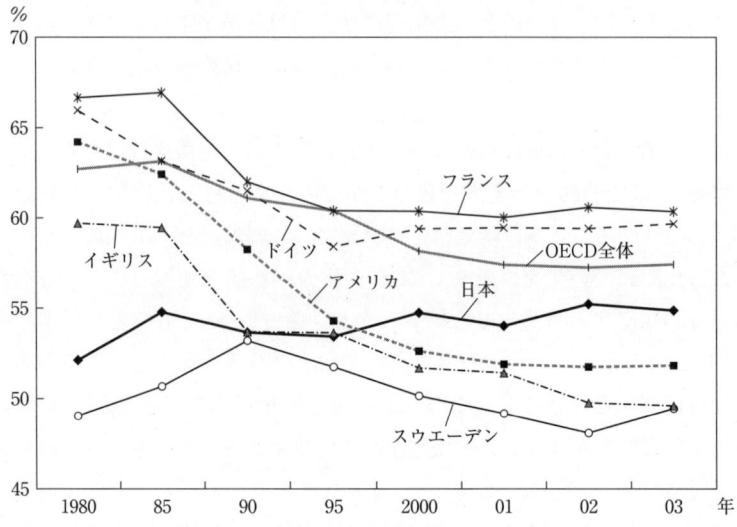

出所：OECD Social Expenditure Database（SOCX2007）（http://www.oecd.org）資料より筆者作成。

図表 2-20　現物給付（構成比）の推移

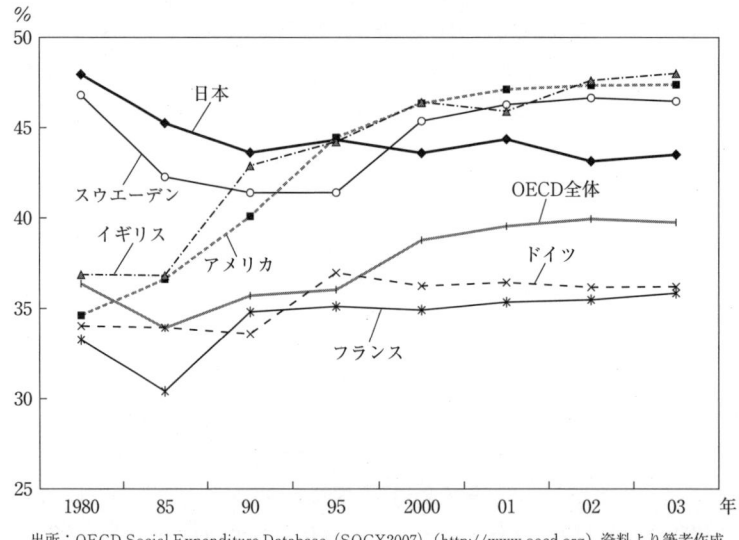

出所：OECD Social Expenditure Database（SOCX2007）（http://www.oecd.org）資料より筆者作成。

することがわかる。また積極的労働市場政策も挙げられる。たとえば，職業紹介サービス，能力開発のための職業訓練サービスなどである。これについても**図表2-17**と**図表2-18**からわかるように，積極的労働市場政策は対GDP比でみても，構成比でみても日本はアメリカに次いで，低位に位置することがわかる。さらには，**図表2-17**における住宅の欄をみると日本はゼロ（ここでは統計上存在しないことを意味する）となっている。

　アンデルセン［2001］の指摘にもあるように，こうした現物給付は，これまでの日本においては家族ないし企業が提供してきたものである。家族に対する現物給付は家族あるいは地域が共同体的に提供してきた部分が大きい。また，職業訓練，住宅保障は，企業内における職業訓練あるいは福利厚生として行ってきた部分が大きい。

　しかし，家族や企業内福祉による生活保障機能は着実に縮小してきている。しかも，少子高齢化や核家族化の進行，都市化による地縁関係の希薄化，企業の国際競争の激化，雇用の流動化といった諸傾向はけっして一時的なものではない。そうしたなかで，社会保障が果たすべき役割は多様化している。高齢者の所得保障（老齢年金）や医療ニーズの充足が重要であることに変わりはない。しかし，高齢者のみの世帯の増加，非正規雇用やニート・フリーターの増加など，近年露わとなってきた諸問題は，生活保障の具体的なニーズを多様化させている。

　国民とりわけ勤労世代は賃金・雇用系の不安を強くもっている。日本企業がこれまで提供してきた終身雇用制あるいは年功序列型賃金の終焉や，国際競争にさらされた企業のコスト意識からくる非正規雇用労働者の採用などが，こうした不安をよりいっそうもたらしている。だからこそ同時に，そうした不安を解消するための就業支援・職業訓練などの積極的労働市場政策のような新たな社会的ニーズを生み出している。

　またOECD［2006］の指摘によると，日本における相対的貧困率は1980年代半ばの11.9％から2000年には15.3％に上昇した。これはOECD平均（10.2％）を大きく上回り，主要先進諸国では最も高いアメリカ（17.1％）に迫る水準である。さらには，子どもをもつ世帯の貧困も大きな問題点である。二人親世帯

において，共働きであっても，その世帯員の相対的貧困率は10.6％とOECD平均（4.3％）はおろかアメリカ（8.3％）までも上回っている。一人親世帯の窮状はなおさらであり，相対的貧困率は57.3％（OECD平均は32.5％，アメリカは48.9％）となっている。こうした現状は貧困を解消する，あるいは家族や一人親をサポートするというニーズが確実に高まっていることを物語っている。

　上記のように，国民・住民の社会保障に対するニーズが多様化し，そして高まってきている。とくに日本の場合，家族，地域，企業が果たしてきたセーフティネットを補完・代替する機能を，誰が，どのように担っていくかは大変重要な問題である。たとえばそれは，家族に対する現物給付であり，不安を解消するための就業支援・職業訓練などの積極的労働市場政策といったものである。こうしたサービスは，国民・住民一人ひとりの状況に応じて，きめ細かい対応が必要な分野である。そうした意味においては，政府，とりわけ市町村を中心とする地方政府の役割の重要性というものは確実に大きいということがいえる。

（3）地方分権の現状と課題

　社会保障に対するニーズが多様化し，現物給付の重要性が高まるという流れのなか，1990年代から地方分権化を要請する声が強まってきた。1995年には地方分権推進法が成立し，本格的に地方分権化に向けての議論・作業が進められた。そして2000年4月に，地方分権推進委員会の第一次から第四次に至る勧告を受けて策定された地方分権推進計画を法制化する地方分権一括法が施行された。この法律は，機関委任事務の廃止と新たな事務区分（法定受託事務と自治事務），必置規制の見直しなどの国の地方に対する関与を縮小することに力点をおくものであった。しかし，地方の自主性・自律性を拡充するための地方税の充実については，法定外目的税の新設などにとどまり，国から地方への税源移譲を含む地方税の拡充については中長期的課題とし，先送りされることとなった。また国庫補助負担金の整理合理化についても，補助金・負担金の区分明確化ははかられたものの具体的成果をみるまでには至らなかった。

　2001年に発足した小泉内閣は，「基本方針2001」において民営化・規制改革

等とならんで地方の自立・活性化と財政改革を柱として掲げた。しかし，その中身としては地方の自律性を高めるために，自助・自律にふさわしい歳入基盤を確立することの重要性を謳う一方で，財政のプライマリーバランスを黒字化することを目標に，地方財政計画の歳出を徹底的に見直し抑制することを明示するものでもあった。

　2002年5月，片山虎之助総務大臣から5.5兆円の税源移譲と国庫補助負担金の縮減を中心とする，いわゆる「片山プラン」が経済財政諮問会議へ提出され，議論が行われた。そうした議論を受け「基本方針2002」では，国庫補助負担金，地方交付税，税源移譲を含む税源配分のあり方を「三位一体」で検討し，具体的な改革工程を取りまとめると明記された。

　これを受けて「基本方針2003」では次のように示した。国庫補助負担金については4兆円をめどに2006年度までに廃止・縮減をする。地方交付税については総額を抑制し，財源保障機能の縮小，算定方法の簡素化等の見直しをする。税源移譲を含む税源配分の見直しについては国庫補助負担金の廃止分で事業を引き続き実施する分について，義務的事業については全額，その他は8割程度を目安として基幹税目の充実を行う。

　2004年度以降は，三位一体改革の具体的な協議・決定・実行が行われた。地方6団体は政府の国庫補助負担金改革の具体案作成の要請を受けて，2004年8月に「国庫補助負担金等に関する改革案」を提出し，これをベースに国と地方との協議が進められた。そして2005年11月の政府・与党合意によって2006年度までの三位一体改革についての全体像が決定された。その結果は，約4.7兆円の国庫補助負担金の縮減，約3兆円の所得税から住民税への税源移譲，2004年度から2006年度までの間の約5.1兆円減等の地方交付税改革というものであった（**図表2-21**参照）。

　2006年12月には，1995年の地方分権推進法から11年ぶりになる新たな地方分権改革の根拠法となる地方分権改革推進法が3年間の時限法として成立し，2007年4月から施行された。新たな地方分権改革推進法では，内閣府に7人の委員で構成される地方分権改革推進委員会（丹羽宇一郎委員長）が設置され，今後政府が作成する地方分権改革推進計画に向けての具体的な指針を勧告するこ

図表 2-21 三位一体改革の状況

国庫補助負担金改革

累次の「基本方針」並びに平成16年及び平成17年の「政府・与党合意」を踏まえ，平成18年度までに，4兆円を上回る国庫補助負担金の改革を実施。

●税源移譲に結びつく国庫補助負担金改革
　平成16年度税源移譲に係るもの……………………… 7,093億円
　全体像に関する政府・与党合意に係るもの… 1兆7,539億円
　平成17年度政府・与党合意に係るもの…………… 6,544億円
●その他の国庫補助・負担金改革
　スリム化の改革……………………………………… 9,886億円
　交付金化の改革……………………………………… 7,943億円

国庫補助負担金改革の全体像……………………… 4兆6,661億円
　　　　　　　　（平成15年度改革分2,344億円を除く）

税源移譲を含む税源配分の見直し

●改革の成果
平成18年度税制改正において所得税から個人住民税への3兆円規模の税源移譲を実施（平成19年分所得税，平成19年度分個人住民税から。）
平成18年度は移譲額の全額を所得譲与税で措置。（平成18年度）
所得譲与税
　都道府県……… 2兆1,794億円
　市町村………… 8,300億円
　合計…………… 3兆 94億円

地方交付税改革

●改革の成果
地方交付税及び臨時財政対策債の総額の抑制
平成16年度〜18年度　△5兆1,000億円
・「行政改革インセンティブ算定」の創設・拡充
・算定の簡素化
・財政力格差拡大への適切な対応
　（税源移譲分を基準財政収入額に100%参入（当面の措置））

出所：総務省HP（http://www.soumu.go.jp/）資料より筆者作成。

ととなっている。

　1995年の地方分権推進法では，次のような地方分権の推進に関する基本理念が謳われていた。ひとつは，「国及び地方公共団体が分担すべき役割を明確にし，地方公共団体の自主性及び自立性を高め，個性豊かで活力に満ちた地域社会の実現をはかる」こと，そしてもうひとつは，地方公共団体は「住民に身近な行政は住民に身近な地方公共団体において処理するとの観点から地域における行政の自主的かつ総合的な実施の役割を広く担う」というものである。しかし，とりわけ小泉内閣発足後，三位一体改革は「小さくて効率的な政府」づく

りのための改革として位置づけられ，財政再建の一環として行われるきらいがある。さきにふれた「基本方針2001」において，「プライマリーバランスを黒字化することを目標とする国の財政再建への取組みと歩を一にして，地方財政の健全化を進める」と明記しているのはその象徴である。

その後提出された「片山プラン」では5.5兆円の税源移譲（3兆円の所得税から住民税への移譲と2.5兆円の消費税から地方消費税への移譲）と国庫補助負担金の縮減を柱とする提案が出され，国と地方にとって歳入中立性を保ちながら地方財政の質的転換をはかることが提案された。しかし結果としては**図表2-21**でも確認できるように，国庫補助負担金の縮減額は約4.7兆円なのに対し，税源移譲は所得税から住民税への税源移譲の約3兆円にとどまり，国としては約1兆円のスリム化を達成した。さらにこれに，2004年度から2006年度にかけて約5.1兆円減の地方交付税改革が行われ，トータルとしては約6兆円のスリム化が行われたことになる。

また国庫補助負担金改革の個々の内容についても，たとえば義務教育費国庫負担が2分の1から3分の1へ引き下げられたように，義務的性格が強く，地方にとっては裁量の余地があまり大きくない経費の国庫負担率が引き下げられているケースが散見される。さらに，生活保護の国庫負担の4分の3から3分の2への引き下げについても補助金改革のなかで議論された。結果的には地方からの強い反発を受けるかたちとなり，とりあえずはこの案は取り下げられることとなったが，現在も地方は生活保護の適正化に真摯に取り組むよう要請されている。

2007年度から3年間かけて，地方分権改革は新たなステージに突入することになったが，初期の地方分権推進法で謳われたような真の地方分権が目指されるのか，あるいは旧来的な地方自治へ回帰するのか，現在その岐路に立っているといえるであろう。

【参考文献】

大蔵省財政史室編（2000）『昭和財政史──昭和27〜48年度　第1巻　総説』東洋経済新報社

大島通義・神野直彦・金子勝編著（1999）『日本が直面する財政問題——財政社会学的アプローチの視点から』八千代出版
片桐正俊編著（1997）『財政学——転換期の日本財政』東洋経済新報社
片桐正俊編著（2007）『財政学——転換期の日本財政〔第2版〕』東洋経済新報社
金澤史男編（2005）『財政学』有斐閣ブックス
木村收（2007）「財政構造改革の展開と分権改革」大阪市政調査会編『市政研究　財政研究会報告大変動期の大阪市財政』No.155
財務省財政史室編（2005）『昭和財政史——昭和49～63年度　第1巻　総説　財政会計制度』東洋経済新報社
財務省（大蔵省）大臣官房調査企画課長編『図説　日本の財政』（各年度版）東洋経済新報社
神野直彦・金子勝編著（2001）『地方に税源を』東洋経済新報社
神野直彦（2007）『財政学〔改訂版〕』有斐閣
関口智・伊集守直（2006）「税制改革の将来構想」神野直彦・井手英策編『希望の構想』岩波書店
林健久・今井勝人・金澤史男編（2001）『日本財政要覧〔第5版〕』東京大学出版会
松本淳・髙端正幸（2006）「体系的な社会保障制度改革」神野直彦・井手英策編『希望の構想』岩波書店
松本淳（2007）「日本のセーフティネットの現状と今後の課題」大阪市政調査会編『市政研究　財政研究会報告　大変動期の大阪市財政』No.155
OECD *Economic Survey of Japan 2006*
———Social Expenditure Database (SOCX 2007) (http://www.oecd.org)
G.エスピン-アンデルセン／岡沢憲芙・宮本太郎監訳（2001）『福祉資本主義の三つの世界——比較福祉国家の理論と動態』ミネルヴァ書房

（松本　淳）

第3章

公 的 年 金

1 高齢社会と公的年金制度

　公的年金をめぐる問題が，今やニュースに取り上げられない日はない。それほどに公的年金に対する人々の関心は高い。とはいえ，当然のことながらその関心の中心は，もっぱら自分が受給できる年金額にあるように感じる。平均寿命は年々延び，2006年の簡易生命表によれば，とりわけ女性の平均寿命は85.81歳までになった。公的年金が創設された頃，日本人の平均寿命は50歳を割っていたが，それから60年以上が経過し，平均寿命は約30年延びたこととなる。ますます延びる老後の生活をいかに送るかについて考えるとき，その経済的基盤となる公的年金を考えないわけにはいかない。多くの人々の関心が，いったいどれだけの保険料を負担し続ければ，どれだけの年金が給付されるのかということにあるのは，納得せざるをえない。しかしながら，厚生労働省は，個人の保険料の納付実績や将来受給できる年金額について，これまで具体的な情報提供を必ずしも行ってこなかった。このことが不安を募らせる要因のひとつとなって，ますます公的年金に対する関心を高めているのであろう。
　日本の公的年金は世代間扶養の仕組みとなっており，自らの拠出した保険料が，そのまま自らの年金となるわけではない。保険料を拠出しはじめてからおよそ45年を経てようやく支給される年金が，その時代の実質価値を維持したものとなるように，また，安定して終身保障をするために，その財政方式は積立金を有しながらも基本的には賦課方式を採用しているからである。したがって，老後に支給される年金が，現役時代に拠出した保険料の総額に，果たして

見合っているのかどうかといった個人的な損得勘定では推し量ることのできない複雑さを孕み，公的年金は社会政策の一環として機能しているといえよう。

公的年金は現行の体系となるまでに幾度となく改正されてきた。しかし，一元化の問題や女性と年金をめぐる問題等，改正のたびに先送りされてきた課題を含み，現行の制度が抱える課題は多い。そこで，現行制度の課題を論じる前に，まずはなぜこのような課題を抱えることとなったのか，その源流を求めて，公的年金がとくに誰を対象としたものとして，どのように整備されてきたのか，そのあゆみをふりかえってみよう。

2　公的年金制度のあゆみ——課題の源流を求めて

（1）戦時体制下における公的年金制度の成立

社会保険の一環としての公的年金の歴史は，1939年4月に創設された船員保険に始まる。船員法に定める船員を強制被保険者とした船員保険は，療養の給付や傷病手当金といった疾病保険に加えて，養老年金や廃疾年金といった年金を規定していたからである。乗船中は船医の診療を受けることができた船員にとって，年金こそ必要であった。船員保険創設の動きは古く1920年頃からあったが，それが1939年になってようやく実現したのは，戦時体制下において国策としての海運業の重要性が増したからであったといわれている。

船員保険の創設に牽引されて，さらに，戦時体制という時局に後押しされて，1941年3月には労働者年金保険が創設された。労働者年金保険は工場法および鉱業法が適用された民間の工場，および常時10人以上の労働者を雇用する製造業，運送業等の事業所に雇用される日本国民である男子の肉体労働者を強制被保険者とした。あまり知られていないことであるが，1947年4月に工場法が廃止されるまで，工場法が適用された危険有害工場は，たとえ従業員が常時10人未満であってもすべて適用事業所となっていた。

労働者年金保険は現行の厚生年金保険の前身であり，一般の雇用労働者を適用対象とした日本で最初の公的年金である。とはいえ，適用事業所の中心は工場であり，強制被保険者となったのは男子の肉体労働者だけであった。たとえ

工場で働いていても事務等の職員や女子，外国人は適用が除外されたのである。このように適用対象が限定されたのは，そのような労働者が時局にとってとくに重要であるばかりでなく，当時は肉体労働者に代表される「少額所得者」だけが社会保険の適用対象であると考えられていたからでもあった。

保険給付には，養老年金，廃疾年金，遺族年金，脱退手当金等が規定された。このうち養老年金は，定年退職の年齢に合わせて，被保険者期間20年以上の者が満55歳となったときに，終身，全被保険者期間の平均標準報酬年額の100分の25に相当する金額が支給されることとなっていた。「余リ多額ニ支給致シマスコトハ却ッテ弊害ヲ生ズル虞ガアリマスノデ」，「老齢ニ依ル労働能力ノ減退ニ伴ウ収入ノ減少ヲ考慮シ，其ノ必要ナル生活費ノ一部ヲ補給スルト云フ趣旨」で規定したと説明されている。

労働者年金保険では，将来にわたって拠出をほぼ一定の水準に設定した平準保険料方式が採用された。そのため保険料率は1000分の64（坑内夫は1000分の80）と高く，これを労使折半で負担した。拠出された保険料は，時局下であったために国家資金として一元的に管理運用されることとなり，全額が大蔵省預金部に預け入れられた。国庫負担は，当初より事務費および給付費の10％（坑内夫は20％）が規定されている。

労働者年金保険は1944年2月の改正によって，名称を厚生年金保険に改め，その適用対象を工場法および鉱業法が適用されていない事業所について常時5人以上の労働者を雇用する事業所に拡大し，さらに，職員および女子を強制被保険者とした。ミッドウェー海戦を契機とした戦局の転換による労働統制の強化で，徴用工や朝鮮半島移入労働者が増加し，また，勤労動員によって女子が大量に職場に進出したこと等に対応する必要に迫られたからであった。なお，女子を強制被保険者としたことにともない，女子に対してだけ婚姻を保険事故とする結婚手当金が規定されている。

以上のように日本の公的年金は，戦時体制下においてまずは船員や工場労働者といった特定の職業に従事する者だけを適用対象に創設された。とくに財政方式や保険給付のあり方からすると，当時の公的年金は，自らが負担した保険料が自らの保険給付となる個人的要素の強いものであったといえる。このよう

にして創設された公的年金が，第二次大戦終結以後，どのように発達していくのであろうか。次に，終戦後の厚生年金保険の再建についてみてみよう。

（2）厚生年金保険の再建

　第二次大戦終結後初の厚生年金保険の改正は，1945年12月にGHQが発した「職業政策ニ関スル覚書」により，1946年1月に国籍に基づく被保険者資格の差別が撤廃され，外国人も被保険者となれるようにしたことである。しかし，被保険者数そのものは，軍需補償の打ち切り等にともなう離職者の急増で，終戦直前の787万人から，1年後の1946年7月には417万人へと激減した。

　1947年9月には労働基準法の施行にともない工場法が廃止され，常時5人未満の従業員しか雇用しない事業所は完全に適用除外となった。このときあらためて規定された適用事業所は，①物の製造，加工，選別，包装，修理または解体の事業，②鉱物の採掘または採取の事業，③電気または動力の発生，伝導または供給の事業，④貨物または旅客の運送の事業，⑤貨物積卸の事業，⑥焼却，清掃または屠殺の事業，⑦物の販売の事業，⑧金融または保険の事業，⑨物の保管または賃貸の事業，⑩媒介周旋の事業，⑪集金，案内または広告の事業であった。

　さて，以後，厚生年金保険は急速に進む激しい物価騰貴による崩壊の危機に立たされ，その対応に追われることとなる。1946年1月には，実質価値の低下を少しでも抑えるために，まずは脱退手当金に規定した1年間の待機期間を廃止し，即時支給とした。物価騰貴がいっそう激しくなった1948年7月には，標準報酬月額を健康保険と同額の300円から8100円の27等級区分に大幅に引き上げた。その一方で，養老年金は賃金がいくらであろうと標準報酬月額を最低額の300円で計算することとし，保険料を暫定的に一律3％とした。実質価値が低下する一方の積立金の増加を極力抑えたのである。加えて，障害年金，障害手当金はできるだけ高く計算されるように，当分の間，最終3ヶ月の平均標準報酬月額を基礎とできるようにしたり，1級の障害年金受給者の扶養家族には1人につき2400円の加給を行ったり，改正前に決定された低額な業務上の障害年金および遺族年金の額を5倍に引き上げたり，寡婦（鰥夫）年金および遺児

年金を創設したりすることで給付を手厚くし，生活に即時役立つようにした。緊急避難的な措置として，支給が開始されるまでまだ期間のあった養老年金を凍結し，すでに支給が開始されていた障害年金と遺族年金を改善することによって，制度の存続がはかられたのである。

　いわゆるドッジ・ラインに基づき，緊縮財政，超均衡予算を実施した結果，1951年に入り物価騰貴が終息に近づくと，厚生年金保険もようやく崩壊の危機を脱し，坑内夫に対する養老年金の支給開始を1954年1月に控え，にわかに凍結状態からの復活の必要に迫られることとなった。厚生省はこの機に制度体系を全面的に改正し，財政的基盤を固めようと検討を進め，さっそく改正案を発表した。しかし，保険料負担の増大を拒否したい事業主側，被保険者側双方からの強い反対にあい，抜本的な改正は見送られた。結局，1953年8月の改正では，適用事業所の範囲を土木，建設，教育，研究，調査，医療，調剤，看護，助産，通信，報道，社会福祉の事業に拡大し，標準報酬を引き上げただけにとどまった。とはいえ，この改正法案を審議した国会では，早くも公的年金の未加入者の問題が取り上げられ，次期改正までに，厚生年金保険の適用事業所の範囲を常時5人未満の従業員しか雇用しない事業所にも拡大すること，国民年金制度を創設することを要望する附帯決議が付けられていたことは注目に値する。

　早急な改正の必要に迫られた厚生省では，その後も検討が進められ，保険料率の引き上げを断念したうえで同年12月に再び改正案を作成し，翌1954年5月に新たな厚生年金保険法が成立した。この改正は，現行の厚生年金保険の基本的骨格をかたちづくるものとなった。従来，報酬比例だけであった老齢年金を，定額部分と報酬比例部分に分けたのである。報酬比例の年金に対しては，社会保障制度審議会等から，給付が国庫負担を含みながら高所得者に手厚く，低所得者に手薄となり，社会保障の理念に反するとの批判があった。また，事業主側にとっても退職金が所得や勤続年数に比例しており，年金にその必要を感じなかった。このため社会保障制度審議会や事業主側等は，定額制の年金を主張した。しかし，厚生省等は保険料の拠出が報酬比例で行われるにもかかわらず，給付だけが定額制となるのは公平でない等の理由で，報酬比例の年金の

存続を主張した。そこで，定額部分と報酬比例部分がほぼ同率で組み合わされることとなったのである。

　月額2000円とされた定額部分の水準は，ほぼ当時の生活扶助基準（2級地）にあたるとされ，定額部分に最低生活保障の意味が付与された。他方，報酬比例部分は被保険者期間20年の者を基準に標準報酬月額の10％が加算されるよう規定した。また，配偶者や18歳未満の子がいる場合には加給されることとなり，家族構成に応じて世帯を単位に生活が保障される仕組みとなった。さらに，定年は一般にまだ55歳であったが，60歳の者の平均余命の伸びに合わせて，老齢年金の支給開始年齢を男子だけ20年かけて55歳から60歳に引き上げた。

　保険料率は，結局，暫定的な措置であった3％のまま据え置かれた。そこで，5年ごとに人口推計や経済情勢に合わせて保険料を見直す財政再計算を行い，保険料率を引き上げることとする段階保険料方式が導入された。つまり，この時点で，より若い世代の保険料の方が確実に高くなる方式を選択しているのである。この移行は，平準保険料方式による完全積立方式から，賦課方式の要素を少なからず組み込んだ修正積立方式への移行でもあった。事業主側，被保険者側双方の負担増に対する強い反対を受けて，保険料の引き上げを断念し，負担を将来へ先送りした結果として，修正積立方式が採用され，賦課方式の要素が組み込まれたのである。

　日本的雇用慣行が形成され，終身雇用や年功序列賃金を補完するものとして，当時すでに退職金制度が導入されていた。事業主側は多額の資金をかけて重化学工業化を推し進めていたところであり，そうした資金の確保に躍起になっていたうえで退職金を負担し，さらに，厚生年金保険の保険料を負担しなければならない現状にあった。このため，とりわけ事業主側は保険料の負担増を拒否し続けたのであるが，それは当然，保険給付の水準を低く抑えざるをえない結果を招いた。

　それでは次に，この給付水準の低さがその後の公的年金の体系化に強く影響し，制度が分立する過程を概観しよう。

（3）公的年金制度の分立

上述のように，社会保険としての公的年金の歴史は船員保険に始まるが，実はそれに先駆けて軍人や官吏に対する恩給や，官営の現業部門の労働者に対する官業共済組合があった。このため，公的年金の歴史的系譜はそれらに始まるとする見方もある。

恩給は，陸軍武官に対して1875年4月に制定された「陸軍武官傷痍扶助及ヒ死亡ノ者祭粢並ニ家族扶助概則」に始まる。同年8月に海軍に海軍退隠令が制定されると，翌1876年10月には陸軍にも先の概則に換えて陸軍退隠令が制定された。これらの退隠令が1883年9月にそれぞれ陸軍恩給令，海軍恩給令となると，翌1884年1月には，文官に対する官吏恩給令も制定された。

さらに，1889年2月の大日本帝国憲法の発布を受け，これらの恩給令は，翌1890年6月に官吏恩給法，官吏遺族扶助法，軍人恩給法となった。また，同日，公立の教職員に対する恩給である市町村立小学校教員退隠料及遺族扶助料法，府県立師範学校長俸給並公立学校職員退隠料及遺族扶助料法も制定されている。このように，軍人，文官，教職員を適用対象に，職業別に整備されてきた恩給は，1923年4月に恩給法に統合された。恩給法にいう恩給は，主として判任官以上の官吏が対象となり，官吏でない雇用人は適用除外された。文官は俸給の100分の2，武官は100分の1を納付する義務を負い，在職15年の者が死亡，退職した際には，死亡・退職前1年間の俸給総額を基準として，その150分の50を最低額とする恩給が，45歳から50％，50歳から70％，55歳から100％支給された。恩給は財源をほぼ国庫とした特権的制度であった。

他方，同じ公務員であっても恩給が適用されなかった官吏でない雇用人，すなわち，官営の現業部門の労働者は，相互扶助による共済組合を組織した。官業共済組合は1905年6月に八幡製鉄所職工共済組合が設立されたのを始まりとし，1907年5月には帝国鉄道庁共済組合（翌年，鉄道院共済組合と改称）が設立され，以後，専売局，印刷局，造幣局，海軍工廠，陸軍工廠等に相次いで設立された。官業共済組合は当初，主として業務上の災害補償を行うものであったが，1920年4月に，鉄道院共済組合が新たに国有鉄道共済組合となった際に，初めて老齢年金，遺族年金を実施すると，以後，同年に通信部内職員共済組

合，1921年に内閣印刷局共済組合および海軍共済組合，1923年に造幣局共済組合および土木事業従業員共済組合，1926年に専売局共済組合，1937年に陸軍共済組合において年金が実施されるようになった。官業共済組合は各省庁内の福利厚生制度として創設されたのである。

官吏には恩給，官営の現業部門の労働者には共済組合と，いわゆる公務員には1920年代からすでに年金が整備されはじめた。加えて，1930年代後半から40年代に，船員には船員保険が，主として民間の工場で働く労働者および職員には厚生年金保険が創設された。つまり，日本における年金は，官吏，官営の現業部門の労働者，船員，民間の工場労働者および職員といった職業別に，恩給，共済組合，社会保険といったそれぞれに異なる方式で，整備されてきたのである。

このような状況を受けて，第二次大戦終結後間もなく，GHQによる日本の非軍事化，民主化の一環として公布された「恩給法ノ特例ニ関スル件」によって，傷病者を除く軍人等に対する恩給が停止されたことをきっかけとして，恩給や共済組合を含み，社会保険を総合的に調整，整備し，さらには社会保険を包含した社会保障の構築に向けた審議が始まっていくこととなる。

1945年12月には，軍人恩給の停止にともなって発生する生活困窮者に対する救済策を考究するために，社会保険制度審議会が設置された。同審議会は早速，「俸給生活者厚生年金制度要綱」を答申した。これによる直接的な成果はなかったが，これをきっかけとして翌1946年3月に社会保険制度調査会が設置され，あらためて社会保障の本格的な考究が開始された。同調査会は，翌1947年10月に「社会保障制度要綱」を発表し，「国民は被用者，自営者，無業者に分け，全国民は大体所得に比例して費用拠出の義務を負い，使用者及び国も一部を負担する」最低生活を保障する総合的な制度を創設するよう提言している。しかし，この要綱に対する一般の関心はきわめて低く，政府もその実現に対して何ら努力をしなかったといわれている。

こうしたなかでウィリアム・ワンデルを団長とするアメリカ社会保障制度調査団だけは，この要綱に重大な関心を示し，批判と検討を試みた。その結果として，1948年7月に「社会保障制度への勧告」が公表されたのである。ここで

は自営業者，農業従事者を除外するものの，常時5人未満の従業員しか雇用しない事業所を含み，広く被用者を適用対象として養老年金，廃疾年金，遺族年金，失業保険，労災保険等のすべてを統合した現金給付保険の実現が提案された。

勧告を受け，同年12月に社会保険制度調査会は廃止され，あらためて内閣総理大臣の諮問機関として，社会保障制度の調査，審議，勧告を行う社会保障制度審議会が設置された。同審議会は1950年10月に「社会保障制度に関する勧告」を答申し，「老齢者，遺族及び廃疾者に対する年金保険制度も，できればすべての国民を対象とすることが望ましい」とした。しかし，一般国民の保険料負担能力を考慮し，「将来日本の経済が十分回復するときまでまたねばならぬ」と，具体的には被用者の保険についてだけ検討している。

社会保障制度審議会をはじめとする審議会等は，職業別に恩給，共済組合，社会保険に分立した現行の年金制度を整理し，まずは全被用者を適用対象とした一元的な年金制度の確立を目指したのである。ところが，このような審議会等の答申に反して，現実には年金制度はさらに分立することとなる。

第二次大戦終結後，身分差が撤廃されると，官吏であっても官営の現業部門の労働者であっても，公務員として同等に扱われるようになった。しかし，年金制度においては恩給と共済組合が分立し，両者の不均衡が是正されないまま，1948年4月に官業共済組合だけが国家公務員共済組合として一本化された。

その後，1949年に日本専売公社および日本国有鉄道が，1952年に日本電信電話公社が公共企業体へと移行すると，職員間で恩給の適用をめぐり不平不満が激化することとなる。もともと現業部門の労働者であった者には国家公務員共済組合が適用されたが，もともと官吏であった者が公共企業体に転出した場合には恩給が適用されたからである。しかし，恩給と共済組合との統合はまったく進まなかったため，公共企業体は独自に全職員を適用対象とした共済組合制度の創設を目指すこととなった。このようにして1956年6月に，初めて官吏と現業部門の労働者双方を適用対象とした公共企業体職員等共済組合が創設された。この創設を契機として，すべての国家公務員を対象とした統一的な年金制

度を創設する機運が高まった。そこで，1958年5月に国家公務員共済組合法が改正され，すべての公務員が共済組合の適用対象となったことから，恩給は基本的には消滅した。

なお，地方自治体の職員も公務員であったが，学校，警察，都道府県等の職員を除き，国家公務員ではなかったために，国家公務員共済組合には加入できなかった。そこで，とりわけ国家公務員との均衡をはかるために，1954年7月に市町村職員共済組合が創設されている。

さて，上述のように，1953年の厚生年金保険法の改正では，適用対象を教育，研究，調査にも拡大し，私立学校教職員にも厚生年金保険を適用した。しかし，私立学校教職員には1925年から，任意適用ではあるが財団法人私立中等学校恩給財団があった。同財団は，1952年に財団法人私学恩給財団と名称を改め，適用対象を幼稚園から大学までの全私学の教職員に拡大し，さらに，福利厚生事業を営む財団法人私学教職員共済会を設立していた。このような状況にあって，私立学校教職員には厚生年金保険への適用が強制されたのである。しかし，私立学校教職員は，主に工場労働者を適用対象とした給付水準の低い厚生年金保険への強制加入を拒み，恩給が適用されていた公立学校の教職員と均衡の取れた共済制度の確立を望んだ。結局，社会保障制度審議会等の強い反対にもかかわらず，1953年8月には私立学校教職員共済組合が創設されてしまった。

この私立学校教職員共済組合の設立が先鞭となって，1957年には市町村と関係の深かった農業協同組合等の職員が，市町村職員共済組合による年金給付と厚生年金保険による年金給付との格差から，厚生年金保険を離脱し，農林漁業職員共済組合を設立した。このため，この法案を決定した閣議では，国民年金制度の早期実現を期するとし，今後，制度の乱立を許すような新たな制度を認めないことについて確認している。

社会保障制度審議会等は一貫して公的年金の一元化を強く望んだが，現実には，厚生年金保険の給付水準の低さを背景に，職業別の分立は加速したのである。

（4）国民皆年金体制の確立——国民年金および通算年金制度の創設

　厚生年金保険の適用対象が拡大され，各種共済組合の整備が進んだにもかかわらず，公的年金が適用されていない者は，適用された者の実に3倍を超えていた。無業者を含む4700万人以上が，公的年金の未適用者であった。全就業者人口に占める農業従事者や自営業者の割合が，まだかなり大きかったことに加えて，中小企業や零細企業が圧倒的多数を占めていたにもかかわらず，厚生年金保険が常時5人未満の従業員しか雇用しない事業所への適用を除外していたからでもあった。しかし，事業主側は負担が増大することを理由に，そのような雇用労働者を厚生年金保険の適用対象とすることをあくまでも拒否した。このため，公的年金の未適用者の問題は，国民年金制度を新たに創設することによって対応せざるをえない状況となった。

　政府が公的年金の未適用者に対する国民年金制度の創設を具体的に検討しはじめたのは，厚生年金保険法の全面改正の審議で，国民年金制度の創設を要望する付帯決議がなされたことをきっかけとして，1955年7月に，厚生省内に企画室が設置されてからのことである。すでに同年2月の総選挙においては，国民年金制度が政治的課題となっており，各党がそれぞれに国民年金制度の創設を公約していた。

　1958年3月に，厚生省から委嘱された5名の国民年金委員は，国民年金制度に関する具体的な検討に着手し，「検討試案要綱」を基に審議を進め，基本構想をまとめた。それによれば，国民年金制度は，原則として20歳以上60歳未満の公的年金の未適用者のみならず，適用者およびその家族も含めて適用対象とする，二重加入方式にすることが提案されている。ただし，保険料負担能力のない者は適用を除外され，例外的に無拠出制の年金が支給されることとした。

　他方，社会保障制度審議会は，1957年4月に10名の委員による年金特別委員会を設置し，翌1958年6月に，政府の諮問に応えて「国民年金制度に関する基本方策」を答申した。それによれば，国民年金制度は，厚生年金保険および各種共済組合等の未適用者である雇用労働者，農業従事者，商工業等の自営業者，その他の一般国民を適用対象とし，拠出制の年金と無拠出制の年金を構造的に組み合わせ，無拠出制の年金を恒久的に拠出制の年金の基礎とすることが

提案されている。

　これら2つの案を基に厚生省は，1958年9月に国民年金制度要綱第1次案をまとめ，発表した。第1次案では，20歳以上60歳未満の全国民を適用対象とし，厚生年金保険および各種共済組合等の被保険者の適用を除外とすること，無拠出制の年金を拠出制の年金の補完的，経過的なものと位置づけること，保険料の拠出が不可能な期間を一定の要件の下に受給資格期間に算入すること等が規定された。この案を基に自民党国民年金実施対策特別委員会は，同年12月に「国民年金制度要綱」を最終決定し，翌1959年4月に国民年金法は成立した。

　国民年金は，日本国内に住所をもつ20歳以上60歳未満の日本国民である，厚生年金保険および各種共済組合等の被用者年金の未適用者を強制被保険者とした。国民年金には，厚生年金保険等ではすでに撤廃されていた国籍条項があった。1981年10月に難民の地位に関する条約（難民条約）を批准し，1982年1月にその発効にともなって国籍条項が撤廃されるまで，国民年金の被保険者は日本国民に限られていたのである。また，世帯を単位に年金を受給する仕組みとなっていた他の公的年金とは異なり，国民年金では職業や収入，性別にかかわらず，個人を単位として年金を受給する仕組みとすることが目指された。このため，夫が被用者年金の適用者である無業の妻の取り扱いについて問題となった。しかし，夫の公的年金で不十分ながらも保護されていると解釈され，任意適用となった。

　保険給付には，拠出制の年金として老齢年金，障害年金，母子年金，遺児年金，寡婦年金が規定され，この他に補完的・経過的な無拠出制の年金として老齢福祉年金，障害福祉年金，母子福祉年金が規定された。このうち老齢年金は，被保険者期間25年以上の者が65歳に達したときに支給された。ただし，速効性をもたせるために，制度発足時に31歳以上であった者は，被保険者期間10年以上24年以下でも受給できるという思い切った成熟化促進策がはかられている。

　保険料は，所得の把握が困難であることを理由に，35歳未満の者が月額100円，35歳以上の者が月額150円の定額制となり，保険給付の額もそれに合わせ

て定額制となった。保険料の拠出が困難な者には保険料免除制度が規定され，この免除期間も受給資格期間に算入し，被保険者期間25年以上のうち最低10年の保険料納付期間があれば年金が支給された。国庫は，拠出された保険料の2分の1を負担した。被保険者の拠出能力が相対的に低いこと，事業主負担がないこと等から，その他の公的年金と比較して高い率であった。さらに，福祉年金の給付に要する費用の全額，事務費の全額も国庫負担であった。また，国庫負担は，厚生年金保険に対するものとは異なり，給付時ではなく拠出時に行われた。保険料とともに積立金に繰り入れて運用することで，利益の増大をはかったのである。

国民年金は，1959年11月に，まずは無拠出制の福祉年金の支給を開始し，翌1961年4月に拠出制の年金を開始した。これによって，国民皆年金体制が確立されたが，分立した公的年金は相互に関係をもたないままであったため，年金受給資格を満たさずに転職してしまうと年金を受給できない事態が起こりえた。そこで，国民年金が創設されるとすぐに，公的年金制度通算調整連絡協議会が設置され，国民年金とその他の公的年金との通算調整の問題について検討が開始された。社会保障制度審議会等によって原資（持分）移管方式，年金原資凍結方式（数珠つなぎ方式），二重加入方式等の通算制度が考えられていたが，協議会ではこのうち数珠つなぎ方式を基礎とした通算制度の実施が検討された。これに従い，1961年11月に通算年金通則法が公布され，各制度の加入期間を合算し，国民年金制度を含んでいる場合には25年，共済組合相互間では20年という一定の期間に達していれば，各制度がそれぞれの加入期間に応じて一定の通算年金を支給するという通算年金制度が創設された。

国民皆年金体制は，農業従事者や商工業等の自営業者，無業者のみならず，本来は雇用労働者として厚生年金保険の適用対象となるべき常時5人未満の従業員しか雇用しない事業所に雇用される者も含み，国民年金の適用対象とすることによって達成された。さらに，数珠つなぎ方式による通算制度が規定されたことによって，各種共済組合が公的年金の一環として明確に組み込まれ，分立していた公的年金が初めて相互につながり，国民皆年金体制が実質化された。

国民皆年金の確立によって制度の整備が一応終わったことから，以後，高度経済成長を背景に，給付水準の改善に目が向き，それに関する重要な改正が行われることとなる。それでは次に，本格的な高齢化社会を前にした1960年代，70年代における給付水準の改善についてみていこう。

（5）給付水準の改善

　厚生年金保険は，発足して20年となる1962年6月に，老齢年金の本格的な支給が開始されようとしていた。ところが，高度経済成長にともない，国民生活や賃金の水準が向上したにもかかわらず，その給付水準は，1954年の全面改正以来，ほぼ据え置かれたことによって実質価値が低下してしまった。したがって，給付水準の大幅な引き上げが急務の課題であった。しかし，1960年3月に行われた第1回の財政再計算にともなう改正では，事業主側の強い反対にあい，実現しなかった。

　第2回の財政再計算を1964年に控え，事業主側は，給付水準の大幅な引き上げの前提条件として，老後の所得保障という機能と費用負担とで重複する退職金や企業年金と厚生年金保険との調整を実施するよう主張した。被保険者側はこれに強く反対したが，事業主側の態度は強硬であった。このため，1965年6月の厚生年金保険の改正では，一定の要件を満たした企業年金は，厚生年金保険の報酬比例部分を代行でき，企業年金と厚生年金保険との保険料の負担を調整できるとする厚生年金基金（調整年金）が導入された。これによって負担が軽減された事業主側は態度を軟化させ，以後，厚生年金保険の給付水準は格段に改善されていくこととなる。

　同改正では，月額2000円とされていた定額部分が，1月あたりの単価250円に被保険者期間の月数を乗じた期間比例制に改められた。これによって，平均標準報酬月額2万5000円の者が20年加入したときの年金額を，定額部分月額5000円，報酬比例部分月額5000円の計1万円とするいわゆる「1万円年金」が実現された。ただし，「1万円年金」はあくまでも「モデル年金」であり，実際の1人あたりの平均年金額は7648円と，この水準にはまったく届いていなかった。なお，財源は，国庫負担を15％から20％に引き上げることで確保され

た。

　次いで，1969年の厚生年金保険の第3回財政再計算では，平均標準報酬月額3万8096円の者が24年4ヶ月加入したときの夫婦の年金額を月額1万9997円とする，いわゆる「2万円年金」が実現された。「2万円年金」は定額部分の1月あたりの単価を400円に引き上げ，報酬比例部分は原則として1957年9月以前の低い標準報酬を計算の対象から外し，配偶者の加給年金の額を大幅に引き上げることで実現された。この点で，将来発生する標準的な給付水準のモデルを示した「1万円年金」とは異なるものであった。

　他方，国民年金は1966年6月の第1回財政再計算で，厚生年金保険とのバランスをはかって給付水準が引き上げられ，夫婦で月額1万円の年金が実現された。ところが，この改正では，給付水準の引き上げに見合う保険料率や国庫負担の引き上げが行われなかったために，財政方式が早くも完全積立方式から修正積立方式へと移行してしまった。さらに，1969年12月には，新たに設けられた任意加入の付加年金を含めて2万円年金が実現している。

　さて，1973年9月には，翌1974年に予定していた第4回の財政再計算を1年繰り上げ，厚生年金保険では，標準報酬月額8万4600円の者が27年加入したときの夫婦の年金額を，月額5万2242円とする「5万円年金」が実現された。給付水準を「直近の被保険者の平均標準報酬の60％程度」と設定した結果であった。これにともない，被保険者期間中の平均標準報酬月額の算定にあたり，過去の標準報酬について，期間区分ごとに定められた再評価率をかけて，現在の標準報酬に評価し直すという賃金の再評価制度が導入された。また，年金額の実質価値を維持するために，全国消費者物価指数が1年度または2年度以上の期間に5％以上変動した場合には，それに応じて翌年の11月以降に，自動的に年金額を改定する物価スライド制が導入された。

　ところで，このとき財政方式を修正積立方式から完全賦課方式に移行すべきとの意見が強くあったといわれている。しかし，結局は，人口高齢化の著しい進行が予測され，将来の保険料の負担が過重となることが懸念されたため，基本的には修正積立方式が維持された。

　その後，同年10月に起きたオイルショックによる驚異的な物価の上昇を受け

て，翌1974年に早くも物価スライドが実施された。1976年6月には，2年後に予定されていた財政再計算が繰り上げで実施されたために,「9万円年金」が実現され，さらに，1980年10月には,「13万円年金」が実現された。また，国民年金についても月額3万2500円に引き上げられ，さらに，1980年には，月額4万2000円に引き上げられている。

「福祉元年」といわれた1973年に導入された物価スライド制は，オイルショック後の厳しい経済情勢において機能し，厚生年金保険は，実質価値を維持した給付水準を確保し続けた。しかし，この給付水準の確保は，保険料の負担を将来へ先送りしたまま，国庫負担を拡大させることで実現したものであったために，さらなる国家財政の悪化とともに，1980年代に入ると見直しの動きが活発となる。それでは次に，戦後最大の改正といわれた1985年の基礎年金の導入についてみてみよう。

(6) 85年改正——基礎年金の導入

2度にわたるオイルショックを経て，日本の高度経済成長は終焉を迎え，一転，低成長時代に突入した。徹底した歳出削減による「増税なき財政再建」が最大の政治課題となった。このようななか，急速な人口高齢化と平均寿命の伸びによって年金受給者は急増した。しかも1970年代における所得代替率60％という給付水準の改善と相まって，社会保障給付費のなかでも年金にかかる費用は急激に上昇し，1970年まで1兆円にも満たなかったものが，1980年には10兆円を超え，医療費を抜いた。よりいっそうの増加が見込まれ，公的年金も例外なく負担と給付の適正化が求められはじめた。また，このような背景で1980年代以降，給付と負担における世代間の不公平がことさらに強く主張されはじめるのである。

さて，これまでみてきたように公的年金は，厚生年金保険，国民年金，船員保険という3種類の社会保険と，国家公務員共済組合，地方公務員等共済組合，公共企業体職員等共済組合，私立学校教職員共済組合，農林漁業団体職員共済組合という5種類の共済組合に分立し，国民皆年金を実現した。当然のことながら，制度ごとに支給開始年齢，保険料や掛金，年金額等に大きな違いが

あり，いわゆる官民格差の是正が求められはじめていた。また，被保険者に対する年金受給者の比率（成熟度）は異なり，それゆえに財政も異なった。1970年代以降における産業構造の変化を受けて，とりわけ公共企業体職員等共済組合の財政は逼迫し，もはや単独で維持することが困難なほどとなった。さらに，1986年に老齢年金の本格的な支給が開始されようとしていた国民年金もまた，その財政は逼迫しつつあった。速効性をもたせるために最低5年で老齢年金が受給できる措置が採られる等，成熟化の促進がはかられていたからである。

このようななか，国民皆年金でありながら社会保険方式を採ったために，とりわけ国民年金で保険料の免除，滞納，未加入の者が多く存在することが問題となり，社会保障制度審議会は，1977年12月に「皆年金下の新年金体系」を建議し，税方式による全国民共通の基本年金の創設を提言した。基本年金とは，無拠出で65歳以上の高齢者に月額3万円を支給するものであり，財源は税率2％程度の直接税型の付加価値税を創設してまかなうものであった。しかしながら，政府はその後，年金制度基本構想懇談会による1979年4月の報告「わが国の年金制度の改革の方向――長期的な均衡と安定を求めて」や社会保障長期展望懇談会による1982年の提言「社会保障の将来展望について」に示された社会保険方式の堅持や給付水準の抑制等といった方向を基本的には採用していくこととなる。

このような議論を経て，国民年金は1985年4月に，適用対象を20歳以上60歳未満の全国民に拡大し，全国民共通の基礎年金を支給する制度となった。これにともない，厚生年金保険および各種共済組合等は，原則として基礎年金に上乗せされて報酬比例の年金が支給される制度に再編された。国民年金において公的年金の統合がはかられたのである。

自営業者等の従来の国民年金の強制被保険者は第1号被保険者，厚生年金保険および各種共済組合等の被用者年金の強制被保険者は第2号被保険者，そして，第2号被保険者に扶養されている配偶者は第3号被保険者となった。これによって，従来，国民年金に任意加入してきた，夫が被用者年金の被保険者である無業の妻の年金権が確立された。ただし，第3号被保険者に対する年金給

図表3-1 2007年現在の公的年金制度の体系

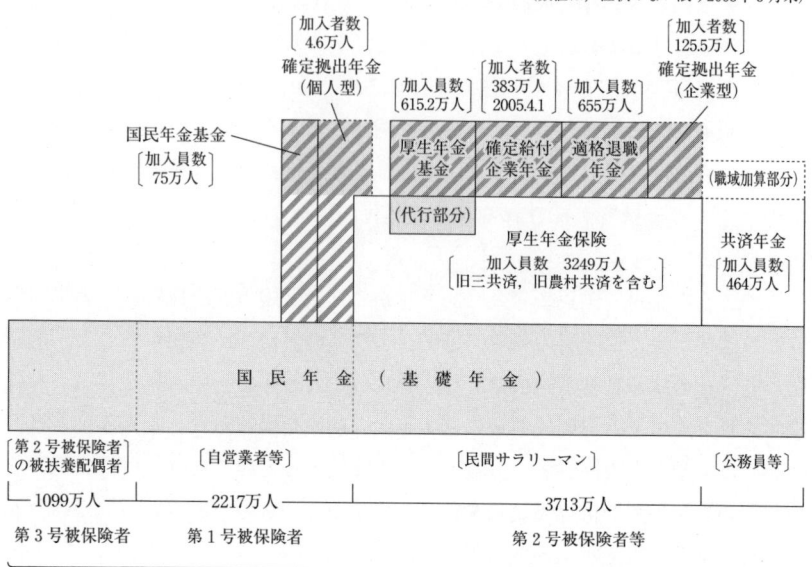

(数値は,注釈のない限り2005年3月末)

```
                    [加入者数]                                    [加入者数]
                     4.6万人                                      125.5万人
                   確定拠出年金   [加入員数]  [加入者数]  [加入員数]  確定拠出年金
                    (個人型)    615.2万人  383万人   655万人    (企業型)
   [国民年金基金]                         2005.4.1
    加入員数                  厚生年金  確定給付  適格退職
    75万人                      基金   企業年金   年金              (職域加算部分)
                              (代行部分)
                                       厚生年金保険              共済年金
                                     [加入員数 3249万人]         [加入員数]
                                     旧三共済,旧農村共済を含む      464万人

              国 民 年 金 （ 基 礎 年 金 ）

[第2号被保険者
の被扶養配偶者]  [自営業者等]          [民間サラリーマン]        [公務員等]
 1099万人        2217万人              3713万人
第3号被保険者    第1号被保険者         第2号被保険者等
```

7029万人 ※厚生年金基金,確定給付企業年金及び私学共済年金の加入者は,確定拠出年金(企業型)にも加入できる。
※国民年金基金の加入員は,確定拠出年金(個人型)にも加入できる。
※適格退職年金については,平成23年度末までに他の企業年金等に移行。
※第2号被保険者等は,被用者年金被保険者のことをいう(第2号被保険者のほか,65歳以上で老齢又は退職を支給事由とする年金給付の受給権を有する者を含む)。

出所:厚生労働省年金局年金財政ホームページ (http://www.mhlw.go.jp/topics/nenkin/zaisei/01/index.html)。

付は,もともと夫に加給されていた妻分の年金給付を,妻本人の名義に変更しただけのものであったため,必然的に保険料の納付は免除された。このことが新たに専業主婦優遇との批判を生むのである。ともあれ,第3号被保険者を含み,基礎年金が導入されたことによって,世帯単位で設計された被用者年金がもたらしていた過剰給付が,世帯類型に応じて適正化された。

保険給付には,老齢基礎年金,障害基礎年金,遺族基礎年金が規定された。このうち老齢基礎年金は,被保険者期間25年以上の者が65歳となったとき支給

された。これに要する費用は，第1号被保険者が納付する保険料と，被用者年金が被保険者数に応じて負担する拠出金と，基礎年金の給付に要する費用の3分の1の国庫負担でまかなわれた。つまり，基礎年金の導入は，逼迫しつつあった国民年金の財政負担を，被用者年金の各制度で分担，調整するものであったといえる。ただし，このときもまた，財政方式を全面的に賦課方式に移行させたわけではなかった。それにもかかわらず，政府はこの財政調整以降，公的年金が世代間扶養の仕組みであることをことさらに強調しはじめるのである。

年金額は，被保険者期間40年の場合に月額5万円で，40年に満たない場合にはその期間に応じて減額された。年金額が保険料納付期間に比例することを考慮すれば，満額の年金を受給するために40年の保険料納付期間を必要としたうえで従来の給付水準を確保したこの仕組みは，実質的な給付水準の引き下げとなった。基礎年金においては，従来の国民年金より実に約35％もの大幅な引き下げが実施されたのである。

月額5万円という年金額は，高齢者の平均的な生活費のうちの基礎的な消費支出をまかなうものとして決定されたと説明されている。具体的には1984年度の「全国消費実態調査」から，65歳以上の無業の単身者の食料費，住居費，光熱費，被服費に対する支出額を合計した額4万7601円と，高齢者の生活扶助額5万3369円（2級地）を根拠に決められた。なお，前者には教養娯楽費，交通通信費，保健医療費，交際費は含まれていない。

ところで，このとき2階部分の報酬比例の年金についても重要な改正がいくつかあった。厚生年金保険では，老齢厚生年金が老齢基礎年金の支給開始に合わせ，65歳支給開始となった。しかし，厚生年金保険の支給開始年齢はまだ60歳であったため，いずれ引き上げることを約束し，当分の間は60歳から65歳まで，特別支給の老齢厚生年金として，従来の定額部分と報酬比例部分からなる年金を支給した。ただし，女子の支給開始年齢については，男女間の格差を解消するために，1987年から1999年まで12年かけて，段階的に55歳から60歳に引き上げている。

基礎年金の導入は，各制度を分立させたまま給付の格差や不均衡の是正を可能とした。しかし，あくまで社会保険方式が採用されたことで，その限界であ

る排除原理は避けられず，保険料の滞納や未加入の問題を解決することとはならなかった。また，この改正は，保険料納付期間を延長することによって将来の保険給付の増加を抑制しており，給付と負担の適正化をねらった初めての改正となった。したがって，これによって将来にわたる給付と負担の均衡がはかられ，年金財政を安定的に維持できる基盤を確立したと考えられた。しかし，このとき強調された世代間扶養の仕組みは賦課方式を意味した。賦課方式の公的年金においては，年金を受給する高齢者とそれを支える現役世代の比率の変化が，年金財政に重大な影響を及ぼす。したがって，その後，予想をはるかに上回るスピードで進む少子高齢化によって，さらなる適正化の必要に迫られることとなるのである。

3 公的年金制度の現状

（1）給付の抑制

　1999年の財政再計算にともなう改正では，当初，急速に進む高齢化を背景として，将来の保険料負担をできるだけ抑制するために，大幅な給付水準の引き下げが検討された。しかし，1997年における急速な景気の後退を受け，抜本的な改正が困難となった。結局，2000年3月の改正では，厚生年金保険の保険料負担を，ボーナス等を含めた年収の20％程度にすると決め，将来の年金給付の支出総額を20％程度抑制するために，報酬比例部分の給付水準を5％引き下げ，上述した老齢厚生年金の報酬比例部分の支給開始年齢の60歳から65歳への引き上げを実現し，保険料の総報酬制を導入したという程度にとどまった。

　さらに，景気への影響が考慮され，これまで改定のたびに2.5％ずつ引き上げられてきた保険料率を，現行の水準のまま5年間据え置くこととした。実は，従来の保険料率は，当初，段階保険料方式を採用したことからも，将来の給付に必要な保険料負担の60-70％程度の水準でしかなかった。つまり，そもそも従来，保険料負担は将来へ先送りされ続けていたにもかかわらず，この改正でもさらに先送りされたことによって，世代間の不公平がいっそう拡大されることとなったのである。

また，この改正で最大の問題となっていた基礎年金に対する国庫負担割合の引き上げ，あるいは税方式化については，2004年までに安定した財源を確保して，国庫負担を3分の1から2分の1へ引き上げることで決着した。したがって，2004年の改正では，据え置かれた保険料率の引き上げと，基礎年金に対する国庫負担割合の引き上げが課題となるはずであった。ところが，2002年に発表された将来人口推計では，前回に比べていっそうの少子高齢化が進行すると推計されたことから，あらためて給付と負担の適正化がはかられなければならなくなってしまった。

　このように，改正のたびに行われる給付と負担の適正化は，将来見通しを不確かなものとする一方で，抜本的な改正を先送りし続けるものでもあり，人々の公的年金に対する不信感を高めていった。そこで，2004年の改正では，持続可能な公的年金を構築することによって，公的年金に対する信頼を確保することが最大の目的とされた。具体的には，将来の保険料負担が過重となるのを回避するために，国庫負担割合を2分の1へ引き上げたり，積立金を活用したりすることで，まずは2017年以降の保険料水準の上限を厚生年金保険で18.3％（毎年0.354％引き上げ），国民年金で1万6900円（毎年280円引き上げ）に固定した。そして，その上で，給付の水準を調整するという保険料水準固定方式によって年金額を改定することとなった。これによって，財政方式は永久均衡方式から，常に人の一生程度（おおむね100年間）の期間における給付と負担の均衡をはかる有限均衡方式に改められた。

　年金額は原則として，新規裁定者の場合は可処分所得スライドによって，既裁定者の場合は物価スライドによって改定される。しかし，少子高齢化が急速に進行する現在，このようなスライドを続けていくと，固定した保険料水準では給付がまかなえなくなる。そこで，おおむね100年間の財政均衡期間において，負担の範囲内で給付とのバランスが取れなくなった場合には，賃金や物価の変動と合わせて公的年金加入者の減少や平均余命の延びといった経済的・社会的要素を勘案し，年金額の伸びを自動的に調整するマクロ経済スライドが適用されることとなった。マクロ経済スライドの導入は，給付水準の実質的な引き下げとなる。とはいえ，老後生活の基本部分を支えるために，2023年度以

降の標準的な年金受給世帯（夫が平均的収入で40年間就業し，その間，妻が専業主婦であった世帯）で，現役世代の平均手取り収入の50.2％を上回る水準が確保されるとの見通しが示された。しかし，この「モデル年金」に該当する者はきわめて少なく，実際には50％を下回ることが指摘されている。1973年の改正以来，維持され続けてきた所得代替率60％からは，大きく引き下げられることが決定したのである。

ところで，2004年の改正では，基礎年金の国庫負担割合を2009年までに3分の1から2分の1に引き上げることが決定された。しかし，2008年度以降に必要とされる約2.5兆円の財源については，未だ目途がたっていない。小泉純一郎元総理大臣の「任期中は消費税を上げない」という公約の制約がなくなったことからも，今後，消費税に関する議論において，この財源の確保が重要なテーマとなることが予測されている。

保険料水準固定方式による保険料の引き上げと，マクロ経済スライドによる給付水準の引き下げは，現役世代と高齢世代がともに少子高齢化の痛みを分かち合う仕組みとなっている。この改正が示す水準が確保されるか否かは，とくに今後の合計特殊出生率がどのように推移するかにかかっているといえる。

（2）支給開始年齢の引き上げと高齢者雇用

戦後の日本人の平均余命の延びは著しい。2005年の完全生命表によれば，65歳時の平均余命は，基礎年金が導入された1985年には男性15.52歳，女性18.94歳であったが，20年後の2005年には男性18.13歳，女性23.19歳に延び，男女ともに未だ伸び続けているこの傾向は，今後とも続くと予測されている。公的年金にとって平均余命の延びは，年金給付総額の増大を意味する。したがって，さらなる人口の高齢化に対応していくためには，このような平均余命の延びにともなう保険料負担の増大を，誰がどのように引き受けるのかが検討されなければならない。その代表的な対応策としては，上述した保険料の引き上げや給付の抑制の他に，支給開始年齢の引き上げがある。

基礎年金導入後初の1989年12月の改正の最大の課題は，60歳台前半の特別支給の老齢厚生年金の支給開始年齢を，60歳から65歳に引き上げることであっ

た。厚生年金保険の支給開始年齢の65歳への引き上げが本格的に検討されたのは、実は1980年10月の改正であった。年金制度基本構想懇談会は、きたるべき人口の高齢化による年金給付総額の増大に備え、支給開始年齢の引き上げに早期に着手し、長期間かけて段階的に65歳に引き上げるべきであると厚生大臣に報告していた。これを受けて厚生省は、20年かけて段階的に引き上げることを社会保障制度審議会に諮問した。しかし、社会保障制度審議会では事業主側が、定年がまだ55歳の企業も多いこと等、高齢者の雇用環境の不備を理由に、時期尚早であると強く反対したため、改正法案に盛り込むことすらできなかった。

それから約10年後に再び取り上げられたのである。基礎年金の支給開始年齢が65歳となったことを受けて、厚生年金保険も65歳とすることが約束されていたからでもあった。この改正では、男子を1998年から12年かけて65歳に、女子を2003年から12年かけて65歳に引き上げる予定であった。ところが、今度はとりわけ被保険者側からの強い反対にあい、厚生省はやむなく引き上げのスケジュールだけを法案に明記し、国会に臨んだ。しかし、国会ではそれすら削除されてしまった。

そこで、1994年の改正に向けては、原則として65歳までは現役で働ける社会を目指して、労働省と厚生省が相互に連携を取って協議し、60歳台前半の雇用と年金のあり方について、同時に検討することとなった。具体的には、まずは高齢者雇用対策として、高年齢者雇用安定法を改正し、定年を60歳未満とすることを禁止した。さらに、事業主に対して65歳までの定年の引き上げ、継続雇用制度の導入、再就職の促進等、高年齢者雇用確保措置といわれる高齢者の65歳までの安定した雇用の確保をはかるために必要な措置を講ずる努力義務を課した。また、雇用保険法を改正し、失業給付が支給されている間は、老齢厚生年金の支給を停止することとした。さらに、賃金が下がっても就業し続ける意欲をもてるよう、60歳以上65歳未満の者の賃金が60歳のときの賃金に比べて75％未満となったときに、賃金の最高15％を給付する高年齢雇用継続給付を創設した。

以上の高齢者雇用対策を施すとともに、60歳台前半の特別支給の老齢厚生年

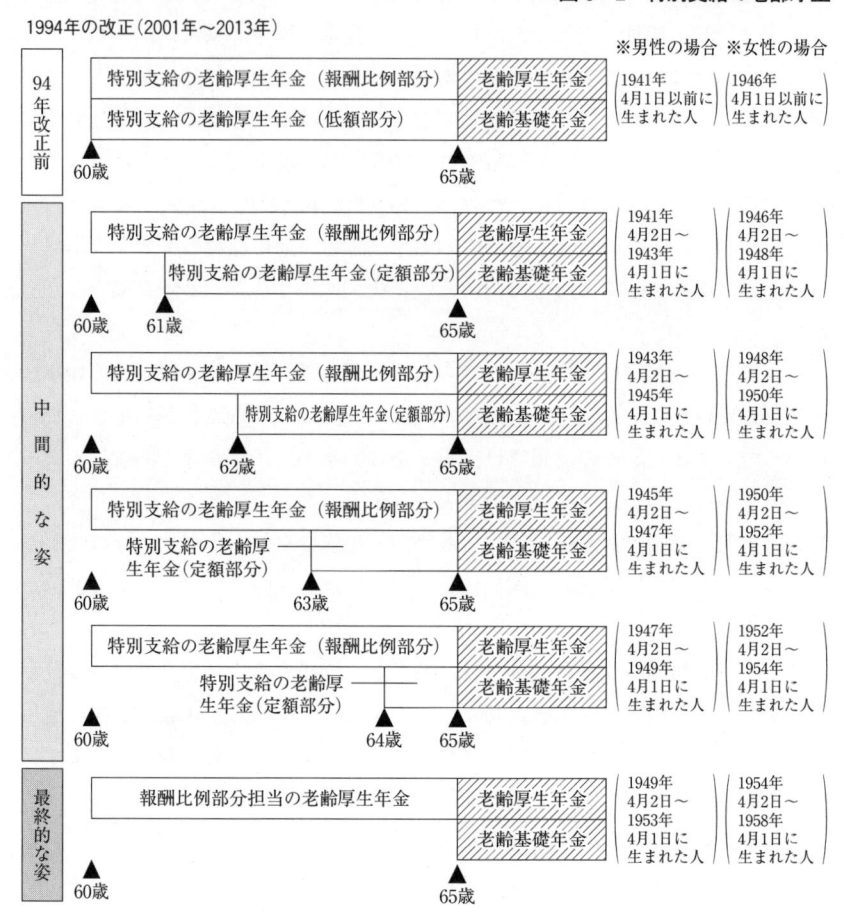

図3-2 特別支給の老齢厚生

1994年の改正（2001年〜2013年）

※男性の場合 ※女性の場合

94年改正前

| 特別支給の老齢厚生年金（報酬比例部分） | 老齢厚生年金 |
| 特別支給の老齢厚生年金（低額部分） | 老齢基礎年金 |

▲60歳　▲65歳

1941年4月1日以前に生まれた人 ／ 1946年4月1日以前に生まれた人

中間的な姿

特別支給の老齢厚生年金（報酬比例部分）｜老齢厚生年金
　　特別支給の老齢厚生年金（定額部分）｜老齢基礎年金
▲60歳　▲61歳　　　▲65歳
1941年4月2日〜1943年4月1日に生まれた人 ／ 1946年4月2日〜1948年4月1日に生まれた人

特別支給の老齢厚生年金（報酬比例部分）｜老齢厚生年金
　　　特別支給の老齢厚生年金(定額部分)｜老齢基礎年金
▲60歳　　▲62歳　　▲65歳
1943年4月2日〜1945年4月1日に生まれた人 ／ 1948年4月2日〜1950年4月1日に生まれた人

特別支給の老齢厚生年金（報酬比例部分）｜老齢厚生年金
　　特別支給の老齢厚生年金(定額部分)｜老齢基礎年金
▲60歳　　　▲63歳　▲65歳
1945年4月2日〜1947年4月1日に生まれた人 ／ 1950年4月2日〜1952年4月1日に生まれた人

特別支給の老齢厚生年金（報酬比例部分）｜老齢厚生年金
　　特別支給の老齢厚生年金(定額部分)｜老齢基礎年金
▲60歳　　　　▲64歳▲65歳
1947年4月2日〜1949年4月1日に生まれた人 ／ 1952年4月2日〜1954年4月1日に生まれた人

最終的な姿

報酬比例部分担当の老齢厚生年金｜老齢厚生年金
　　　　　　　　　　　　　　　　｜老齢基礎年金
▲60歳　　　　　▲65歳
1949年4月2日〜1953年4月1日に生まれた人 ／ 1954年4月2日〜1958年4月1日に生まれた人

出所：厚生労働省年金局年金財政ホームページ（http://www.mhlw.go.jp/topics/nenkin/zaisei/01/01-04.html）。

金の定額部分の支給開始年齢を，男子は2001年から2013年まで，女子は2006年から2018年まで，ともに12年かけて3年ごとに1歳ずつ段階的に60歳から65歳に引き上げることとした。これが達成されれば，特別支給の老齢厚生年金は定額部分が廃止され，報酬比例部分だけとなる。

　このようにしてようやく実現された支給開始年齢の引き上げであったが，そ

第3章　公的年金

年金の支給開始年齢の引き上げ

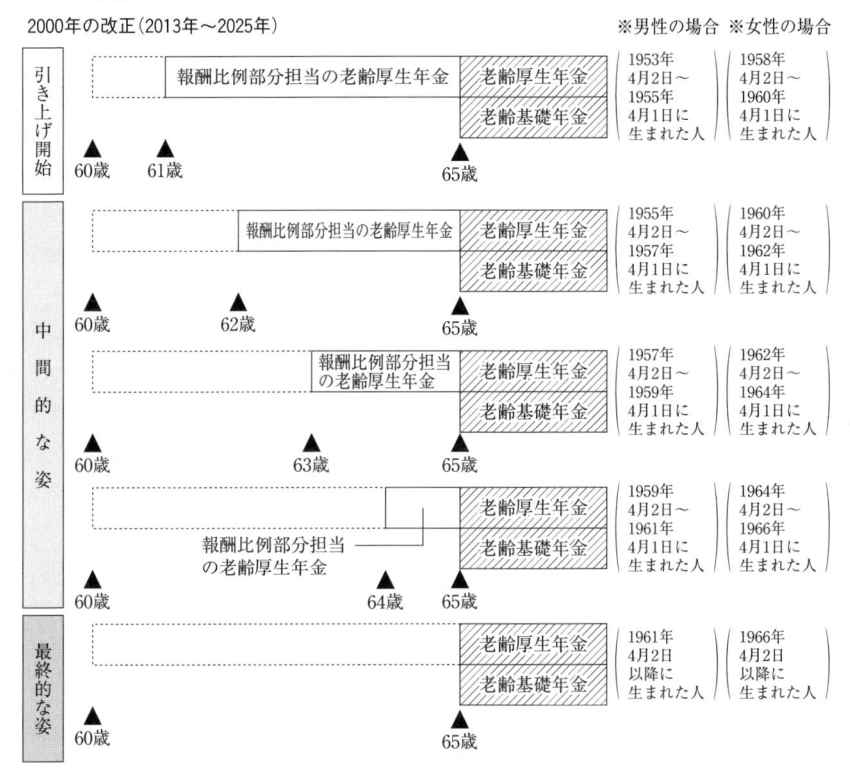

2000年の改正（2013年〜2025年）　　　　　　　　　　　※男性の場合　※女性の場合

	男性	女性
引き上げ開始	▲60歳　▲61歳　　　　　　　　　▲65歳 報酬比例部分担当の老齢厚生年金 ／ 老齢厚生年金 ／ 老齢基礎年金	1953年4月2日〜1955年4月1日に生まれた人	1958年4月2日〜1960年4月1日に生まれた人
中間的な姿	▲60歳　　▲62歳　　　　　　▲65歳 報酬比例部分担当の老齢厚生年金 ／ 老齢厚生年金 ／ 老齢基礎年金	1955年4月2日〜1957年4月1日に生まれた人	1960年4月2日〜1962年4月1日に生まれた人
	▲60歳　　　▲63歳　　　▲65歳 報酬比例部分担当の老齢厚生年金 ／ 老齢厚生年金 ／ 老齢基礎年金	1957年4月2日〜1959年4月1日に生まれた人	1962年4月2日〜1964年4月1日に生まれた人
	▲60歳　　　　▲64歳▲65歳 報酬比例部分担当の老齢厚生年金 ／ 老齢厚生年金 ／ 老齢基礎年金	1959年4月2日〜1961年4月1日に生まれた人	1964年4月2日〜1966年4月1日に生まれた人
最終的な姿	▲60歳　　　　　　　▲65歳 老齢厚生年金 ／ 老齢基礎年金	1961年4月2日以降に生まれた人	1966年4月2日以降に生まれた人

の後，従来の推計を上回る勢いで急速に進む人口高齢化や平均余命の延びを受けて，さらなる給付の削減が必要となった。このため厚生省は，60歳台前半の特別支給の老齢厚生年金の報酬比例部分の支給開始年齢の引き上げについて，すぐに検討を開始した。そして，2000年3月，報酬比例部分の支給開始年齢を，男子は2013年から2025年まで，女子は2018年から2030年まで，ともに12年

かけて3年ごとに1歳ずつ段階的に60歳から65歳に引き上げることとした。なお，これが達成されれば，60歳台前半の特別支給の老齢厚生年金は廃止される。

　ところで，高齢者雇用にかかわる仕組みとしては，他に在職老齢年金がある。1965年6月の改正で創設された在職老齢年金は，従来，退職しなければ支給されなかった老齢年金を，受給資格期間を満たした者が65歳に達すれば，たとえ在職中であっても年金額の8割を支給する仕組みとして創設された。このような在職老齢年金は，1969年の改正で，さらに，60歳以上65歳未満の者で標準報酬月額が2万円に満たない者について，受給資格期間を満たしていれば60歳から65歳までの間，在職中であっても標準報酬月額に応じて80％から20％の老齢年金を支給する仕組みが付け加えられ，60歳台前半の者にも対象を拡大した。ところが，とりわけこの60歳台前半の在職老齢年金は，賃金が低くても就業し続けられるようにする仕組みであったが，他方で，賃金が高いと年金が支給停止され，たとえ低くても賃金が増加すれば，増加分だけ年金が支給停止される仕組みでもあったことから，就業し続ける意欲の減退につながることもあった。そこで，1974年から1989年の改正までは，一貫して支給対象となる標準報酬月額の上限が引き上げられてきた。しかし，たとえ上限を引き上げたとしても，賃金の増加分だけ年金が支給停止され，合計額が変わらない仕組みは，やはり就業し続ける意欲を減退させた。

　そこで，1994年の改正では，賃金と老齢厚生年金の合計額が月額22万円以下であれば年金を全額支給し，合計額が22万円以上でも賃金が34万円未満であれば，賃金が2増えるごとに年金を1支給停止し，賃金が34万円以上であれば，賃金の増加分だけ年金を支給停止する仕組みとした。高齢者の雇用を促進するという観点から，現役の雇用労働者の平均賃金程度までは，賃金が増加しても年金が支給停止されない仕組みに改めたのである。さらに，2004年の改正では，ボーナスを含む賃金と老齢厚生年金の合計額が月額28万円以下であれば年金を全額支給し，合計額が28万円以上であれば，賃金が2増えるごとに年金を1支給停止し，ボーナスを含む賃金が48万円以上であれば，賃金の増加分だけ年金を支給停止する仕組みとなった。

他方，65歳以上の者に対する在職老齢年金は，1985年の改正で，厚生年金保険の適用対象が65歳未満となり，65歳以上の者から保険料を徴収しないこととなったため，受給資格期間を満たした65歳以上の者には，たとえ在職中であっても年金が全額支給されることとなった。しかし，2000年の改正で，適用対象が70歳未満に引き上げられたことにともない，65歳以上70歳未満の者からも保険料を徴収することとなり，在職中の者には在職老齢年金が適用されることとなった。したがって，2005年4月以降の65歳以上70歳未満の者に対する在職老齢年金は，ボーナスを含む賃金と老齢厚生年金の合計額が月額48万円以下であれば年金を全額支給し，合計額が48万円以上であれば，賃金が2増えるごとに年金を1支給停止する仕組みになっている。ただし，65歳以上70歳未満の者に対する老齢基礎年金は，在職老齢年金ではないため支給停止されることはない。なお，2007年4月以降は，65歳以上の老齢厚生年金に繰り下げ制度が導入されているが，60歳台前半の特別支給の老齢厚生年金を繰り下げることはできない。また，世代間および世代内のさらなる公平をはかるため，70歳以上で在職中の者に対しても，60歳台後半の在職老齢年金と同様の給付調整の仕組みが適用されることとなった。なお，以上のような在職老齢年金に対しては，給付制限の対象を勤労所得に限り，資産所得を含んでいないという点に批判がある。

2007年4月現在，高年齢者等の雇用の安定等に関する法律における高年齢者雇用確保措置の義務対象年齢は63歳となった。さらに，老齢厚生年金の定額部分の男子の支給開始年齢の引き上げスケジュールに合わせ，2013年4月1日までに，定年は段階的に65歳に引き上げられることとなっている。

支給開始年齢については，さらに67歳まで引き上げる意見が出はじめている。また，これとは別に，基礎年金導入時に行われたように，「モデル年金」の年金額を減額なしで受給するために必要な拠出年数を，平均余命の延びに合わせて，現在の40年から45年に引き延ばすとする意見もある。これについては，とくに給付水準が比較的高い高学歴の者に対する年金給付を抑制する効果があるとされる。このように，高額所得の高齢者に対する年金給付だけを抑制し，世代内で再分配を行う案もある。

高齢者の雇用と年金をめぐっては，高齢者の就業し続ける意欲を減退させない仕組みが求められている。しかし，年金は元来，退職後の生活保障をするものであり，それが充実すれば必然的に就業意欲は減退し，退職は促進される。とくに60歳台前半の高齢者は，女性とともに年金制度の支え手となることが期待され，就業し続けることを想定した対策が進んでいる。高齢者の人生の選択に対してどのような年金制度を構築するのか，難しい価値判断が必要となる。

（3）女性と年金をめぐる問題

　女性の社会進出が進み，家族形態や就業形態が多様化するにつれて，あるべき家族の姿を前提に，世帯を単位に生活を保障する仕組みを採る公的年金においては，世代内で公平性を確保することが当然難しくなる。とりわけ女性と年金をめぐっては，1985年の改正で創設された第3号被保険者の問題をはじめ，非正規雇用者に対する厚生年金保険の適用の問題や遺族年金の問題，また，育児や介護にかかわることによって年金額が低くなる等の問題に注目が集まるようになり，1990年代以降，多くの改善が行われている。

　1994年の改正では，遺族厚生年金と老齢厚生年金の併給調整の仕組みが改善された。従来，65歳以降の遺族厚生年金については，自らの老齢厚生年金か遺族厚生年金のいずれかを選択した。しかし，遺族厚生年金を選択すると，自らの厚生年金保険が掛け捨てとなったため，自らの老齢厚生年金の2分の1と遺族厚生年金の3分の2を併給する3つ目の選択肢が創設された。また，育児に対する支援策として，育児休業を取得した期間について，厚生年金保険の被保険者本人負担分を免除し，当該保険料免除期間の年金額について，育児休業直前の標準報酬に基づいて算定することとした。さらに，2000年の改正では，当該育児期間中の厚生年金保険の保険料の事業主負担分が免除されることとなった。

　この間，1996年12月には，男女共同参画推進本部による「男女共同参画2000年プラン」において，個人のライフスタイルの選択に対する中立性の観点から，社会保障制度を見直すことが提言された。これを受けて1998年には，年金審議会による「国民年金・厚生年金保険制度改正に関する意見」において，公

的年金は,結婚,離婚,就労等の人生の選択に影響を与えない中立的な制度とすべきことが主張された。そして,2000年7月からは,次期改正に向けて「女性のライフスタイルの変化等に対応した年金の在り方に関する検討会」が開催され,翌2001年12月に報告書が提出されている。そこでは,年金制度の設計上,検討すべき具体的な6つの課題として,標準的な年金(モデル年金)の考え方,短時間労働者等に対する厚生年金の適用,第3号被保険者制度,育児期間等に係る配慮措置,離婚時の年金分割,遺族年金制度が挙げられた。さらに,2002年12月には,厚生労働省が2004年の改正案のたたき台として「年金改革の骨格に関する方向性と論点」を公表し,とりわけ第3号被保険者の問題について,夫婦間の年金分割,片働き世帯からの保険料徴収,第3号被保険者の給付調整,第3号被保険者の範囲縮小という4つの案を提示した。

　以上の議論を経て2004年の改正では,持続可能性,信頼の確保とともに,生き方・働き方の多様化に対応した制度とすることが目標とされ,具体的には,厚生年金の分割,遺族年金制度の見直し,次世代育成支援の拡充が実現した。厚生年金は,離婚時に当事者の合意または裁判所の決定があれば,婚姻期間中の夫婦の保険料納付記録の合計の半分を限度に,分割が認められるようになった。第3号被保険者期間の離婚であっても,第2号被保険者の厚生年金を2分の1に分割できる。遺族年金は,自らの老齢厚生年金を全額受給したうえで,現行水準との差額を遺族厚生年金として支給する仕組みに見直され,さらに,30歳未満の子どものいない寡婦に対する遺族基礎年金の支給は5年間の有期年金とされた。また,次世代育成支援としては,育児休業中の保険料免除措置の対象年齢を,1歳未満から3歳未満に拡充し,子どもが3歳までの間に勤務時間短縮等の措置を受けて働いたことで,標準報酬が低下した場合には,子どもが生まれる前の標準報酬で年金額を算定する仕組みが設けられた。

　しかし,最大の問題であった第3号被保険者制度と,非正規雇用者に対する厚生年金保険の適用の問題については先送りされている。

(4) 年金積立金の管理運用

　厚生年金保険は労働者年金保険として創設されたとき,平準保険料方式に基

づく積立方式が採用され，以来，保険料のうち年金給付に充てられなかったものを年金積立金として保有してきた。厚生年金保険および国民年金の積立金は，全額が厚生省（現，厚生労働省）から大蔵省（現，財務省）の資金運用部（現，財政融資資金）に預託され，厚生省は，大蔵省から長期国債を基準とした金利を受け取ってきた。つまり，年金積立金は，大蔵省資金運用部によって財政投融資の原資となり，公共事業や政策金融に融資されてきたのである。

　1986年からは，厚生省所管の特殊法人年金福祉事業団が，大蔵省資金運用部から財政投融資の一環として年金資金の一部を借り受け，金利を支払いながら市場運用するという資金運用事業を認められ，資金確保事業および年金財源強化事業として自主運用を行ってもいた。しかし，年金財源強化事業において行われた全国11基地13ヶ所の大規模年金保養基地（グリーンピア）の運営においては，折からの環境悪化の影響もあって経営不振となる等，資金運用部からの借入金による自主運用は，結果的には大きな失敗に終わった。

　他方で，1998年 6 に成立した中央省庁等改革法等，一連の行財政改革の流れのなかで，2000年 5 月には資金運用部資金法等の一部を改正する法律が成立し，年金積立金の全額が資金運用部に預託される制度は廃止された。また，特殊法人の再編・整理の一環として年金福祉事業団が廃止され，2001年 4 月には，年金積立金の運用を一元的に行う年金資金運用基金が発足し，財政融資資金から順次償還される積立金を基に，市場での自主運用を開始している。

　なお，財政投融資は一般会計予算等と同様に国会の議決を受けることから，財政投融資に預託された年金積立金の運用についても国会の議決を受けた。しかし，2001年度以降は，厚生労働大臣による運用の基本方針に従って，年金資金運用基金が年金積立金の一部を直接国内債券に運用しているほか，信託銀行や投資顧問会社に委託し，国内外の債券，株式等に分散して運用している。

　さらに，2004年には，年金資金運用基金が廃止され，2006年からは，年金積立金管理運用独立行政法人が，厚生労働大臣から寄託された年金積立金を運用することとなった。そして，いよいよ2008年度には，財務省財政融資資金に預託された年金積立金の償還が完了し，その全額が金融・資本市場で運用される。それは実に150兆円に上るが，150兆円もの年金積立金が本当に利益を追求

第3章　公的年金

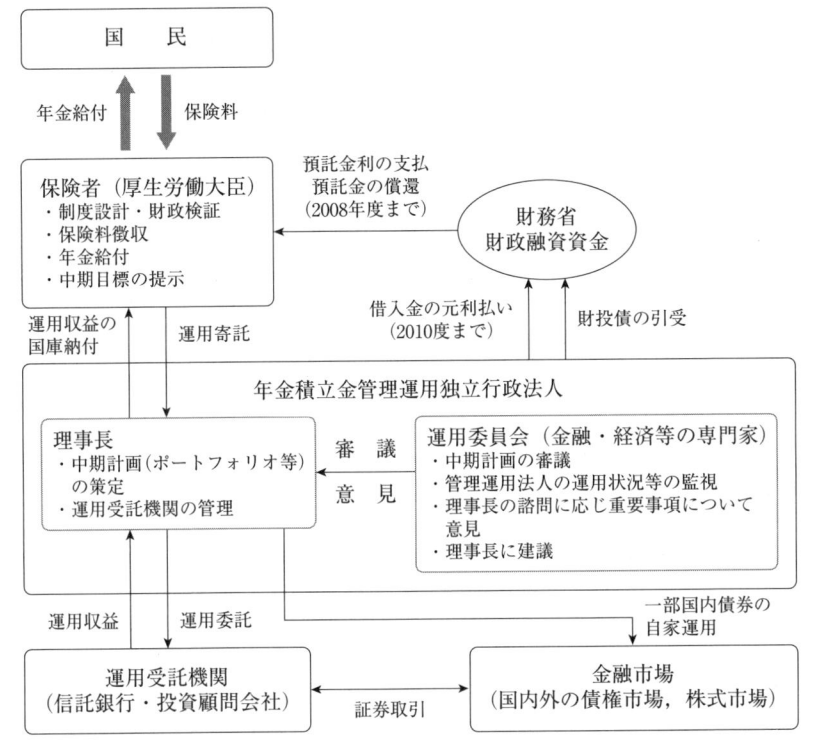

図表3-3　年金積立金の管理・運用の仕組み

```
                    国    民
                  ↑        ↓
              年金給付    保険料
                                    預託金利の支払
                                    預託金の償還
  保険者（厚生労働大臣）          （2008年度まで）      財務省
  ・制度設計・財政検証       ←──────────────       財政融資資金
  ・保険料徴収
  ・年金給付                    借入金の元利払い      財投債の引受
  ・中期目標の提示              （2010度まで）
  運用収益の        運用寄託
  国庫納付
                    年金積立金管理運用独立行政法人
  理事長                          運用委員会（金融・経済等の専門家）
  ・中期計画(ポートフォリオ等)    ・中期計画の審議
    の策定                  審 議  ・管理運用法人の運用状況等の監視
  ・運用受託機関の管理      意 見  ・理事長の諮問に応じ重要事項について
                                    意見
                                  ・理事長に建議
                                                      一部国内債券の
   運用収益    運用委託                                自家運用
    運用受託機関                          金融市場
    (信託銀行・投資顧問会社)  ←証券取引→ (国内外の債権市場, 株式市場)
```

出所：年金積立金管理運用独立行政法人（http://www.gpif.go.jp/shikumi/index.html）。

して運用されるのか，また，その場合に，金融・資本市場にどのような影響を及ぼすのかについて，さらなる議論の必要が指摘されている。

　ところで，2004年の年金改正では，将来の保険料が際限なく上昇するのを防ぐために，積立金を取り崩して年金給付として活用する計画が盛り込まれた。従来は永久均衡方式を採用していたため，常に6，7年分程度の給付費を積立金として保有し続けてきていた。しかし，これをおおむね100年間で給付と負担の均衡をはかる有限均衡方式に変更し，2100年までに給付費の1年分程度の積立金を残して取り崩すこととしたのである。ただし，実際に積立金の取り崩しが始まるのは2030年以降となる。

(5) 公的年金制度の統合

　日本の公的年金が1950年代までに3種類の社会保険と5種類の共済組合に分立していたことは，すでにみてきたとおりである。このうち共済組合の一部は，各省庁内の福利厚生事業として成立した経緯から，内部でさらに分立している。すなわち，国家公務員共済組合としては，衆議院共済組合や参議院共済組合をはじめとした約20の共済組合が，地方公務員等共済組合としては，都職員共済組合や地方職員共済組合をはじめとした約80の共済組合が，公共企業体職員等共済組合としては，国鉄共済組合（1987年に日本鉄道共済組合に改称），専売共済組合（1985年に日本たばこ産業共済組合に改称），日本電信電話公社共済組合（同年に日本電信電話共済組合に改称）の3つの共済組合があった。1970年代に入るとこれらの共済組合は，厚生年金保険よりも支給開始年齢が早いうえに給付水準が高いことで批判を受けはじめ，官民格差が問題となった。しかしながらその一方で，このような特定の産業や職業のみを対象とした共済組合の分立が，産業構造の変化によって，年金財政の窮迫を引き起こすことは必然的な事態であった。

　1970年代以降における産業構造の変化は，真っ先に国鉄共済組合の年金財政を直撃した。成熟度は1975年に60％を超え，翌1976年に初めて単年度で約89億円の赤字を出して逼迫した。これに対して，大蔵大臣の私的諮問機関である共済年金問題研究会は，1982年7月に，1984年を目途に国家公務員共済組合と公共企業体職員等共済組合を統合することが望ましいとする意見書を提出した。これを受けて，1983年11月に「国家公務員及び公共企業体職員に係る共済組合制度の統合を図るための国家公務員共済組合法等の一部を改正する法律」が成立し，国鉄共済組合を含む公共企業体職員等共済組合は，国家公務員共済組合に統合された。とはいえ，旧公共企業体の3つの共済組合は，当分の間，単独で年金給付を行うこととされ，当面，国家公務員共済組合連合会に設置された運営委員会が，国鉄共済組合に対する長期給付財政調整事業を行うこととなった。

　しかし，国鉄共済組合のさらなる財政悪化で，このような枠組みによる対応は限界となる。そこで，1989年11月に「被用者年金の費用負担の調整に関する

特別措置法」を成立させ，当面，講ずべき負担の不均衡を是正することを目的として，60歳以上の被用者年金の老齢（退職）給付に要する費用を，被用者年金全体で共同に負担する被用者年金制度間費用負担調整事業を行うこととした。すべての被用者年金から徴収した調整拠出金を財源として調整交付金を交付することで，とりわけ日本鉄道共済組合に対して，財政支援をすることとしたのである。

　他方，1984年2月には「公的年金制度の改革について」が閣議決定され，1995年を目途に公的年金制度全体の一元化を完了させるとの方針が示された。なお，すでにみてきたとおり，翌1985年には，基礎年金制度の導入により1階部分の給付が一元化されるとともに，2階部分の厚生年金保険および各種共済組合等の被用者年金における年金給付の仕組みが統一された。ただし，このとき一元化されたのは給付だけであり，負担については従来どおり異なったままである。また，船員保険の年金部門は，厚生年金保険に統合された。

　閣議決定において一元化の完了の期限とされた1995年7月に，学識経験者等で組織された公的年金制度の一元化に関する懇談会が，「公的年金制度の一元化について」を報告した。これを受けて1996年3月には，「公的年金制度の再編成の推進について」が閣議決定された。それによれば，公的年金の一元化は，財政単位の拡大や，共通部分についての費用負担の平準化をはかることであるとされている。

　この閣議決定に基づき1996年6月に，日本鉄道共済組合，日本たばこ産業共済組合，日本電信電話共済組合の3つの共済組合が厚生年金保険に統合され，新たな財政支援の仕組みがつくられた。これによって，国家公務員共済組合連合会による長期給付財政調整事業および被用者年金制度間費用負担調整事業は廃止された。

　その後，日本鉄道共済組合と同時に厚生年金保険に統合すべきことが進言されていながら，これに反対した農林漁業団体職員共済組合の財政状態が徐々に悪化し，厚生年金保険への統合を望んだため，2000年6月に公的年金制度の一元化に関する懇談会が6年ぶりに開催され，農林漁業団体職員共済組合の厚生年金保険への統合が議論された。これを受けて，翌2001年3月に政府は「公的

年金制度の一元化の推進について」を閣議決定した。そこでは、農林漁業団体職員共済組合を厚生年金保険に統合すること、国家公務員共済組合および地方公務員等共済組合の財政単位の一元化をはかること、私立学校教職員共済組合については、公的年金制度との共通部分について費用負担の平準化をはかる見地から保険料の引き上げを行うこと、残りの3つの共済組合、すなわち、国家公務員共済組合、地方公務員等共済組合、私立学校教職員共済組合と厚生年金保険の財政単位の一元化および被用者年金全体の統一的な枠組みの形成については、21世紀初頭の間に結論が得られるよう検討を急ぐこととの方針を示した。なお、同年6月、農林漁業団体職員等共済組合は厚生年金保険に統合された。

さらに、同年10月、財務省は「公務員共済年金財政単位一元化研究会」を設置し、国家公務員共済組合と地方公務員等共済組合の一元化について検討を開始し、2003年6月に「国共済と地共済の長期給付に係る財政単位の一元化に関する考え方」と題する報告書を提出した。それによれば、国家公務員共済組合と地方公務員等共済組合は、財政単位の拡大および共通部分の費用負担の平準化をはかることを目的とし、組織、制度は独立したまま、職域部分を含む長期給付全体について両制度間で財政調整を行い、2009年に保険料率を一本化するとしている。

2005年12月、被用者年金制度の一元化等に関する関係省庁連絡会議により、「被用者年金一元化に関する論点整理」が提出された。さらに同年12月、与党年金制度改革協議会は「被用者年金一元化についての考え方と方向性」を提出し、翌2006年2月には、被用者年金一元化等に関する政府・与党協議会が「被用者年金一元化についての検討・作業方針」をまとめている。そこでは、公的年金全体に対する国民の信頼を確保し、制度の安定化と公平化をはかるため、各種共済組合を厚生年金保険に合わせる方向を基本として、被用者年金の一元化の制度設計を行うとされている。このような報告を受けて、政府は同年4月に「被用者年金制度の一元化等に関する基本方針について」を閣議決定し、各種共済組合を厚生年金保険に合わせる方向を基本とするとした。具体的には、各種共済組合については現行の職域部分を2010年に廃止し、それまでの3階部

分を含む保険料率を1，2階相当の保険料率とし，これを順次引き上げることにより，最終的には国家公務員共済組合および地方公務員等共済組合は2018年に，私立学校教職員共済組合は2027年に，厚生年金保険の保険料率（18.3％）に統一すること，各種共済組合の1，2階部分の保険料収入と積立金は，被用者年金制度の共通財源として一元的に管理・運用すること等が決定されている。

さらに，与党年金制度改革協議会は同年12月に，「被用者年金一元化の基本的な方針と進め方について」を決定した。そこでは，2010年度に各種共済組合を厚生年金保険に統合し，各種共済組合の1，2階部分の保険料収入と積立金を被用者全体の共通財源として運用する等としている。

被用者年金の一元化は，同一報酬，同一保険料という理念の実現となり，公的年金の公平性を高めること等が期待される一方，従来，各種共済組合に規定されていた職域加算分の代替措置のあり方について等，課題が残されている。

4　公的年金制度の課題

（1）公的年金の一元化

一元化については，上述した厚生年金保険と各種共済組合との一元化に加えて，1階部分の国民年金を含む公的年金全体の一元化の問題がある。

公的年金全体の一元化については，①経団連や日本商工会議所等が提案する，基礎年金を全額税方式で行い，2階部分を社会保険方式の所得比例年金とするもの，②連合が提案する，基礎年金を全額税方式で行い，2階部分に自営業者の所得比例年金を創設したうえで被用者年金との一元化をはかるもの，③経済戦略会議や経済同友会が提案する，1階部分は国民年金積立金および消費税でまかなう定額年金とし，2階部分は現行制度を清算・廃止して任意加入の確定拠出年金を創設するもの，④民主党が提案する，いわゆるスウェーデン方式と呼ばれる自営業者等を含むすべての国民を対象とする所得比例年金を導入し，年金給付額が一定以下の者に対して全額税負担による最低保障年金を支給するものが提示されている。

基礎年金の全額税方式化については，免除者，未加入者の増加による国民年金の空洞化の解決，また，第3号被保険者の問題を解決する観点からも主張されている。しかし，これまで保険料を負担してきた者との公平を欠くこと，現行の消費税とは別に8％から10％の年金目的の消費税を導入しなければならないこと等に対して，強い批判がある。また，いわゆるスウェーデン方式と呼ばれる所得比例年金と最低保障年金との組み合わせ方式については，自営業者等の所得を捕捉し難いこと，事業主負担のない自営業者等の保険料が著しく高くなること等に対して批判がある。なお，政府は社会保険方式によることを基本とすると明言しており，基礎年金の全額税方式化を否定している。

(2) 非正規雇用者への適用拡大

就業形態の多様化は，1990年代後半から急速に進展した。「就業構造基本調査」によれば，雇用者に占める「非正規就業者」の割合は，1997年から2002年にかけて，男性で10.1％から14.8％に，女性で42.2％から50.7％に大きく上昇した。また，同時期における「正規の職員・従業員」から就業異動した者のうち35.5％が非正規就業者に転換し，他方，非正規就業者から就業異動した者のうち，正規の職員・従業員に転換できた者は24.8％であった。非正規雇用は一貫して拡大傾向にある。その要因としては，サービス産業化や経済のグローバル化による労働市場そのものの構造的変化が指摘されている。

厚生年金保険は，基本的に正規雇用者を適用対象とする。非正規雇用者については，正社員のおおむね4分の3以上の労働時間および出勤日数がある場合に対象となり，それ以外は国民年金の対象となる。加えて，年収が130万円以下で配偶者が被用者年金の被保険者の場合には，第3号被保険者となることができ，国民年金の保険料負担が免除される。したがって，経済のグローバル化に対応するために人件費を抑制したい企業側からすれば，このような公的年金のあり方そのものが，非正規雇用を促進する誘因ともなっているといえる。

さて，2004年の改正では，第3号被保険者を減少させる方法のひとつとして，厚生年金保険の適用対象を正規雇用者のおおむね4分の3以上とする規定から2分の1以上とすること，また，保険料負担が免除される年収の水準を

130万円以下から65万円以下とすること，このいずれかの条件を満たせば厚生年金保険への加入を義務づける案が提示された。しかし，保険料負担の増大を拒否したい流通産業や外食産業等からの強い反対で，結局，その実現は見送られた。ただし，国民年金法等の一部を改正する法律の付則では，「短時間労働者に対する厚生年金保険法の適用についての検討」として，「就業形態の多様化の進展を踏まえ，被用者としての年金保障を充実する観点及び企業間における負担の公平を図る観点から，社会経済の状況，短時間労働者が多く就業する企業への影響や雇用への影響などに配慮しつつ，企業及び被用者の雇用形態の選択にできる限り中立的な仕組みとなるよう，法施行後5年を目途として，総合的に検討が加えられ，その結果に基づき，必要な措置が講じられるものとする」と規定された。

　ところで，非正規雇用者の増加は，厚生年金保険の空洞化のみならず，国民年金の空洞化との密接な関係が指摘されている。「国民年金被保険者実態調査」によれば，国民年金の未納率は，常用雇用24.1％，臨時・パート22％の順に高い。厚生年金保険の非正規雇用者への適用拡大は，就業形態の多様化の進展に合わせ，将来の公的年金の個人単位化を見据え，とくに女性が自身の年金の充実をはかれるようにするという観点や，年金制度の支え手を増加させて年金財政を安定させるという観点からのみならず，国民年金の空洞化を解消するという観点からも主張されている。

　2006年12月，社会保障審議会年金部会は2009年の財政検証結果の取りまとめに向けた検討を開始し，「パート労働者の厚生年金適用に関するワーキンググループ」を設置した。厚生年金保険の適用対象となる者の範囲をどのように判断するか，パート労働者の雇用への影響にどのように配慮するか，パート労働者が多く就業する企業への影響にどのように配慮するか等の論点が挙がっている。

5　展　　望

　近年，とくに公的年金が抱える重大な問題のひとつが空洞化である。2005年

の国民年金における保険料の納付率は，67.1％であった。前年の63.6％よりも上昇したのは，同年に新たに始まった若年納付猶予制度等，免除制度の利用者が増加したためである。空洞化の背景には，国民年金に対する不信，世代間のみならず世代内における不公平感，非正規雇用者の増加，市町村から社会保険庁への徴収事務の移管等がある。また，厚生年金保険でも空洞化が起こっており，それが国民年金の空洞化に拍車をかけていることも指摘されている。このような空洞化の進行によって，国民皆年金体制が揺らいでいることはいうまでもない。

このような空洞化に対するひとつの解決策として取り上げられたのが，基礎年金の税方式化であった。現在，それに始まる財源に関する議論を通して，あらためて基礎年金は何を目的としたものであったのか，公的年金はどこまでのリスクをカバーするのか，どの程度の所得再分配を行うのかといった理念が問われている。

基礎年金は創設時，給付水準の決定において，高齢者の平均的な生活費のうちの基礎的な消費支出をまかなうものであると説明された。したがって，その給付水準は当初より生活保護を下回っている。もし，基礎年金が高齢者の所得のナショナル・ミニマムを保障するものとされるのであれば，生活保護との関係が問題となる。今後は，所得保障のあり方について，公的年金と生活保護との一体的な検討が求められよう。

1980年代以降，公的年金の前提とされる家族形態や就業形態は，大きく変化した。しかし，公的年金においては，給付と負担の適正化に終始し，そのような前提に対する抜本的な改革を今なお先送りし続けている。高齢者を含むあらゆる人々の多様な生き方・働き方を支えるために，適切な情報公開のもと，理念を明確にした改革が望まれている。

【参考文献】
大内兵衛（1961）『戦後における社会保障の展開』至誠堂
久保知行（2005）『年金改革の原点──「年金の鬼」からのメッセージ』ぎょうせい
厚生省五十年史編集委員会編（1988）『厚生省五十年史』厚生問題研究会

厚生団（1953）『厚生年金保険十年史』
駒村康平（2003）『年金はどうなる』岩波書店
玉木伸介（2004）『年金2008年問題』日本経済新聞社
横山和彦・田多英範（1991）『日本社会保障の歴史』学文社
吉原健二（2004）『わが国の公的年金制度　その生い立ちと歩み』

(中尾友紀)

第4章

医療保障制度の現状と課題
医療における公共性・営利性の両立と参加型ガバナンス

はじめに

　日本の医療制度改革は，低経済成長基調のもと，高齢化にともなう医療費の増大を受けて，80年代以降改革の焦点が医療費抑制に偏り，2000年以降も患者負担の引き上げと診療報酬の引き下げなど，医療費抑制面が強くみられていた。

　しかしながら，2006年の医療制度改革では，医療保険制度，医療提供体制，医療法人制度にわたる包括的な改革が開始され，医療サービスの質・安全の向上，医業経営の非営利性・公共性の強化，患者の立場の強化等，新しい視点が入ってくるようになった。

　本章では，日本の医療制度・改革の推移を歴史的に概観したうえで，包括的な改革となり，さらに新しい視点のみられる近年の医療制度改革を取り上げて検討する。日本の医療制度改革の特徴および課題を検討するために，イギリスの医療制度改革の動向も概観する。イギリスにおいても，2000年以降，公立病院改革において営利性の側面をもった新しい形態の公立病院の創設，患者・公共参加政策による患者の立場強化，患者・住民に対するアカウンタビリティの確立，医療サービスの質・医療安全の向上など，新しい視点からの改革が実施され，改革の焦点に変化がみられる。

　以上の考察を通して，本章のむすびでは，患者・住民の立場強化および非営利組織としての新たな病院運営のあり方を意図するイギリスの医療制度改革からの示唆も含めて，日本のこれまでの医療制度改革を評価し，今後の方向性に関する課題を抽出する。

1 医療保障制度の確立と発展

(1) 医療保障制度と供給方式

　日本の医療制度は，社会保険方式のもとで，1961年の国民皆保険の実施によって，すべての国民に対して医療サービスのアクセスを保障している。

　医療保障の方式には，保険料を財源とする社会保険方式と税を財源とする保健医療サービス方式がある。社会保険方式は，医療給付を保険原理に基づいて傷病のリスクに対応して行うもので，保険料の拠出が必要となる。保険料水準は，社会保険の場合，民間保険と異なり，加入者のリスクではなく主に所得に応じて決定され，国庫負担の財源も活用される。したがって，社会保険方式は保険原理に加えて，高所得者から低所得者，低リスク者から高リスク者への所得再分配機能の扶助原理を併せもつ。しかし，社会保険方式では，保険料を負担できない者は社会保険からの給付を受けることができず，公的扶助（医療の場合は医療扶助）の適用となるため，保険料拠出の能力の有無で区別が生じ，社会保険と公的扶助の二本立ての構造となる。

　これに対して，税を財源とする保健医療サービス方式は，所得階層などで区別せずに，政府がすべての国民に租税で必要な医療サービスを提供する方式である。この方式は医療保障制度全体を一本に統合できるが，租税が財源のため国の経済状況の影響を受けやすく，給付確定に所得制限をともなうこともあるので，選別的になる可能性ももつ。

　医療サービスの供給方式は，日本では公私病院と民間開業医（病院・診療所）で行う公私混合の方式である。ただし，医療サービスの公共性の観点から，1950年の医療法において，私立病院の場合も，非営利の医療法人として位置づけられている。医療機関への支払い方式は，原則として出来高払いによる診療報酬（医療機関にとっての医療サービス価格）が適用されている。多くの国では医療機能別の支払方式が採用されているが，日本では病院と診療所に対して同一の診療報酬が適用され，外来医療の診療報酬を入院医療に比して相対的に高く設定してきた。そのため，病院も外来医療から収入を確保する構造となり，入

院医療を主とすべき病院と外来医療を主とする診療所の機能分化が進まなかった。また，出来高払いは医療機関側に過剰診療の誘引を生じさせやすい。

こうした診療報酬体系の欠点を修正するために，90年代以降，高齢者の慢性疾患等についての部分的な包括・定額払い化が始まった。さらに2000年以降，大学病院等の入院医療についての全面的な包括払い化，医療機関の機能についての重点評価（病院は入院，診療所は外来の機能）が進められ，診療報酬体系は転換期にある。

（2）国民皆保険の達成

日本における国民皆保険の仕組みは，健康保険組合（組合健保）や政府管掌健康保険（政管健保）等の被用者保険と被用者以外を対象とする国民健康保険（国保）という分立した枠組みによって成り立っている。

公的医療保険の普及過程をふりかえってみると，医療保険の導入は，1922年，まず企業に勤める被用者だけを対象とした被用者保険から始まった。保険者は企業ごとに設立された健康保険組合と中小企業を対象とする政府管掌健康保険である。その後，戦争の深刻化による不況の長期化と農村部が人的資本の労働供給源として重視されたことを背景として，1938年に，農林漁業従事者や自営業者などを含む被用者保険に属さないすべての国民を対象とする国民健康保険が導入された。国保の保険者は市町村であり，地域住民を対象とする地域保険である。

国民健康保険が導入され加入が義務づけられることによって，保険の対象者が健保や政管健保等の被用者保険がカバーする被用者の枠を超えて国民全体に広がり，1961年に国民皆保険が達成した。国民全体が医療保険でカバーされる国民皆保険は，被用者を対象とする被用者保険に被用者以外を対象とする地域保険である国保を導入することによって成り立っている。

このように，国民皆保険の達成において国保は大きな役割を果たし，日本の医療保障制度が被用者保険と地域保険の並立する特徴を有するようになったことが確認できる。また，国保には導入当初から疾病に対する医療給付費への国庫補助が導入されたことに示されるように，国保は被用者保険と比較して，保

険機能よりも相互扶助機能が強まった仕組みである。したがって，国保導入による国民皆保険体制の実現には，社会全体で疾病リスクに対応する社会連帯の考え方が基盤にあるといえる。

こうして達成された日本の国民皆保険の仕組みは次の点で効果的に機能していると考えられる。第1に，所得にかかわらず，国民すべてが一定の自己負担で医療を受けられる点である。第2に，失業などがあっても地域保険である国保の対象となり加入することによって，個人の職業上のリスクをうまく吸収する点である［島崎 2005］。

(3) 医療保障制度の拡充

1960年代には，高度経済成長による自然増収を背景にして国庫負担を投入することによって，すべての被保険者の7割給付（国保の7割給付は1966年，被用者保険家族の7割給付は1973年に実現した），高額療養費制度の創設（1973年），低所得に対する保険料減免措置等が実現した。財政基盤が弱く給付の低い国保や政管健保に対して，国庫負担を投入することによって給付を拡充させてきたのである。

給付拡充政策は，国民医療費負担の財源別構成割合の変化となってあらわれ，1960・70年代は一貫して公費の割合が上昇し，患者自己負担の割合が低下した。

こうした医療保障の拡充期には，現在とは異なる意味での高齢者の医療問題があり，高齢者医療について，高齢者の自己負担率の高さが受診率を抑制していることが問題となっていた。そこで，地方自治体では，高齢者の自己負担分を公費で支払う老人医療費支給制度を独自の判断で導入するようになり，1973年には，地方自治体の自発的な取り組みである老人医療費無料化制度が全国的施策として実施されるようになった。

2 人口高齢化と低経済成長下における医療保障制度の見直し

(1) 1980年代の医療制度改革——老人保健制度と退職者医療制度の創設

1970年代には，老人医療費の無料化によって高齢者の受診率が上昇し，高齢

者医療費および国民医療費が急増した。1980年代になると，高齢化の進展につれて高齢者医療費の増加がとりわけ国保の保険機能を圧迫するようになった。

その直接的要因は，国保の加入者に占める生産人口が減少する一方で，高齢化にともない退職者を中心とした高齢者加入率が急増したためであるが，この背景には医療保険のもつ構造的な問題があり，被用者が企業を退職すると被用者保険を脱退し，国保に加入する構造そのものに原因があった。

ところが，こうした国保の構造的な問題に対して，1973年の石油危機以後の低経済成長下では，それまでのように国庫負担を投入して対応するのは困難であった。そこで，並立型の医療保険の構造問題に対応して，退職後国保に高齢者が集中する点を是正する仕組みが考えられたのである。

対応策として導入された仕組みは，第1に，各保険者の高齢者加入率の違いに着目して，各保険者が老人医療費拠出金を拠出する老人保健制度の創設（1983年）であった。具体的には，老人医療費の直接公費負担の30％は変えずに，国保の負担となる残り70％を各保険者からの拠出金で負担することで，国庫補助率の高い国保の負担を軽減して，国保に関連する国庫負担を軽減する仕組みが形成された。これは，国保に集中する高齢者医療費を各保険者が公平に負担することによって，並立する医療保険の構造的問題を是正しつつ，高齢者医療費の負担に制度全体で対処するのがねらいであった。

第2の仕組みは，退職者医療制度の創設（1984年）であった。これは70歳未満で老人保健制度の対象とならない，以前に被用者保険を受けていた退職者を国保の一般被保険者と分けて，退職者本人の国保保険料と被用者保険からの拠出金を財源として医療保険としたものである。こうして，退職者医療制度は被用者保険の責任を69歳まで拡張することによって，退職後被用者が国保に加入し国保負担が増大する構造的欠陥が是正された。

また同年（1984年）には，高齢者と被用者本人に自己負担が導入され，老人医療の無料化と被用者本人の10割給付が廃止された。また，診療報酬（医療サービスの価格）の引き下げや高齢者医療を中心に出来高払いから定額・包括払い化なども実施された。

このように，1980年代の医療制度改革は国保の財政的問題を契機として開始

され，高齢者医療費負担の対応と増大する医療費の抑制が目的であった。その結果，医療制度改革の目的は，1960年代の国庫負担による医療保障の拡充から，制度間財政調整，自己負担の引き上げと公的給付の縮小，診療報酬の引き下げ・包括化による医療供給の効率化など，増大する医療費への対応へと転換された。

（2）1990年代の医療制度改革——財政調整の限界と医療保険安定策

1980年代の高齢者医療の無料化廃止や診療報酬の見直し等の結果，80年代以降における国民医療費の伸びは1960・70年代の15-20％から1桁への伸びへと安定するようになった（**図表4-1**）。国際的な医療費水準からみると，日本の医療保障制度は80年代の改革を通じて，国民の医療へのアクセスの補償を医療費を抑制しながら可能にしてきたと評価できる。

ところが80年代以降，高齢化のさらなる進展のもとで老人医療費拠出金が増加し，医療費上昇は抑制されたものの，国民医療費も毎年約1兆円で増加が続いた。その結果，老人保健制度の仕組みのもとで，すべての保険者が赤字に転じるなど，医療保険制度全体の財政悪化が表面化してきた。

老人保健制度の拠出金制度は，高齢者医療費を制度間で公平に負担することには一定の貢献があったといえる。しかし，老人保健拠出金の負担額が増大し続け，各保険で拠出金額が加入者に対する給付費総額を上回る場合もあり，老人保健制度を支える医療保険の基盤そのものが弱体化してきたのである。さらに，老人保健拠出金の水準には保険集団の各当事者の自主的努力がほとんど反映されず，拠出金制度のもとでは，医療保険当事者である保険者は増加する拠出金をコントロールできない。老人保健制度の財政状況が悪化を契機として，医療保険の経営を効率化する保険者機能が働かないという根本的な問題が認識されるようになったのである。

このような人口高齢化による医療費上昇と低経済成長による保険料収入の低下のなかで，1990年代の医療制度改革は，医療保険財政の安定をはかるための小規模な見直しが続けられた。食事療養費が創設され入院時食事代の一部負担の導入（1994年），国保において保険基盤安定化制度の創設（1988年）などであ

第4章 医療保障制度の現状と課題

図表4-1 国民医療費の推移

年次(年度)	国民医療費		国民所得		国民医療費の国民所得に対する比率(%)
	医療費額(億円)	対前年度増減率(%)	国民所得額(億円)	対前年度増減率(%)	
1955	2,388	11.0	69,733		3.4
1965	11,224	19.5	268,270	11.5	4.2
1975	64,779	20.4	1,239,907	10.2	5.2
1985	160,159	6.1	2,610,890	7.4	6.1
1990	206,074	5.2	3,483,454	8.1	5.9
1995	269,577	4.5	3,742,775	0.1	7.2
2000	301,418	−1.8	3,718,039	2.0	8.1
2005	331,289	3.2	3,676,303	1.3	9.0

出所：厚生労働省『平成17年度国民医療費の概況について』
(http://www.mhlw.go.jp/toukei/saikin/hw/k-iryohi/05/kekka1.html) より作成。

る。また，高齢者介護を対象とする新たな介護保険制度（2000年から実施）が創設されることによって，医療保険から高齢者介護の多くの部分が分離され，医療費・資源利用の非効率性が是正された。これは介護施設の不足にともなう社会的入院（介護を必要とする高齢者が一般病院に長期に入院していること）が非効率な医療費・資源の利用を生じていることが認識されたからである。

さらに，介護施設の不足を補うものとして，老人病院と特別養護老人ホームとの中間的な施設として老人保健制度の創設（1986年），医療機関内に高齢者の疾病を扱う療養型病床群の新設（1992年）が行われ，供給面からの社会的入院の是正もはかられた。

3　2006年医療保険制度・医療提供体制の構造改革

医療，年金，介護等の制度は高齢化の影響を強く受ける。90年代後半以降，高齢化にともない，高齢者医療費，医療提供の効率化，医療サービスの質等，包括的な改革に向けての議論がなされてきた。しかし，2000年代前半に具体化された改革は，患者負担の引き上げと診療報酬の引き下げを中心とするものであり，保険財政の安定をはかるために医療費抑制を焦点とした内容にとどまるものであったといえる。

図表 4-2　2006年医療制度改革の主要内容

医療保険制度	・新たな高齢者医療制度の創設 ・地域（都道府県単位）における医療費適正化の制度化 ・医療保険制度の地域単位（都道府県単位）への再編
医療提供体制	・療養病床の削減 ・患者の視点からの医療計画の策定 　（医療機関の連携体制計画の策定） ・混合診療への対応（部分的利用の拡大） ・情報提供の義務づけ（領収書の発行など） ・医療安全への対応（医療安全支援センターの設置）
医療法人制度	・非営利性の強化（持分のある社団廃止，出資限度額法人の導入，法人組織ガバナンスの強化） ・社会医療法人（公共性・公益性＋営利性）の創設

　具体的な内容として，2000年改革では，高齢者の自己負担を定額制から原則1割の定率制に変更，高額療養費制度の自己負担額上限を所得別に設定する仕組みの導入などであった。続く2002年改革では，被用者本人の自己負担3割への引き上げによって各保険者を通じた給付7割への統一，高齢の一定以上所得層の2割負担への引き上げ，老人保健制度の対象年齢の引き上げ（70歳から75歳へ）であった。同時に診療報酬の引き下げや包括払い化も実施された。

　その後，さらに医療制度の長期的な安定を目指す改革について議論が続けられ，2006年に医療保険制度から医療提供体制にわたる医療制度全般の改革が成立した。以下，2006年医療制度改革について，改革の柱となる医療保険制度，医療提供体制，医療法人制度に関する改革内容を概観したい（**図表 4-2**）。

（1）新たな高齢者医療制度と保険者機能の強化

　医療保険制度の改革では，老人保健制度の改正による新たな高齢者医療制度の創設，医療費適正化の制度化，医療保険制度の都道府県単位への再編が行われた。

(1)新たな高齢者医療制度の創設

　高齢者医療制度については，高齢者を75歳以上の後期高齢者と65歳以上から75歳未満の前期高齢者とに二分し，前期高齢者には保険者・制度間の財政調整

の仕組み，後期高齢者には各保険者とはまったく別の保険として後期高齢者医療制度を創設された。

前期高齢者医療制度は現行の老人保健制度と同じ仕組みで，前期高齢者は各保険の被保険者・被扶養者の位置づけが続き，現役世代は同じ制度全体内で高齢者に拠出金を負担する。被扶養者となっている前期高齢者には保険料負担はない。これに対して，75歳以上の高齢者はそれまで属していた被用者保険や地域保険から離脱し新たな保険の被保険者と位置づけられ，75歳以上の保険と現役世代の保険とのつながりが制度的に切れる。その結果，すべての後期高齢者に保険料の負担が要請されるようになる。高齢者医療費は公費約5割，現役世代の国保・被用者保険からの後期高齢者支援金4割，後期高齢者の保険料1割で負担する。

保険の運営主体は新たに創設され，全市町村が加入する都道府県単位の広域連合が保険者となる。新制度において，保険料は広域連合が該当の都道府県における75歳以上の医療費実績に応じて定めるため，保険料と高齢者医療費の水準が連動する仕組みになる。

(2) 地域（都道府県単位）における医療費適正化の制度化

都道府県には，医療費適正化計画（5年間）の策定が義務づけられ，将来医療費の見通しに関する目標が設定される。都道府県は健康診断等の住民の健康保持事業，病床転換等による医療提供の効率化を通して目標達成に取り組み，医療費適正化計画が終了する5年後に目標達成度が評価されるようになる。目標が達成できない都道府県では，国レベルで同一水準に設定されている診療報酬の引き下げを講じて目標を達成できる仕組みも導入された。

こうして，県単位で，医療の価格（診療報酬）の引き下げと供給量（病床転換等）の調節を通して，地域の医療費を適正化する仕組みが制度化され，地域単位で医療の価格・供給量と医療費水準が連動する仕組みが構築された。

(3) 医療保険制度の地域単位（都道府県単位）への再編

医療保険全体を地域単位（都道府県単位）へ再編することが開始される。国保では県単位で保険財政の安定化をはかり，政管健保では国から独立した全国単位の公法人（全国健康保険協会）を設立したうえで県支部が保険運営を行う。

組合健保でも同一県内であれば異なる企業や業種の健保組合が合併し，地域単位の健保組合を設立できるようになる。

県単位に医療保険再編を進める目的は，県単位で整備する医療供給体制に対しても保険者が関与できるようになり，医療供給量が多く医療費の高い地域では保険料負担が高くなり，医療費・供給量と保険料水準が関連づけられ，地域単位の保険者機能が発揮できると期待されているからである。

また，従来市町村が健康保持の観点から実施してきた健康診断や保健指導が，県単位で策定される医療費適正化の手段として位置づけられ，それらの事業実施が医療保険者に義務づけられた。健康診断・保健指導，医療供給体制への関与など，保険者は保険者機能を通して，地域の住民の健康保持，医療の効率的提供，将来医療費の見通しに関する目標達成を目指すことになる。

(2) 医療提供体制の再編

医療提供体制の改革には，療養病床の削減，医療計画の策定，混合診療への対応，情報提供の義務づけ，医療安全への対応等がある。

(1)療養病床の削減

医療施設のもつ長期入院用の療養病床のうち，介護療養病床は医療の必要度が低いとして2012年に廃止となり，老健施設や有料老人ホーム等への転換が促進される。医療保険適用の医療療養病床は存続することになるが，療養病床総数は38万床から25万床に削減される。これは医療の必要性の低いとされる療養病床を廃止して，医療費の適正化を進めるのがねらいである。しかしながら，こうした療養病床の削減には，転換施設を含む介護施設と在宅医療が整わないと高齢者の居場所をめぐる問題が生じ，高齢患者の不安が増大するおそれもある。

(2)医療計画の策定

従来の医療計画は供給側の視点から入院病床数の規制を目的に策定されていたが，本改革によって，医療計画を患者の視点から策定することが都道府県に義務づけられた。都道府県は入院医療と在宅医療・介護サービスとの連携ができるように，患者の視点に立つ新たな医療計画として，病床別の地域における医療機関の連携体制計画（地域連携クリティカルパス）を策定することになる。

(3) 混合診療への対応

混合診療は医療保険が適用される保険診療（3割負担）と適用が認められていない保険外診療（全額負担）を組み合わせたものである。保険外診療の負担をできる者だけが混合診療を利用でき不公平が生じる，保険外診療は安全性や有効性の根拠に乏しいなどの理由から，混合診療は原則的に禁止されてきた。ただし，特定の高度先進医療や医療環境に関わる室料差額等についてだけは，特定療養費として限定的に混合診療を認めてきた。したがって，それ以外の場合，すなわち保険外診療・医薬品を利用する場合は，保険が適用される部分も含めて，すべての診療部分が患者の全額負担となっていた。

混合診療の原則禁止については，保険で認められていない先進医療や医薬品を使用したい患者に重い負担が課せられるという問題が患者側からも指摘され，混合診療の解禁をめぐって，患者の公平性と選択肢の拡大という2つの観点を中心に議論がなされてきた。

議論の結果，本改革では，これまで限定的に混合診療を認めてきた医療を特徴によって区分し，先進医療・医薬品等は評価を経て迅速に保険導入を行う「評価療養」と，室料差額・予約診療・制限回数以上の医療行為等は患者が選択でき保険導入を前提としない「選定医療」とに位置づけて，混合診療に関わる問題に対応することになった。評価療養と位置づけられた医療については，すべての患者が利用できるように保険導入の迅速化をはかり，混合診療による利用の期間を短縮する。したがって，決定された対応は支払い能力のある患者だけに診療の選択肢を拡大することではなく，有効性が確定していない段階は混合診療を利用しつつ迅速に評価を行い，評価が確定した医療は保険導入され，すべての患者が利用できるようにする見直しとなり，患者の公平性と選択肢の拡大の両立を目指す方法が工夫されたといえるであろう。

(4) 情報提供の義務づけ

医療機関に対して，2006年4月から患者に対して診療内容のわかる領収書を無償で交付することが義務づけられた。さらに詳細な情報として，患者側から診療報酬の算定項目の明記された明細書の発行が求められていたが，明細書の発行は努力義務にとどまっている。

(5)医療安全への対応

2004年から主要な医療機関に医療事故の報告が義務づけられるなど,医療安全への対応が始められたが,本改革でも,都道府県に患者からの苦情や相談への対応,医療機関への助言,情報提供を行う医療安全支援センターが設置された。これまで,患者の苦情や相談についての公的な対応が遅れていたために,各医療機関が相談室を設置したり,苦情問題に取り組むNPO(民間非営利組織)が設立されるなどの動きが進みはじめていた。本改革における安全センターの設置によって,医療安全や事故,患者の苦情に関わる公的な機関が法的に位置づけられ確立したことになる。こうした対応に続き,医療事故の原因究明を行う医療分野の事故調査委員会・死因調査制度の創設に関する検討も開始された。

(3) 医療保険制度・提供体制改革の評価

2006年医療制度改革は保険制度,提供体制,法人制度と制度全般にわたる改革となっている。ここでは,まず医療保険制度と提供体制に関わる改革の特徴と課題について検討したい。

医療保険制度改革では,高齢期を前期・後期と年齢で区分し,後期高齢者には現役世代の保険から独立した保険制度が設立された。これは高齢期における年齢による制度分断の理由が不明確で,近年のエイジレスな政策と矛盾するうえに,現役世代が加入する被用者保険と後期高齢世代が加入する高齢者医療制度とは制度的なつながりがなくなる。そのため,国民皆保険の基本である相互扶助・社会連帯の視点が弱められるなど,社会保険の根幹をゆるがす問題をもつ。

医療費適正化の制度化と医療保険の地域単位への再編を通じて,県単位で医療の価格(診療報酬),供給量,医療費水準,保険料水準が関連づけられたことは,被保険者・患者の代理人として位置づけられる保険者の機能が発揮できる制度づくりといえるであろう。保険者である都道府県・広域連合には医療費の伸びの抑制とふさわしい医療の提供という課題が課せられることになる。

保険者は,医療サービスの2つの需要側である,患者および被保険者・住民の代理人として位置づけられるが,個別の患者と集団としての被保険者・住民

の立場は必ずしも同一ではなく異なる側面をもつ場合も多い。個別の患者の立場ではいくら費用がかかっても質のよい医療を受けたいと思うが，集団としての被保険者・住民の立場ではできるだけ医療費を節約して保険料を低くしてほしいと思うように，2つの立場には対立・矛盾する面がある[1]。したがって，保険者が被保険者・住民の立場を偏重し保険運営，医療費の抑制に偏りすぎると，医療サービスの質と医療安全が低下する可能性があり，個別の患者の立場が軽視されてしまうことも生じる。一般に，個別の患者の意見・立場は集団の被保険者の立場より弱いと考えられるため，個別患者の立場を強化する仕組みづくりを進めることが重要となる。

医療提供体制の改革について，連携計画の策定，領収書の発行，医療安全センターの設置など，医療サービスの質の向上，患者の視点に立つ内容も含まれると評価できる。しかし，いずれの取り組みも追加的な財源を要するため，医療制度改革が引き続き医療費抑制策に偏ったかたちで実施されると，こうした医療サービスの質や医療安全の患者の視点に立つ政策が進展しないことに注意を要する。

4 医療法人制度改革における非営利性の強化と公共性・営利性の両立

次に改革の3つ目の柱となる医療法人制度改革を検討したい。医療法人制度は1950年の医療法において，民間非営利法人制度として位置づけられ，営利を目的とした開設は認められていない。しかし実態としては，医業経営や事業継承の点から非営利性が確保されない場合も生じていた。

2006年改革では，第5次医療法改正によって医業経営の非営利性と公共性の強化が具体化された。その結果，現行の医療法人は，非営利性を強化する「基金拠出型医療法人」(「出資額限度医療法人」)と公益性をより強化した「社会医療法人」に再編される。社会医療法人は高い公共性・公益性が求められると同時に営利性の側面をももつ医療法人となり，公共性と営利性の両立する新しい医療法人モデルが導入されることになる（**図表4-3**）[2]。

図表 4-3　医療法人制度改革による法人体系の変化

現行	持分ある社団医療法人			財団医療法人	特定医療法人 特別医療法人（5年間経過措置）
改革後	持分ある社団医療法人 既存法人は当分の間存続	出資額限度医療法人（2004年8月～）（非営利性の強化）	基金拠出型医療法人 新規設立の法人（2007年4月～）（非営利性の強化）	財団医療法人	特定医療法人／社会医療法人（営利性の側面をもち公共性・公益性と営利性の両立）

法人の自主的移行

出所：厚生労働省医政局「良質な医療提供体制の構築に向けた改革」資料（2006年度）より作成。

（1）医療法人における非営利性の強化

(1)非営利性を強化した基金拠出型医療法人の創設

改革前，民間医療法人（4万1720，2006年）はいくつかの例外を除き非営利法人であり，出資持分のある社団医療法人（約98％），出資持分のない社団医療法人（約1％），財団医療法人（約1％）の3つに大別されていた。後者2つの医療法人では，公益性が高く税制優遇措置などを受ける特別医療法人と特定医療法人を取得することができる。これらの民間医療法人の他に，自治体病院や大学病院があり，民間の医療法人立病院は病院総数の6割以上を占める［山重 2006；田中 2006］。

医療法人制度において，医療法人は民間かつ非営利の法人として位置づけられ，医療法人の非営利性を担保するために剰余金の配当は禁止されている。この非営利性の仕組みが医療法人の最大の特徴となっている[3]。こうした枠組みのもとで，出資持分のある社団の医療法人の場合，期間配当は禁止されているが，法人が解散する場合の残余財産の帰属先には規定がなく，医療法人の脱退時および解散時の出資返却が認められてきた。そのため，医療法人の持分割合の評価額が大きく上昇すると，医療法人の解散時や社員の退社時に，出資額を越える払い戻しが行われて医業を引き継がない者に資産が流出したり，払い戻

しにより医業の継続に支障が生じる事態も発生するなど，実質的な剰余金の配当が行われ，それにともなう問題が生じていた。このように，出資持分のある医療法人で，脱退時・解散時の持分に比例した出資の返却権が認められている点については，出資者の財産権が保全され，個人企業に近く営利法人の特徴をもつことになると批判がなされてきた。

そこで，医療法で規定されている医療の非営利性を担保することを目的として，2004年8月厚生労働省通知により，出資持分のある社団の医療法人を廃止し，持分のある医療法人の類型として，払い戻し額を出資した額までに制限した「出資額限度医療法人」という類型が創設された。

出資額医療法人では，法人の解散時や社員の退社時に，出資額を限度とした額までの払い戻ししかできなくなる。当分の間は経過措置があり，これまでの出資持分のある社団医療法人制度が維持されるが，既存の持分ある社団医療法人が出資持分に係る定款を変更することによって，自主的に出資額限度医療法人に移行することが期待されている。

既存の持分のある社団医療法人が出資額限度医療法人に移行することによって，出資持分の返却に認められていた営利法人的な特徴が廃止され，持分のある医療法人の類型における医療法人の非営利性が強化されることになる。

さらに，医業経営の非営利性を徹底する観点から，出資者の持分概念を否定した「基金拠出型医療法人」が創設された。基金拠出型医療法人は出資額限度医療法人に代わる法人体系である。2007年4月以降新規に設立される医療法人は，社会医療法人を除き，すべて基金拠出型医療法人として設立されることになり，出資持分をもつ医療法人としての新規設立はできなくなった。

基金拠出型医療法人では，法人設立時に資金を出資した者（個人）は，解散時に出資額限度は返還されるが，解散時の残余財産の帰属先を個人（出資者）に帰属させることは禁止され，帰属先は国，地方自治体，医療法人などに限定される。

今まで持分の有無や公共性の強さにより複数の形態の医療法人が存在したが，医療法人制度改革によって出資持分のある医療法人の類型は廃止され，2007年4月以降新たに許可される法人からは，持分概念を否定し非営利性が強

化された「基金拠出型医療法人」，非営利性に加えてより高い公共性・公益性を有する「社会医療法人」の大きく2つに再編される方向になる。したがって，改革後の医療法人体系は，社会医療法人，特定医療法人，基金拠出型医療法人，財団医療法人となる。特別医療法人は2007年3月で廃止される。ただし，持分のある社団医療法人は当分の間存続，特別医療法人も5年間存続の経過措置がある（図表4-3）。

(2)医療法人におけるガバナンスの強化

また，医療法人の内部ガバナンスの仕組みも強化された。社団医療法人には理事会をチェックする社員総会が規定されているのに対して，財団医療法人には規定がなかった。改革によって，財団医療法人について，理事会をチェックする評議員会が必置機関として位置づけられた。このように，医業運営の意思決定を行う理事会，それを監視する評議員会の設置が義務づけられるなど，医療法人の内部ガバナンスの仕組みも強化された。この目的は，内部ガバナンスの強化を通して，非営利性・公共性に適した医業経営のあり方と医療サービスの質の向上をはかることにある。

（2）社会医療法人の創設

公共性・公益性の高い医療はこれまで主に自治体病院が担ってきたが，その慢性的な赤字状況を受けて，自治体病院に代わってその機能を担える民間の医療法人類型として，「社会医療法人」が創設された。社会医療法人は公益性の高い医療の提供が義務づけられると同時に，営利性もあわせもつ医療法人となり，新しい法人類型の創設は民間の活力・機能を活かして，公益性の高い医療分野であっても病院運営と医療提供の効率化を可能とすることをねらいとしている。社会医療法人の創設背景には，公立の自治体病院を指定管理者制度を通じて，公共性と営利性を併せもつ民間医療法人が受託していくことが考えられている [医業経営の非営利性等に関する検討会 2006]。

社会医療法人には，出資持分を放棄し解散時の残余財産の国等への帰属の明記や役員・社員の親族割合などの要件を満たし，小児救急医療，へき地医療，災害医療等公益性の高い医療を少なくとも1つ提供することが要件とされ，都

道府県知事による認定が必要とされる。こうした公益性の高い医療を担うことが要請される代わりに，提供にかかる高いコストをカバーするために，社会医療法人には社会福祉事業を含む収益事業や公募債（社会医療法人債）発行が行えるなど，営利性の側面が一般の医療法人より拡大して認められることになった。

　営利性の側面として拡大された点は，第1に，社会医療法人には障害者施設・保育所などの通所施設・デイサービスセンターなどの設置運営も認められ，一般の医療法人よりも社会福祉事業として行える附帯業務の範囲が拡大されたことである[4]。第2に，社会福祉事業に加えて，一般医療法人にもあらたに認められた有料老人ホームの経営等の収益事業が行えること，第3に，経営の自立性確保のために社会医療法人債の発行により市場からの資金調達ができるようになったことである。社会医療法人は，患者や地域住民のような一般投資家を広く対象にした公募債である社会医療法人債の発行が行えるようになり，これまでの医療機関債よりも広く一般の人から直接資本調達を行うことが可能となる[5]。

　このように社会医療法人では，公益性の高い医療分野において，民間の医療法人の活力・機能が活かされることになるが，これは行政改革全体のなかで医療分野の規制改革として，株式会社による民間の医業経営の解禁が議論の焦点であることと関連がある。2006年の医療法人制度改革の内容は，株式会社による医業経営の議論に対する現在の政府の考え方が示されたものとなった。今回の医療法人制度改革では，株式会社の参入により民間の医療経営と市場原理を活用するのではなく，医療法人体系における医業経営の非営利性と公益性・公共性を担保したうえで，営利的側面を活用する方法が採用されたといえる。

　社会医療法人の創設は，非営利部門として位置づけられる医療法人の中に，公益性・公共性と営利性の両立する新しい医療法人モデルを導入する意味をもつことになる。これはイギリスの公立病院において，営利性の側面をもった新しい形態の公立病院（ファンデーション・トラスト病院）の創設（後述）にみられる動きと共通した方向である。

　また，社会医療法人においては，営利性の側面が認められたことに応じて，病院経営のガバナンスも強化された。外部監査を受けて財務諸表や事業報告書

を都道府県を通じて一般に情報公開すること,理事会・評議会の同族割合を3分の1以下にすることが義務づけられるなど,病院の内部ガバナンスに一定の強化が求められている。病院経営のガバナンスにおける患者・地域住民の参加にまではふれられていないが,社会医療法人債を発行し,地域住民,患者,職員などのステークホルダーに購入を求めるためには,経営の透明性,情報公開に加えて,ステークホルダーの参加による参加型ガバナンスの確立も課題となってくる。

5 参加型ガバナンスによる公共性・営利性の両立と患者中心の改革
―――イギリスにおける病院改革,患者・公共参加政策のからの示唆

前節まで日本の医療制度改革を概観してきた。改革の展開をまとめると,80年代以降,改革の焦点は医療費抑制に偏っていたが,2006年の改革では,医療の非営利性,公益性・公共性,患者中心という新しい視点からの改革が進られるようになってきた。病院経営の非営利性の強化,公益性・公共性と営利性を併せもつ医療法人の創設,医療安全への取り組み,医療機関の地域連携体制の構築などが実施された。

イギリスにおいても,2000年以降,新しい視点からの改革が焦点になっている。公立病院において営利性の側面も導入した新しい形態の公立病院(ファンデーション・トラスト)の創設,患者・公共参加政策による患者の立場と患者・住民に対するアカウンタビリティの強化,医療サービスの質・医療安全の向上などが実施され,日英の新しい取り組みには共通性がみられる。

本節では,非営利組織としての病院運営における営利性の活用や患者の立場を強化するなど,日本と共通の方向の取り組みを先駆的に進めているイギリスの医療制度改革を概観し,日本の医療制度改革の課題について考えたい。

(1) イギリスにおけるファンデーション・トラストの創設
(1)公共性・営利性の両立

新しい視点からの第1の改革として,病院運営の改革が実施された。2003年

医療および社会ケア法によって，イギリスの公立病院（NHS Trusts）のなかで業績の高い一部の病院が，新たな公益法人（Public Benefit Corporations）であるファンデーション・トラスト（Foundation Trusts）として認証されることになったのである。このファンデーション・トラストは，営利性の側面と経営の裁量権が大きく与えられるかわりに，病院の運営・統治は住民，患者，職員の代表などによって行われる協同組織的性格をもつ組織で，非営利かつ公益の会社組織となる。創設の目的は，病院経営の改善と患者・住民の立場の強化を同時にはかることにある。

ファンデーション・トラストの創設については，公立病院は保健省により公的に運営されてきたという病院経営の今までの考え方を転換し，公立病院に営利性の側面を導入するものとなるため，国会審議のなかで与党労働党内部からも反対運動がみられた [渡辺 2005]。

議論の末，ファンデーション・トラストに与えられた営利性と経営の裁量権は，自ら投資決定を行い自由に借り入れを行うという資金調達の自由，剰余金を配当はできないが内部留保し運営に再投資できるという剰余金の留保などである。ただし，公立病院がファンデーション・トラストに認証され移行すると，中央政府・保健省から独立した組織となるため，経営が赤字になっても公的な補填はなくなる。

(2) 参加型ガバナンス

病院経営における営利性と経営の裁量権が認められた代わりに，ファンデーション・トラストには患者・住民参加によるガバナンスの強化が求められた。そのため，ファンデーション・トラストは住民，患者，職員から構成される会員によって所有される相互組織的な会員制をとり，運営・管理は会員の代表によって行われるなど，病院運営における患者・住民・職員の影響を強める仕組みが採られている。

ファンデーション・トラストの病院運営を具体的にみると，会員が選出した理事により構成される理事会（Board of Governors）により基本的な方向が決定され，理事会が選出した議長を有する役員会（Board of Directors）に運営が任される。理事会の構成は選挙で選出された住民，患者が多数を占め，その他に

図表4-4　イギリスにおけるファンデーション・トラスト　参加型ガバナンスと公共性・営利性の両立

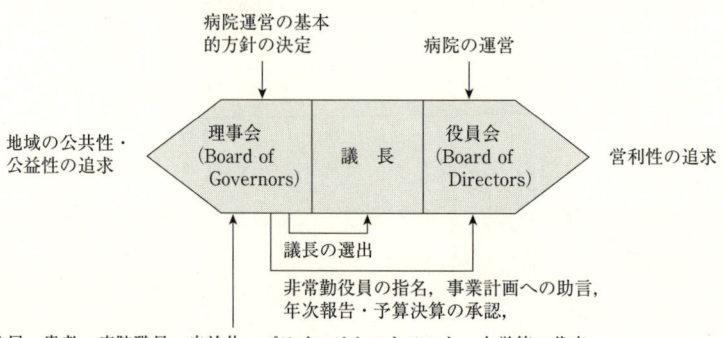

```
                   病院運営の基本
                   的方針の決定        病院の運営
                        ↓               ↓
地域の公共性・    ┌─────┬─────┬─────┐    営利性の追求
公益性の追求  ──<  理事会 │ 議 長 │ 役員会 >── 
              │(Board of│      │(Board of│
              │Governors)│      │Directors)│
              └─────┴──┬──┴─────┘
                        │↑
                    議長の選出
                        ↑
                非常勤役員の指名，事業計画への助言，
                年次報告・予算決算の承認，

住民，患者，病院職員，自治体，プライマリケアトラスト，大学等の代表

住民，患者，職員などの会員による選出
```

出所：Dept. of Health（2006）p.66より筆者作成。

病院職員，自治体，プライマリケアトラスト（開業医の連合組織），大学等の代表者を含むことが必要とされている。会員の意見と権限は理事会を通して行使されることになる。理事会は役員会の議長の選出，非常勤役員の指名を通して病院運営に影響を与え，役員会の提出する事業計画への助言，年次報告・予算決算の承認を行う。

　このように，ファンデーション・トラストのガバナンスには患者・住民の参加が不可欠となっており，患者・住民による社会的な所有（social ownership）を実現する組織形態が採用されている（**図表4-4**）。この形態は，福祉，都市開発，住宅，レジャーなどの分野で以前から発達がみられてきたが，地域住民が所有と運営に関わる協同組織形態のもとで社会性と営利性を同時に追求する組織形態として新たに注目され，社会的企業（social enterprises）として位置づけられてきた。公立病院運営におけるファンデーション・トラストの創設は，こうした社会的企業の動きが医療分野に波及していく先進型態・過程であると捉えることができるであろう。こうした文脈のなかで，ファンデーション・トラストは患者・住民による参加型ガバナンスのもとで公共性と営利性をあわせもつ点から，広い意味で，医療分野における社会的企業として位置づける論稿

もみられる [Lewis et al 2006]。

　ファンデーション・トラストの仕組みは，病院所有・運営において患者・住民の影響力を強めることによって，とりわけ患者・住民に対するアカウンタビリティを強化する効果もつことが期待されている [Lewis 2005; Talbot and Pollock 2006]。今までの医療改革では，公立病院の財源元である保健省に対するアカウンタビリティの強化は達成されても，患者・住民に対するアカウンタビリティの強化がみられなかったと政府・研究者から評価されてきたからである。

　イギリスの医療制度改革において，ファンデーション・トラストは患者・住民による参加型ガバナンスのもとで公共性と営利性の両立する新しい病院経営モデルとして位置づけられており，病院経営の改善に加えて，サービスの質・即応性の向上など医療提供における患者・住民の立場強化も期待されている。

（2）イギリスにおける患者・公共参加政策

　新しい視点からの第2の改革は，医療のさまざまな意思決定に患者・住民の参加を強化する改革である。

　イギリスでは，1990年代から市場原理を活用した医療制度改革を先駆的に進めてきたが，改革は医療提供における一定の効率化をもたらしたものの，前述したように，患者・住民へのアカウンタビリティと患者の立場を強化する点で有効ではなかったと判断されている。そこで，2000年以降の医療制度改革では，ファンデーション・トラストにおける参加型ガバナンスの構築の他に，患者・住民の立場の強化，医療サービスの質・医療安全に関して科学的な診療基準の策定や質の監視制度の確立，すべての病院運営への患者・住民参加政策，患者の苦情処理制度の見直しなど，医療における患者・公共参加政策が改革の焦点になってきた。[7]

　こうした多様な患者・公共参加政策を大別すると，集団レベルおよび個人レベルの2つのレベルにおける意思決定に，患者・住民の参加と影響力を高める政策としてまとめられる。

　集団レベルにおける意思決定への参加策として，すべての公立病院とプライ

マリケアトラスト（開業医の連合組織）において，2003年から各医療機関ごとに患者・住民フォーラム（Patient and Public Involvement Forums）が設置された。患者・住民フォーラムは公立病院から独立した法定機関で，医療機関への立ち入り監査権限を有し，フォーラムの構成員が公立病院等の理事として病院運営の意思決定に参加することができるとされている。さらに，患者・住民の意思決定への参加を支援するための全国的な組織も設立されている。

　個人レベルにおける意思決定への参加策として，2003年に苦情処理制度の見直しが実施され，すべての公立病院に，患者支援連携室（Patient Advice and Liaison Service）が設置された。患者支援連携室は公立病院ごとに設置されている相談窓口で，個別の患者に対して，患者への情報提供（苦情申請手続きも含む），患者の心配・懸念に対する相談や病院職員への仲介等の支援を行い，苦情になる以前に問題解決をはかることに重点をおいている。

　苦情申請の希望が出た場合には，地域における苦情処理機関（Independent Complaints Advocacy Service, 2003年設立）が対応し，患者の発言を援助するアドボカシー・サービス（代弁）を提供することによって，患者の苦情が早く効果的に解決されるように支援する。苦情処理機関の支援内容は，患者に代わって病院や医師宛に文書を作成する，交渉や話し合いに付き添う，その他患者のニーズに応じたあらゆるサービスを提供する，こととされている。

　さらに医療事故に至った場合には，全国レベルの医療委員会（The Healthcare Commission, 2004年設立）が審議を行う。医療委員会は個別の医療事故の審議とともに，公立病院の業績評価・格付け，公立私立病院の監査も行っている。この病院の業績評価の枠組みの中にも，苦情・医療事故に対する対応が評価項目として組みこまれている。

　このように，イギリスでは，患者・住民に対するアカウンタビリティと患者の立場を強化するために，医療提供の意思決定における患者・住民の影響力を強化する方法がとられ，集団レベルと個人レベルにおける患者・住民の参加施策が重層的に進められている。

　集団レベルの施策として，すべての病院運営における患者・住民の参加，さらに一部の公立病院（前述したファンデーション・トラスト）における患者・住民

の社会的所有と運営参加，個人レベルの施策として，苦情処理制度の見直しが実施されている。個人レベルの苦情処理制度でとりわけ工夫がみられるのは，苦情になる以前の予防的仕組みの構築が重視されるとともに，苦情が生じた場合には，苦情処理機関が患者の代理人として行動することによって，患者の立場を強化し患者が意思決定に影響力を行使できるような仕組みが導入されている点である[8]。これは医療の情報の非対称性に対応する施策である。

2000年以降，イギリスにおける医療制度改革の焦点は，医療費の適正化，医療の効率化から，患者・公共参加政策による患者・住民に対するアカウンタビリティと患者の立場の強化，病院経営のあり方の見直し，医療サービスの質・医療安全の向上へと転換がみられることが確認できる。

6 むすびにかえて——日本の医療制度改革の課題と方向

以上の考察を通して，医療保険から提供体制にわたる近年の医療構造改革を中心に，その特徴と今後の課題を検討してみたい。

まず第1に，日本の医療保険制度の基本的な特徴に関わる課題である。日本の国民皆保険は保険的要素の強い被用者保険と相互扶助・社会連帯要素の強い国保によって成り立っている。この国民皆保険の仕組みは，以上の検討から，所得にかかわらず国民すべてが一定の自己負担で医療を受けられる，失業などがあっても地域保険である国保の対象となり加入することによって，個人の職業上のリスクをうまく吸収する，などの点で効果的に機能してきたことが確認された。90年代以降の医療保険制度の見直しにおいては，高齢化と低経済成長に対応するために，保険制度における相互扶助・社会連帯の基盤を保持しながらも，保険者機能を強化することが新たな検討課題となってきている。

保険者機能の強化が相互扶助・社会連帯の保持に関連して見過ごされやすい点は，保険者は患者および被保険者・住民の代理人として位置づけられるが，この2つの立場が異なる側面をもつことである。2つの立場の矛盾は厳しい財政制約下の医療保険運営において今後いっそう強まることが予想される。一般に，保険者は個別の患者の立場よりも，保険財政の運営，すなわち，被保険

者・住民の立場に偏りやすいことにも注意する必要もある。したがって，保険者機能の強化策を検討する場合，相互扶助・社会連帯の枠組みの中で弱くなりやすい個別の患者の意見・立場を強化する仕組みづくりをいっそう重視する必要がある。

　さらに，近年の医療制度改革では，年齢により制度を区分する考え方が導入されたが，この考え方には国民皆保険の基盤である相互扶助・社会連帯の視点そのものが弱められる可能性も内在していることに注意する必要がある。

　第2に，近年の新しい視点からの改革に関わる課題である。医療保険制度と診療報酬に焦点をあて医療費抑制を中心としたこれまでの改革から，近年の改革では日本においても，医療サービスの質・安全の向上，医療の非営利性・公益性の強化など，改革に新しい観点が入ってきたことが確認された。

　イギリスでは，前節でみたように，これまでの医療制度改革によって，患者の立場の強化が実現できなかったとして，近年の改革では，医療機関レベルおよび個別の診療レベル両方において，患者中心の医療の実現が重要なテーマとなっていた。具体的には，患者・住民の参加を通して，病院運営（集団レベル）や診療過程（個人患者レベル）における意思決定の質を高める仕組みが作られている。集団レベルでは，参加型ガバナンスを確立することによって，非営利組織としての病院運営の改善と公共性・営利性の両立する新しい病院経営モデルを試行すること，個人患者レベルでは，苦情処理制度を見直すこと，などが実施されている。

　このように，イギリスでは，医療サービス提供の意思決定に患者・住民の影響力を高める政策の重要性が認識され[9][CHI 2004；長澤 2005]，さらに意思決定における集団レベルと個人レベルにおける立場の矛盾や対立問題が内在するため，集団と個人の参加政策が同時に進められている点が注目される。

　日本においては，患者や住民の参加政策は始まったばかりで，新設された社会医療法人にも，病院経営の意思決定に患者や住民の参加が求められてはいない。患者・住民の参加政策には，病院運営の集団レベル，診療過程の個人レベルの両方に，患者・住民の参加を可能とする仕組みづくりが必要であり，意思決定の質の向上が課題となる。

第3に，近年の医療制度改革のもう1つの特徴である，医業経営のあり方の見直しに関わる課題がある。日本では，医療法人の非営利性の強化に加えて，非営利性と公共性・公益性を担保したなかで，医業経営に営利的側面を活用できる新しい医療法人モデルが導入された。イギリスにおいても，公立病院に営利性の側面をもつ形態が導入され，医業経営における公共性・営利性の両立は今後の新たな重要な課題となる。

　非営利かつ公共性・公益性の高い医業経営における，営利性活用のあり方や参加型ガバナンスの確立について，患者・住民の視点からの検討が進められる必要があるであろう。[10]

1) 個別の患者と集団としての被保険者・住民の立場における矛盾については西村［2003］を参照のこと。
2) 医療法人制度改革の内容については，「これからの医業経営の在り方に関する検討会」「医療経営の非営利性等に関する検討会」において検討が進められてきた。各検討会の最終報告書および医業経営の非営利性等に関する検討会［2006］『医業の非営利性に関する検討会報告書』を参照のこと。
3) 医療法54条で，「医療法人は剰余金の配当をしてはならない」とされる。
4) 特別養護老人ホームの設置・運営は附帯業務の拡大対象から除かれたが，自治体病院等の指定管理者としての資格は明確化された。
5) 社会医療法人債は資金使途のメリットもある。従来の医療機関債が資金の取得に限定されているのに対して，社会医療法人債は収益事業など医業以外への充当は禁止されているが，原則的に使途に制限はない。したがって，資金使途として，増改築資金や高額医療機器の調達も可能となる。
6) 社会的企業は営利と非営利の混合した組織で，福祉，環境，地域開発，労働統合等の領域で発展がみられ，公共政策手法の革新や持続可能な非営利組織の推進の観点から新しい概念として注目されている。社会的企業は社会課題の解決に営利性の特徴を活用する企業家的側面をもつが，社会的企業には利用者や住民が所有と運営に関わる参加型ガバナンスをもつ形態もある。参加型ガバナンスのもとで，利用者や住民がサービス提供の意思決定過程への参加を通じて，利用者・住民本位で質の高いサービス提供が目指されると考えられている。イギリスの医療制度改革において公立病院に導入されたファンデーション・トラストは，広い意味で参加型ガバナンスをもつ社会的企業の先駆的形態・過程と位置づけることもできる。
7) 市場原理を活用したニュージーランドにおける医療制度改革においても，イギリスの改革と同様の評価がなされている。西村［2003］を参照のこと。
8) イギリスの医療制度改革について，医療における患者・住民参加施策に関する政府報

告書によると［CHI 2004］，患者・住民参加の仕組みが包括的に導入されたものの，導入された仕組みでは意思決定に影響力を与える充分な効果をもつには至っていないことが指摘されている。
9) 意思決定の質を高める手段として，集団レベル（サービスの提供・病院運営・政策に関する意思決定）と個人レベル（治療過程に関わる意思決定）の2つのレベルにおける意思決定に患者・住民の影響力を高めることが必要であると考えられている。イギリスでは，病院運営への患者・地域の参加等の集団レベルにおける仕組みの導入に加えて，個人レベルの意思決定における患者の立場・影響力を高めるために，個人レベルの取り組みである苦情処理制度の見直しが実施されている。見直しによって苦情になる以前の予防的仕組み（患者支援連携室）が構築されたが，事後的仕組みである苦情処理機関には患者の代理・代弁機能が付与されていないこと，患者支援連携室は当初の案より患者の代理・代弁人として医師や病院側と相談・交渉する機能が弱められていること等の問題が指摘され，新しい苦情処理制度においても，懸念をもったり医療事故に至った場合の治療過程の意思決定に患者の影響力を高める仕組みとしては課題もある。
10) 医業経営において，医療の非営利性だけではなく，医療の公益性に関わる検討，公益性をもった非営利企業がサービス提供する性格をめぐる検討の重要性については，田中［2006］が指摘している。

【参考文献】

伊藤善典（2006）『ブレア政権の医療福祉改革』ミネルヴァ書房
池上直己（2002）『ベーシック医療問題』日経文庫
遠藤久夫・池上直己編（2005）『医療保険・診療報酬制度（講座医療経済・政策学第2巻）』勁草書房
川上武・藤井博之・梅谷薫・山内常男編（2006）『日本の「医療の質」を問い直す』医学書院
近藤克則（2004）『「医療費抑制の時代」を超えて』医学書院
島崎謙治（2005）「わが国の医療保険制度の歴史と展開」遠藤久夫・池上直己編『医療保険・診療報酬制度（講座医療経済・政策学第2巻）』勁草書房
田中滋（2006）「わが国の医療提供体制の展開」田中滋・二木立編『保健・医療提供制度（講座医療経済・政策学第3巻）』勁草書房
田中滋・二木立編（2006）『保健・医療提供制度（講座医療経済・政策学第3巻）』勁草書房
長澤紀美子（2005）「英国NHSにおける患者・公共参加政策」『高知女子大学紀要社会福祉学部編』54巻
西村万里子（2003）「医療における競争原理の導入とアカウンタビリティの改革」『法学研究』第75号
西村万里子（2004）「NPO/政府のパートナーシップとニューパブリックマネジメン

ト型改革」塚本一郎・古川俊一・雨宮孝子編『NPO と新しい社会デザイン』同文館出版

丸尾直美・藤井良治編(2003)『医療制度改革の論点』社会経済性生産性本部・生産性労働情報センター

真野俊樹編(2003)『21世紀の医療経営——非営利と効率の両立を目指して』薬事日報社

山重慎二(2006)「医療法人制度改革と病院経営のガバナンス」『経営戦略研究』Vol.9

渡辺満(2005)『イギリス医療と社会サービス制度の研究』渓水社

Commission for Health Improvement (CHI) (2004) *Involving Patients in the NHS*

Lewis, R. (2005) *Governing Foundation Trusts: A New Era for Public Accountability*, King's Fund

Lewis, R., Hunt, P. and Carson, D. (2006) *Social Enterprise and Community Based Care : Is There a Future for Mutually Owned Organizations in Community and Primary Care?*, King's Fund Working Paper

Department of Health (2003) *NHS Complaints Reform : Making things right*

Department of Health (2006) *NHS Foundation Trusts : A Sourcebook for Developing Governance Arrangements*

Healthcare Commission (2005) *The Healthcare Commission's Review of NHS Foundation Trusts*

Talbot-Smith, A. and Pollock, A. (2006) *The New NHS a Guide*, Routledge

(西村万里子)

第5章

介護保障

1 問題の所在

　21世紀を迎え，わが国の社会福祉政策は戦後から高度成長期にかけて確立してきた体系を大きく変えようとしている。その背景には，急速に進展した少子高齢化や厳しい財政状況等といった社会経済状況の変化が強く影響しているのはたしかである。人口構造の変化を例にとってみれば，わが国は1970年に高齢化率が7％となり，1994年には14％，さらに2005年には20％を超え，高齢化が他の先進諸国では類をみない早さで進行していることがわかる。少子化に関しても，合計特殊出生率は2005年には1.26にまで落ち込み，1984年以降，改善される年がときどきあるにしても，その低下傾向に歯止めをかけられないことが大きな問題である。また，高度成長期が終焉した以後の福祉財源の公費抑制政策や1990年代の平成長期不況の到来といった経済状況の悪化は，社会福祉・社会保障分野にも大きな影響を与えることとなった。

　このような社会経済状況の変化のもと，戦後わが国の社会福祉政策の大きなターニングポイントとなる介護保険制度が2000年に導入された。介護保険制度導入は，この先さらに進むであろうと予測される高齢化に対して，重要な克服課題のひとつである介護問題を解決しようとするものである。介護保険制度の創設は，社会保障構造改革の第一歩として位置づけられることからも，わが国の社会福祉・社会保障政策上大きな意味合いをもつものとして捉えることができ，それは政府が社会福祉・社会保障政策全体の抜本的な改革を行うという意気込みのあらわれとみることもできよう。

ではなぜ，介護保険制度がわが国の社会福祉政策の転換点に位置するものとして考えられるのであろうか。結論を先に述べれば，それは介護保険制度の仕組みがこれまでの老人福祉法のもとでの措置制度とは大きく異なるからであり，その違いは介護保険制度の特徴からみてとれる。簡潔にまとめれば，利用者負担のみでなく65歳以上の高齢者からの保険料徴収開始，公的または準公的なサービス提供主体だけでなく営利企業の参入が可能となったこと，ケアマネジメント導入と利用者によるサービスの選択，利用者負担の応益負担などである。

　そこで本章の目的は，わが国の社会福祉政策上で非常に大きな意味をもつ介護保険制度創設とその仕組みについて検討し，今後，わが国の高齢者福祉，そして社会福祉政策がどのような方向へ進もうとしているのかを明らかにすることである。そのため，以下の3つの点から目的に迫ってみたい。第1に，戦後からこれまでの高齢者介護保障政策の展開過程を追うことである。それは，多くの文献によってふれられている介護保険制度の創設過程期やそれ以降の政策決定過程だけでなく，高齢者福祉創設期まで立ち返って政策動向を把握することで，介護保険制度がどのような背景のもとで登場してくるのかが明確になるからである。そしてこの検証によって，制度創設過程における制度の具体的な内容を検討することよりもさらに広く，今回の介護保険制度創設によって与えられた影響はどのようなものなのか，そしてわが国の高齢者福祉，社会福祉政策がどのような方向に向かっているのかを把握することにも役立つのではないだろうか。

　第2に，2000年に導入された介護保険制度の仕組みをそれまでの措置制度と比較しながら理解することである。そして，過去5年間の介護保険制度導入後の現状を踏まえ，「制度の持続可能性」の維持を目指した2005年改正を把握し，創設当初の仕組みとの相違を分析する。これらの分析によって，「小さく産んで大きく育てる」といわれた介護保険制度の課題が，創設当初，そして改正後においてどのよう残されているのかが把握できるであろう。さらに，それは，介護保険制度が今後どのような方向性へと進もうとしているのかを判断するためにも非常に重要である。

第3に，これまでの分析の流れを受けて，わが国の高齢者福祉，社会福祉政策がどのような流れに向かおうとしているのかを考察したい。それは，超高齢社会を迎えたわが国において，高齢期にそれぞれが望む生活を望む場所で営めるような高齢者支援とはなにかを考えるにあたって有効だと考えられるからである。

2　わが国の高齢者介護保障政策の展開

(1) 老人福祉法制定から高度成長期終焉までの高齢者福祉

　わが国の社会福祉制度は，1950-1960年代にかけてその基本的枠組みを整備し，福祉三法体制につづいて福祉六法体制が確立された。1950年代は福祉三法体制が確立されたといってもその中心は貧困者対策であり，高齢者問題は主に生活困窮者として生活保護法での対応となっていた。しかし，注目すべきことは，1950年代後半には生活保護法の養老施設において，高齢者の経済的問題だけでなく環境上の問題や身体上の問題といった新たな問題も登場し，高齢者問題は少しずつその範囲に広がりをみせるようになってきたことである[1]。また，「人口の高齢化」に対する危機意識が芽生えつつあった点，貧困者のなかの「高齢者」という分類ではなく，「高齢者」独自に対する意識が浮上しつつあった点にも眼を向ける必要がある。

　本格的な高度成長期を迎えた1960年代は，老人福祉法等を加えた福祉六法体制が確立，その後さらには児童手当法も成立するなど，社会福祉サービスが拡大・多様化する時期であった。この時期の社会福祉政策において注意をしておかなければならない報告は，1962年の「社会保障制度の総合調整に関する基本方策についての答申および社会保障制度の推進に関する勧告」である。この報告では，国民を3つの「貧困階層」「低所得階層」「一般所得階層」にわけ，それぞれの階層ごとに対応する対策を「貧困階層＝公的扶助」「低所得階層＝社会福祉」「一般階層＝社会保険」として提示する手法をとった。そして，この報告によって，わが国の社会福祉政策が政策理念上「救貧制度の社会福祉から防貧制度の社会福祉」[2]へと移行する起点となり，それは社会福祉が救貧制度か

ら徐々に分離していくことを意味したのであった。その具体例として，高齢者福祉サービスでは1961年の軽費老人ホームの設置，1962年の老人家庭奉仕員制度・老人福祉センター事業といった新規事業の予算化が行われた。これらは，高齢者問題が貧困問題以外のニーズに拡大されたことを示している。また，この時期の老人家庭奉仕員の制度化は，高齢者介護に対する対策として在宅サービスが登場しはじめたという点でも重要である。このように，生み出されつつあった高齢者に対する施設・在宅サービスは，高齢者独自の制度である老人福祉法（1963年）へとつながっていくことになる。

では，1963年に制定された老人福祉法はどのようなものであったのだろうか。その内容は，生活保護法の流れを受ける養護老人ホーム，介護サービスを提供する特別養護老人ホームや老人家庭奉仕員制度，そして軽費老人ホーム，さらには医療対策としての健康診査，老人福祉センターや老人クラブといった多様なサービス体系で構成されたものであった。これは老人福祉法が，高齢者の生活全体を支援する制度として成り立ったことを意味しているといえよう。また，施設サービスだけでなく，老人家庭奉仕員制度といった在宅サービスの法制化も重要な点であり，老人福祉法当初より施設サービスと並んで在宅サービスも登場していることを確認しておく必要がある。

このように，高齢者介護に関して老人福祉法前後から施設・在宅サービスは登場していたが，社会的に高齢者介護が注目されたきっかけは，1967年の東京都社会福祉協議会，長野県社会福祉協議会の寝たきり老人調査と1968年の全国社会福祉協議会の居宅寝たきり老人実態調査であった。また1968年の国民生活審議会調査部会老人問題小委員会「深刻化するこれからの老人問題」においても，その当時の社会福祉政策は全体の需要を満たすものからは程遠いものであると述べ，「寝たきり老人」問題からもそのサービス不足と地域格差を認めている。また，施設収容対策とならんで在宅福祉の重要性にも言及している。同様に，1970年の中央社会福祉審議会「老人問題に関する総合的諸施策について」（答申）は期限を限って必要な対策を打ち立てようとするものであったが，ここでも施設サービスと比べて在宅サービスの遅れを明確に示し，在宅サービスに対する対策の必要性を述べている。この当時には，老人家庭奉仕員制度に

加えて，1969年からの「寝たきり老人特殊寝台貸与事業」，それが拡大した1972年の「日常生活用具給付事業」が中心であったが，1971年には介護人派遣事業，在宅老人機能回復訓練事業，老人電話相談センターの設置も行われ，高齢者介護に関する政策が整備される時期であった。

このように，高度成長期後半には貧困問題の解決はさることながら，高齢者介護の問題も大きく取り上げられた。また，この時期においては，先の国民生活審議会報告でも「老人に対する医療費の一部負担の減免」が当面の課題として掲げられるように，高齢者医療にも関心が高まり，依然として残される高齢者の医療費負担の解決が求められた。その事情を反映して，1969年には東京都で老人医療費の無料化政策が打ち出され，1972年には老人福祉法上の健康診査にかわって，老人医療費支給制度が規定されることとなった。これによって，老人福祉と医療保険との接点ができ，高齢者は医療サービスを受けやすくなったのである。そして，この老人医療費支給制度創設によって老人医療政策が急速に進行し，さらには老人福祉のとりわけ介護にかかわる部分が老人医療のなかに吸収されはじめることになる。

（2）高齢者介護保障政策の広がりと介護保険構想の登場

1970年代後半から80年代半ばにかけては，老人福祉および老人保健・医療分野において大きな変化がおとずれた。それは老人福祉での福祉見直し論の登場と老人保健・医療での老人医療費支給制度から老人保健法への展開過程である。結果を先に述べれば，徐々に高齢者介護が老人福祉から老人保健・医療へと広がる時期といえる。

老人福祉では，「地域福祉」という概念が本来のかたちとしてではなく，福祉見直し論を推進する戦略として社会福祉改革の中心に位置づけられ，それは老人福祉においても公費の縮減を行おうという目的で利用されることになった。また，1973年に創設された老人医療費支給制度は，先にも述べたとおり，高齢者が医療サービスにアクセスしやすくなっただけでなく，本来ならば介護など老人福祉で提供されるはずの部分までも老人医療が取り扱う事態を生み出した。その結果，老人福祉全体を医療重視の方向へ導くこととなった。このよ

うに，老人福祉では福祉見直し論による公費抑制政策が進められる一方で，老人医療費支給制度のような公費を支出する政策が共存しあうという状況が生み出され，高齢者介護に混乱が生じてくることになるのである。その後，老人医療費支給制度は，本来の目的とは違う介護等にかかわる費用によって老人医療費の増大を招いた。その結果，1982年には老人保健法へ切り替えられ，老人医療費支給制度は10年で幕を閉じることとなった。

そして，1980年代前半から後半への流れは，新しい介護保障システムの構築へとつながっていくことになる。その背景には，福祉見直し論を基礎としその目指す目標として位置づけられた日本型福祉社会の限界，とくにその重要な柱である家族介護の限界が挙げられる。そして，老人保健法も老人医療費増大を抑制する効果を思うようには出せなかった。また，老人福祉・老人保健・医療間での抜本的改革も行われないまま介護サービスを提供を行っていたため，制度間での利用手続きや費用負担面での差が生じてしまったことも問題であった。

ここで確認しておくべきことは，1987-88年頃から新しい高齢者介護保障システムとして，医療保険制度のような社会保険方式の案が提示されていたことである。それは，1988年の厚生省政策ビジョン研究会「変革期における厚生行政の新たな展開のための提言」や1989年の全国社会福祉協議会「介護費用の社会的負担制度のあり方を求めて（介護費用の社会的負担制度のあり方検討委員会中間報告）」の報告書など，いくつかのレベルで提案されつつあったことからわかる。[3]

そして，そのことがはっきりしてくるのは，1989年に旧厚生省内に設置された介護対策検討会によって出された「介護対策検討会報告」において，新しい介護保障システムのひとつの方法として社会保険方式が提案されてくるころからである。さらに明確になるのは1992年の旧厚生省老人保健福祉部の部長，担当審議会，各課長，課長補佐ら幹部で構成された「高齢者トータルプラン研究会報告」においてであり，ここでは現在の介護保険制度に通じる案（保険料と公費負担が50%ずつ）が提案されている。この介護保険構想が具体化する方向で動き出すのは1994年の国民福祉税構想の頓挫後であるが，1980年代後半に新しいシステムの素地が作られていたことは確認すべき点である。[4]このように，戦

後から老人福祉の領域で続いてきた措置制度をそれまでの利用者負担増大というかたちで対応するのではなく，高齢者を被保険者として位置づけた社会保険方式へと変更しようとする動きは，わが国の社会福祉・社会保障政策における大転換の前ぶれあったといえよう。

一方，1988年に旧厚生・労働省が今後の社会保障の施策に関する基本的考え方として，その目標を具体化した「長寿・福祉社会を実現するための施策の基本的な考え方と目標について（いわゆる「福祉ビジョン」）」，1989年の福祉関係三審議会合同企画分科会の「今後の社会福祉のあり方について」と題する意見具申等の提出の流れを受けて，同年12月には旧厚生・大蔵・自治三大臣合意というかたちで「高齢者保健福祉推進十か年戦略（ゴールドプラン）」が策定されたことも特筆すべきことである。

（3）介護保険制度の創設過程

では，介護保険制度が実際にかたちづくられていく過程をみてみよう。介護保険制度は，本格的に検討されはじめた1994年から1997年の介護保険法関連三法案可決までの間に，紆余曲折しながら生み出されていく。

国民福祉税構想頓挫後，1994年3月に高齢社会福祉ビジョン懇談会が『21世紀福祉ビジョン――少子・高齢社会に向けて』を発表した。その報告書のなかで高齢者の介護問題は「国民誰もが，身近に，必要なサービスがスムーズに手に入れられるシステム」を構築する必要があるとし，新しい介護保障システムの構築と新ゴールドプランの策定が提言されている。そして，21世紀福祉ビジョンの策定により，旧厚生省は「高齢者介護対策本部」を設置し，次第に新しい介護保障システムの構築における中心的な役割を果たしていくことになった。また同年9月に社会保障制度審議会が「社会保障将来像委員会第二次報告」をまとめ，新しい介護保障システムは社会保険方式で行うとする介護保険制度案が取り上げられはじめた。

続く12月には，高齢者介護・自立支援システム研究会がその後の介護保険制度のイメージに大きな影響を与えることになった「新たな高齢者介護システムの構築を目指して」をまとめた。ここでは，「高齢者の自立支援」を基本理念

におき，「高齢者が必要とする介護サービスを必要な日に，必要な時間帯に，スムーズに受けられ，一人暮らしや高齢者のみ世帯の場合であっても，希望に応じ，可能な限り在宅生活を続けられるような生活支援を行う」新しい介護保障システムの創設を提言した。この報告書でも，新しい介護保障システムの財政方式は，社会保険方式に基礎をおくシステムが最も適切であると述べている。しかし，この研究会報告でイメージされた介護保険制度と，その後作り出されるものとの間には非常に大きな隔たりがあり，それが介護保険制度の全体像を不透明にしてしまった一因ともいえる。

　その後，本格的に高齢者の介護問題に関する審議が老人保健福祉審議会で行われ，1995年7月には「新たな高齢者介護システムの確立について（中間まとめ）」を旧厚生大臣に提出した。この報告書は，先の高齢者介護・自立支援システム研究会の方向性を維持し，高齢者介護問題の検討にあたっての論点整理を行ったものであったが，具体的な内容については今後の検討に委ねられた。同じ7月には社会保障制度審議会「社会保障体制の再構築——安心して暮らせる二十一世紀の社会を目指して」が提出され，ここでも公費を組み入れた社会保険方式の介護保障システムを提案が行われている。

　老人保健福祉審議会は中間まとめ以後も新しい介護保障システムの検討を続け，1996年1月には「新たな高齢者介護制度について（第二次報告）」をまとめた。この第二次報告では，新しい高齢者介護制度は，適切な公費を組み入れた社会保険方式で行うのが適当であるという中間報告からの考えに沿って，具体的な内容，水準，利用手続き，介護サービスの基盤整備のあり方について主要な事項をとりまとめたものである。その後さらに，保険者や費用負担など制度の具体的なあり方を中心に審議が続けられ，最終的にまとめられたのが最終報告「高齢者介護保険制度の創設について——審議の概要・国民の議論を深めるために」である。しかし，この最終報告においても保険者，被保険者・受給者，家族介護への現金支給など制度の基本的な一部分に関しては結局意見がまとまらず，両論併記のままの報告となってしまった。

　このような最終報告を受けた旧厚生省だったが，なんとか介護保険制度試案を作成し，同年5月14日に与党福祉プロジェクトチーム，5月15日に老人保健

福祉審議会へ提出，説明を行った。この試案は，保険者を「市町村および特別区」，被保険者を「40歳以上65歳未満」と「65歳以上」の2種類に分け，給付対象を高齢者に限定（ただし，初老期痴呆等の場合には若年者にも給付を行う）したもので，旧厚生省の従来の方針（給付対象は65歳以上，被保険者は20歳以上）とはかなり違っているものであった[7]。また，保険料負担の問題からサービスの段階的実施を提案し，それは1999年度から在宅サービスを，2001年度を目途として施設サービスを開始するというものであった。

その後，旧厚生省は制度案要綱の諮問にむけて最終的な調整に入ったが，保険者の市町村や経済界からの反発が大きくその調整は難航した。旧厚生省は試案を修正，同年5月30日に市町村の負担を軽減する措置を盛り込んだ「介護保険制度修正試案」を作成し，老人保健福祉審議会，与党福祉プロジェクトチーム，社会保障制度審議会へ諮問した。そして，6月6日にこの修正試案とほぼ同じ内容のものを「介護保険制度案大綱」として老人保健福祉審議会・社会保障制度審議会へ諮問し，両審議会より了承する答申を受けている。そして，旧厚生省は国会への介護保険法案提出に向け関係方面と折衝を行ったが調整がつかず，6月17日の臨時の与党責任者会議で次期国会に提出することが決定された。

国会への法案提出が延長された以降も，この与党合意事項における懸案事項の解決をはかるため，与党政策調整会議にワーキングチームが設置され，全国6ヶ所で公聴会が開かれた。9月19日には「介護保険法要綱案に係る修正事項」を与党責任者会議が了承し，同日，引き続き開かれた政府・与党首脳連絡会議で最終決定した。この「介護保険法要綱案に係る修正事項」では，サービス提供の同時開始，財政安定化基金の設置，家族介護への現金支給の見送りなどが盛り込まれ，全国市町村会，全国町村会もおおむね了承したうえで，さらに検討を加えるべき事項を要望した決議を両会の連名でまとめた。反発の強かった市町村などとも調整がつき，旧厚生省は次期国会に向け法案に作成にとりかかったにもかかわらず，9月27日に招集された第137回臨時国会で衆議院は解散となった。

橋本内閣の発足後，11月29日には第139回臨時国会が召集され，介護保険関

連三法案がようやく提出されたものの継続審議扱いとなり，第140回通常国会の衆議院厚生委員会で介護保険関連三法案が実質審議入りした。この第140回通常国会には，「健康保険法の一部を改正する法律案」も提出されており，その影響を受けて介護保険関連三法案の審議は一時中断となった。その後，ようやく1997年5月8日に「健康保険法の一部を改正する法律案」が衆議院を通過したことから，5月14日に介護保険関連三法案の審議が再開され，5月22日に同法案は衆議院本会議で賛成多数で修正可決のうえ，参議院に送付された。6月13日に参議院厚生委員会に付託されたのち第一回目の集中審議を行ったが，翌日に通常国会は閉会となり，またもや同法案は継続審議扱いとなった。

そして，同年9月29日に第141回臨時国会において介護保険関連三法案に関する集中審議が参議院厚生委員会で行われ，12月2日には同法案を一部修正のうえで可決した。そして，翌日参議院本会議で可決されたのち，12月9日には衆議院で可決，ついに法案は成立した。

しかし，成立した介護保険法は，衆議院や参議院で多くの付帯決議がつけられての成立であったことから，制度スタートの見切り発車感は否めない状況であったうえ，制度の詳細な内容，要介護認定，保険料額，介護報酬などはこの時点でも不透明なままであった。また，1998年10月に全国町村会，12月には全国老人ホーム関係者会議も介護保険制度の見直しや実施延期といった要望を出しはじめ，国民側からも不安視する声の高まりもあって，1999年11月には政府・与党も介護保険特別対策を打ち出さざるをえなくなった。介護保険特別対策の内容は，第1号被保険者の保険料半年凍結（2000年4‒9月の半年は凍結，その後1年間は半額とされ，残りの半額は国庫負担として交付），利用者負担の軽減などであった。このような特別対策は，制度導入をスムーズに進めるための一時的なもので制度の抜本的改革というものではなく，介護保険制度が2000年から導入されることに何らかわりはなかった。

3　2000年に導入された介護保険制度とその課題

それでは，これまでの老人福祉法での措置制度と介護保険制度はどのような

点が異なるのか，また介護保険制度独自の特徴は何なのかを把握するため，2000年に導入された介護保険制度の内容をまとめておこう（**図表5-1**）。後に述べるが，この作業は2005年介護保険制度改正を理解する際にも非常に重要である。断っておくが，ここでは2000年に導入された介護保険制度の理解であるため，2005年改正の内容はふれていない。

　まず，介護保険制度の被保険者についてみてみよう。国は，介護保険制度を「第5の社会保険」として位置づけているが，その財源は保険料と公費のそれぞれ50％ずつで構成されている。市町村国民健康保険制度においても同様であるが，公費をどの程度まで投入した場合に社会保険方式と呼べるのかは難しい問題といえよう。しかし，とりあえず社会保険方式と理解した場合には，当然，保険を運営する保険者とその保険に加入する被保険者が存在する。介護保険制度の保険者は市町村および特別区であり，被保険者は第1号被保険者（市町村に住所を有する65歳以上の者）と第2号被保険者（40歳以上65歳未満の医療保険加入者）の2種類である。先の介護保険制度創設過程においても確認したように，介護保険制度の保険者と被保険者をどのように定めるかは議論が集中したところであり，老人保健福祉審議会では最終報告においても絞り込むことができなかった。保険者においては国民健康保険の二の舞を懸念し，また地方分権の流れのなかで押し寄せる業務の増大に対してもその限界を訴える市町村の抵抗は非常に厳しいものであった。被保険者の範囲に関しても，介護保険制度当初から若年障害者をその範囲に含めるかどうかで大きな議論が起こり，制度導入後の今もなお今後の検討課題として残されている。

　ここで確認しておかなければならないことは，介護保険制度は40歳以上の者が加入することになっているが，この被保険者を構成している第1号被保険者と第2号被保険者とでは大きな違いがある点だ。その相違の1つ目は，保険料設定や拠出方法である。被保険者は保険料を拠出し市町村ごとの介護保険制度へ加入することになるが，この保険料設定・拠出方法において第1号被保険者と第2号被保険者とではいくつかの点で異なっている。まず65歳以上の第1号被保険者は，所得段階別の定額保険料（原則5段階）であり，保険料拠出方法は全体のほぼ8割が特別徴収（年金からの天引き），残りの2割が普通徴収とな

図表 5-1　創設当初の介護保険制度の仕組み

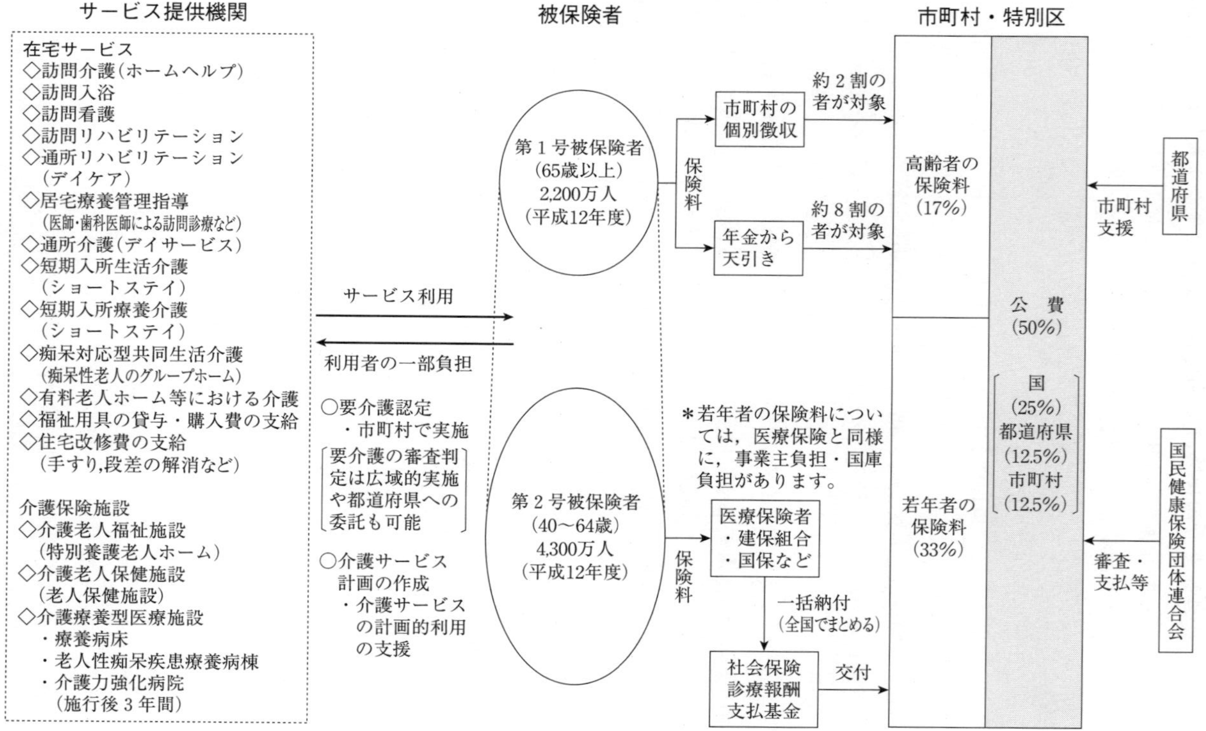

サービス提供機関

在宅サービス
◇訪問介護（ホームヘルプ）
◇訪問入浴
◇訪問看護
◇訪問リハビリテーション
◇通所リハビリテーション（デイケア）
◇居宅療養管理指導（医師・歯科医師による訪問療養など）
◇通所介護（デイサービス）
◇短期入所生活介護（ショートステイ）
◇短期入所療養介護（ショートステイ）
◇痴呆対応型共同生活介護（痴呆性老人のグループホーム）
◇有料老人ホーム等における介護
◇福祉用具の貸与・購入費の支給
◇住宅改修費の支給（手すり、段差の解消など）

介護保険施設
◇介護老人福祉施設（特別養護老人ホーム）
◇介護老人保健施設（老人保健施設）
◇介護療養型医療施設
　老人性痴呆疾患療養病棟
　介護力強化病院（施行後3年間）

被保険者

第1号被保険者
65歳以上
2,200万人
（平成12年度）

第2号被保険者
40～64歳
4,300万人
（平成12年度）

サービス利用
利用者の一部負担

◇要介護認定
・市町村で実施
・要介護の審査判定は広域的実施や都道府県への委託も可能

◇介護サービス計画の作成
・介護サービスの計画的利用の支援

市町村・特別区

保険料

市町村の個別徴収（約2割の者が対象）
年金から天引き（約8割の者が対象）

高齢者の保険料（17%）

公　費（50%）
（国（25%）
都道府県（12.5%）
市町村（12.5%））

若年者の保険料（33%）

＊若年者の保険料については、医療保険料と同様に、事業主負担・国庫負担があります。

医療保険者
・健保組合
・国保など

一括納付（全国でまとめる）

社会保険診療報酬支払基金

交付

都道府県 → 市町村支援

国民健康保険団体連合会 → 審査・支払等

出所：厚生労働省監修（2001）『平成13年版厚生労働白書』ぎょうせい、435頁。

っている。一方，第2号被保険者の保険料設定は，各医療保険者が計算する医療保険料と同様の計算方法をとり，その拠出方法は医療保険者が医療保険料とともに徴収し，一括して社会保険診療報酬支払基金へと納めるかたちとなっている。第1号被保険者の保険料は，年金保険者から自動的にその住民の市町村へ納められ，第2号被保険者はいったん社会保険診療報酬支払基金にプールされ，そこから市町村の介護保険財政の規模に応じて配分される。

このように，介護保険制度はそれまでの措置制度とは異なり，高齢者を被保険者とし保険料を拠出する主体として位置づけ，サービスを受給するのみの対象から保険料負担を行いサービスを購入する主体へと転換させたことは非常に大きな意味をもつといえる。それは介護保険制度が社会保障構造改革の第一歩として位置づけられるひとつの大きな理由であるともいえよう。そして，保険料徴収では年金からの天引きという新たな方法を作りだし，市町村が懸念する保険料未納問題を解決する秘策を実施した。この高齢者から保険料を徴収し，年金からの天引きで保険料徴収を行う仕組みは，のちに検討される後期高齢者医療制度にも取り入られることになる。また，40歳以上の被保険者に対しては，医療保険料とともに介護保険料を徴収する方式にすることによって被保険者の保険料未納を防いだ。そのため，介護保険料の収納率はほぼ100％に近い状況の達成を可能としたのである。

介護保険制度上の被保険者による違いの2つ目は，サービス利用の条件である。第1号被保険者は原因がどのようなものであれ，介護が必要である状態と認められた場合であれば，介護保険制度から保険給付として介護サービスを利用することができるが，第2号被保険者が介護保険制度より保険給付を受ける場合は，特定疾病である15疾病が原因で介護が必要となった場合にのみサービスを利用することが可能となる。つまりそれは，第1号被保険者であれば脳血管障害であっても交通事故であっても，要介護状態であれば介護保険制度の保険給付は受けられるが，第2号被保険者では交通事故の場合はサービスは受けられず，障害者福祉のサービスを利用することとなるのである。[8] このように，同じように保険料を支払いながら，そのサービス利用において条件が異なるのは，介護保険制度が「加齢」による介護に対する保険給付を行うこととして設

定されているからである。

　さらに，サービスの利用について詳しくみてみよう。措置制度のもとでは，自らが望むサービスを選択することの難しさが問題点として挙げられていたが，介護保険制度では契約方式を基本とし利用者が望むサービスを選択することが可能とされた。しかし，その利用者のサービス選択には制度創設当初からいくつかの問題が予想され，現在もその問題は残されている。第1は，サービス量の問題である。現実的には選択できるほどサービスの種類や量がない地域もあり，創設当初より懸念されていた「保険あって給付なし」の状況も依然として存在している。介護保険制度では多種多様なサービスを増やすために，営利企業の参入が認められた。これまでも措置制度のもとでは限られた範囲ではあるが民間事業者などへも措置委託され，そのサービス提供主体は少しずつ開かれていたが，[9]介護保険制度では条件を満たすという点だけで幅広く営利企業の参入を認めたことがこれまでのサービス提供主体との内容と大きく違うものである。そして，4兆円や8兆円といわれる高齢者介護サービス市場が期待され，シルバーサービスが雇用の側面からも新たな利益を生み出す分野として注目されたのである。

　しかし，当然であるが営利企業は利益のあがらない地域には参入せず，またいったん参入しても利益が思うようにあがらなければ撤退する状況が起こってきた。また，訪問入浴介護のようにサービスによっては非常にコストがかかるもの，短期入所生活介護（ショートステイ）のようにベットをあけておくと利益につながらないものなど，経営面の問題からサービスが増えないこともある。

　ところで，利用者が介護保険制度のサービスを利用する場合には，必ず市町村へ要支援認定・要介護認定（以下，「要介護認定」とする）を受ける必要がある。この要介護認定のランクは，要支援，要介護1-5の6段階となっており，全国統一された基準で行われている。要介護認定を受けた後，それぞれの要介護度の支給限度基準額内であれば1割負担でサービスを利用でき，サービス利用の際には介護支援専門員とケアプランを作成することが必要である。[10]ここで，介護保険制度の最も重要な特徴のひとつとしてケアマネジメントが挙げられる。ケアマネジメントは，介護保険制度上の専門職である介護支援専門員[11]

が，サービス利用者の自立した日常生活を支援するために，相談に応じ，サービス提供主体との連絡調整等を行う技術である。このケアマネジメントの導入によって，介護保険制度がソーシャルワークの視点に基づいた高齢者の自立支援が行える制度として位置づけられたのであるが，実際は介護保険制度上で提供される「介護」と本来のソーシャルワークの視点から提供される「介護」の間にはズレがあり，そのズレが市町村，利用者，サービス提供主体を混乱に陥れているのである。[12]

このように，2000年に導入された介護保険制度は，これまでの老人福祉法で行われていた措置制度の仕組みとは異なり，社会保険方式・契約方式のもとで利用者がサービスを選択し利用する仕組みであった。しかし，導入された介護保険制度は当初に国民が思い描いてたようなものであったとはいい難く，サービス選択，保険給付の支給限度基準額，利用者負担など予想どおりの課題が残されたままの出発となったのである。

4　介護保険制度創設以後の動きと5年間の現状分析

（1）介護保険制度創設以後の動き

介護保険制度は1997年に介護保険法が成立した際に，その附則第2条として，要介護者等に係る保健医療サービスおよび福祉サービスを提供する体制の状況，保険給付に要する費用の状況，国民負担の推移，社会経済の情勢等を勘案し，並びに障害者福祉に係る施策，医療保険制度等との整合性および市町村が行う介護保険事業の円滑な実施に配意し，被保険者および保険給付を受けられる者の範囲，保険給付の内容および水準並びに保険料および納付金の負担のあり方を含め法施行後5年を目途としてその全般に関して検討を行い，必要な見直しを行うことが規定された。このような規定を背景に，2005年には介護保険法の改正が行われた。そこで，2005年改正にふれる前に，それまでの保険料や介護報酬改定などについてその制度変更をみてみよう。

2003年には，市町村における第2期事業計画（-2005年度）の策定と市町村における第1号被保険者の保険料見直しが行われた。市町村は，介護保険事業計

画を5年を1期として策定し（3年ごとに見直し），保険料は原則的に中期財政運営方式という方法をとり3年ごとに改正しなければならない。第2期保険料設定には，給付費の増大が影響した。そのため，保険者全体の8割の団体が保険料増となり，全国平均では月額平均2911円から3293円へと13.1％引き上げとなった。また，高額保険料市町村は，第1期と比べると4000円超-4500円以下の市町村が1団体から142団体へ，4500円超-5000円以下の市町村が0団体から46団体へ，5000円超-5500円以下の市町村が0団体から6団体へ，5500円超-6000円以下の市町村が0団体から3団体と増えた。

　あわせて，2003年には介護報酬改定が行われ，全体ではマイナス2.3％（在宅はプラス0.1％，施設はマイナス4.0％）の改定であった。この背景には，介護保険制度の目標であった「施設から在宅へ」の流れと逆行し，食事代の標準負担，光熱費等が組み込まれた介護報酬の設定により在宅介護での負担よりも施設介護での割安感・安心感を求めた被保険者やその予備軍が施設入所を希望し，施設サービスの増大を招いたことを修正するためであった。

　制度全般にわたる見直しのために，厚生労働省は2003年5月に社会保障審議会に介護保険部会を設置した。また，2004年1月には法附則第2条に基づき2005年に予定されている介護保険制度改革について，福祉，医療，年金など制度横断的な関連諸施策の総合的な調整を行うため厚生労働省に介護制度改革本部をおき，本格的な介護保険制度の見直しに関する検討を開始した。この過程において再び浮上した案が，介護保険制度と障害者福祉分野の支援費制度との統合案である。これは，介護保険制度の被保険者を20歳以上まで拡大し，若年障害者も介護保険制度へ含めようとするものであった。一方，2004年7月30日には介護保険部会の取りまとめである「介護保険制度の見直しに関する意見」では，被保険者・受給者の範囲については，積極的な考え方と消極的な考え方の両論が併記され，今後引き続き議論を積み重ねていくとされた。厚生労働省はその後も被保険者拡大を目指して改革大綱の作成を考えていたようだが，与党内，経済財政諮問会議でも慎重論の声は大きく，12月10日の介護保険部会報告「『被保険者・受給者の範囲』の拡大に関する意見」でも結論を控え，結局この統合案は見送ることになった。

しかし，障害者福祉分野の支援費制度に関しては，実施１年ですでにその財政状況の悪化が露呈しており，このままの状態を維持することが難しいのは誰の目からも明らかであった。そのため，介護保険制度と支援費制度の統合見送りがほぼ難しくなった状況から，2004年10月に厚生労働省は「今後の障害保健福祉施策について──改革のグランドデザイン案」を社会保障審議会障害者部会に提示した。そして，2005年２月には障害者自立支援法案として閣議決定され，第162回通常国会に提出された。

　ところで，もうひとつ介護保険制度改正に関して確認しておくべきことは，2003年６月に高齢者介護研究会がまとめた「2015年の高齢者介護──高齢者の尊厳を支えるケアの確立に向けて」が2005年改正案の基礎となっていることである。高齢者介護研究会は，厚生労働省老健局長の私的研究会で「平成16年度末を終期とする『ゴールドプラン21』後の新たなプランの策定の方向性，中長期的な介護保険制度の課題や高齢者の介護のあり方」について検討するために2003年３月に設置された。その報告をみると，「戦後のベビーブーム世代」が65歳以上になりきる2015年までに実現すべきことを念頭において，これから求められる高齢者介護の姿について述べられている。また，「高齢者の尊厳を支えるケア」の実現を目指すことを基本に据え，「介護予防・リハビリテーションの充実」「地域包括ケアシステムの確立」などといった，この報告書で述べられている方策がほぼそのまま2005年介護保険制度改正に盛り込まれたのである。

　このような介護保険制度創設以後の動きを経て，2005年２月８日に障害者自立支援法案と同じ第162回通常国会へ介護保険制度改革関連法案（①介護保険法施行法の一部を改正する法律案，②民間事業者による老後の保健および福祉のための総合的施設の整備の促進に関する法律〔WAC法〕の一部改正，③介護保険法等の一部を改正する法律案）が提出され，同年６月22日に成立するに至った。

（２）５年間における介護保険制度の現状分析

　それでは，介護保険制度施行後の現状を大きくサービス利用者，サービス提供主体，運営主体の３つの視点からみてみよう。まず，サービス利用者の状況である。「平成17年度介護保険事業状況報告（年報）」によれば，全体的な要介

護認定者数は256万人（2000年度末）から432万人（2005年度末）へと約1.7倍に増加している。そのうち，要支援者が32万人から72万人へと約2.3倍，要介護1が70万人から142万人へと約2倍の増加である一方，要介護4が36万人から52万人，要介護5が34万人から47万人へとともに約1.4倍の状況からみても，軽度者の増加が著しいとわかる。

　また，サービス受給者数（1ヶ月平均）では，2000年度末には居宅介護サービスが124万人（67.2％），施設介護サービスは60万人（32.8％）であったものが，2005年度末では居宅介護サービスが258万人（76.7％），施設介護サービスが79万人（23.3％）と居宅介護サービスの受給者数が著しく増加している。

　さらに，サービス利用状況を年次推移でみてみよう。[13] 先ほどみたように，介護保険制度施行後，サービス利用が増大している層は軽度者（要支援・要介護1・2）が多かったことがわかった。そこで要介護度別のサービス利用状況，主に居宅介護サービスを中心にみてみよう。2003年，2004年とも要支援者や要介護1で，最も多いのは訪問介護，ついで通所介護，福祉用具貸与の順となっており，要介護2では訪問介護，通所介護，福祉用具貸与がほぼ同じ割合となっている。そして，要介護3・4では福祉用具貸与が最も多く，ついで通所介護と訪問介護が同じ割合程度であり，要介護5では福祉用具貸与，ついで訪問介護，そして訪問看護の順となっている。2003年でみると，訪問介護の利用内容は，要支援，要介護1では6-8割が生活援助中心型，要介護4・5では6-7割が身体介護中心型となっている。また，年度別給付費の推計（1ヶ月平均）から施設サービスと居宅サービスの構成状況をみてみると，2000年度末では施設サービスが66.1％，居宅サービスが33.9％であったものが，2005年度末には施設サービスが48.1％，居宅サービスが51.9％と，ほぼ同じ割合へと変化している。

　ところで，介護保険制度では，被保険者は要介護認定を受け，その要介護度に応じて決めれられた支給限度基準額内であれば，1割の自己負担でサービス利用が可能となる仕組みである。介護保険制度において利用者負担は，これまでの所得に応じた応能負担から，原則的に所得に関係なく受けた利益で支払う応益負担へ切り替えられることとなった。そこで，利用者はどの程度のサービ

スを利用しているのかみてみよう。2004年5月サービス分における居宅サービスの支給限度基準額に対する要介護度別の平均利用率をみてみると、要介護5・4がともに51.1％、要介護3が48.2％、要介護2が45.2％、要介護1が35.8％、要支援が47.8％となっており、全体的におおむね4-5割程度の利用率となっている。前年度の2003年5月サービス分と比較すると、2004年は数値が全体的に1-2％程度高くなっているだけで全体的な傾向は同じである。[14] この点については今後さらに詳細な検討が必要となってくる。それは、この程度のサービス利用で本当に日常生活に事足りているのかということである。支給限度基準額は「諸外国と比較しても遜色ないものとなっている」と述べられていることから[15]、サービスが十分ありあまるほど提供されているとは考えにくいため、利用者負担などなんらかの理由でサービス利用に抑制が働いているのか、その背景をさぐる必要があるといえよう。

このように、介護保険制度創設によって要介護認定者数は増大し続け潜在的なサービス利用者の掘り起こしを可能にしたといえるが、一方で支給限度基準額の平均利用率をみてみると、本当に要介護者が十分なサービスを利用して生活しているのかは疑問が残るところである。

続いて、サービス提供主体の変化をみてみよう。「平成17年度介護保険事業状況報告（年報）」によれば、居宅サービス事業所は、2005年度では訪問介護が2万618事業所、通所介護が1万7652事業所となっており、介護保険施設では介護老人福祉施設が5535施設、介護老人保健施設が3278施設となっている。

各サービス事業者数の増減率について2000年と2005年（各年10月1日現在）を比較すると（**図表5-2**）、最も増加率が高いのは認知症対応型共同生活介護の約10倍、また2倍以上になったサービスは福祉用具貸与の約2.4倍、通所介護の約2.2倍、訪問介護の約2.1倍である。そのほかのサービスは、居宅介護支援の約1.6倍を除くと、ほぼ1.1-1.4倍程度となっている。また、前年の2004年と増減率を比較すると、特定施設入所者生活介護（52.1％）、認知症対応型共同生活介護（30.0％）、通所介護（19.9％）、訪問介護（19.4％）、福祉用具貸与（17.2％）などが高くなっている。

さらに、居宅サービス事業所を開設主体別にみると、「営利法人（会社）」が

図表 5-2　事業所数の年次推移

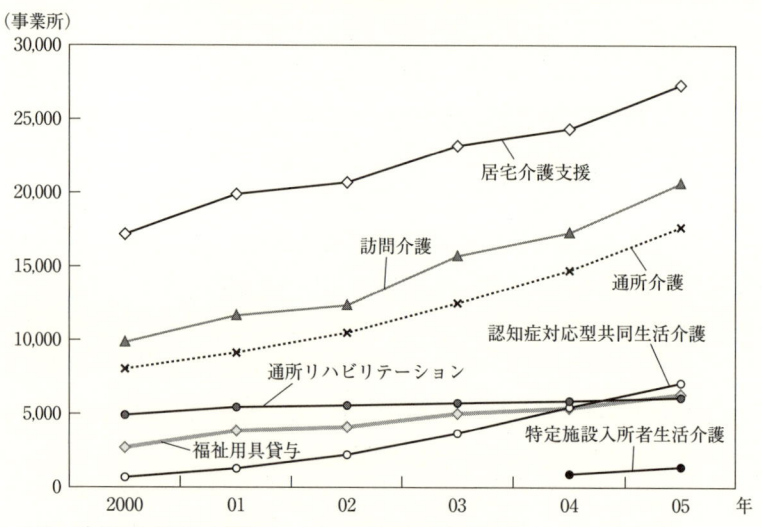

(事業所)

グラフ内ラベル：居宅介護支援、訪問介護、通所介護、認知症対応型共同生活介護、通所リハビリテーション、福祉用具貸与、特定施設入所者生活介護

出所：厚生労働省「平成17年介護サービス施設・事業所調査結果の概況」
(http://www.mhlw.go.jp/toukei/saikin/hw/kaigo/service05/kekka1.html) から一部抜粋。

　最も多いのは福祉用具貸与 (88.6%)，ついで特定施設入所者生活介護 (79.5%)，訪問介護 (53.9%)，認知症対応型共同生活介護 (50.5%)，の順となっている。「営利法人（会社）」が全体に占める割合について，2000年と2005年を比べると認知症対応型共同生活介護が約30％増，訪問介護が約20％増となっている。また，「社会福祉法人」の割合が多い順では，短期入所生活介護 (88.7%)，訪問入浴介護 (58.4%)，通所介護 (49.3%) であり，「医療法人」の割合が多い順では，短期入所療養介護 (75.3%)，通所リハビリテーション (74.8%)，訪問看護 (46.4%) である。

　最後に，運営主体である保険者の状況をみてみよう。保険の給付費（利用者負担を除く）についてみると，3兆2427億円 (2000年度末) から5兆7943億円 (2005年度末) へと約1.8倍になっており，対前年度 (2004年度累計) と比較すると2349億円増 (4.2%増) である。この保険給付の財源は保険料と公費からなるが，とくに保険料は中期的財政運営から3年ごとに事業計画に定めるサービス

費用見込額等に基づき，3年間を通じて財政の均衡が保たれるように設定される。第1号被保険者の保険料（全国平均）を各期ごとにみてみると，第1期（2000-2002年度）では2911円／月であったものが，第2期（2003-2005年度）3293円／月，さらに第3期（2006-2008年度）では4090円／月と期間ごとに高くなってきている。また，保険料基準額の分布をみてみると，最も高い市町村は6001円以上が第3期では1団体，最も低い市町村は2001円以上-2500円以下が第3期では14団体となっている。また，保険者の財政安定化をはかるため，市町村の事業計画における見込みを上回る給付により費用の不足が生じた場合には，都道府県に設置された財政安定化基金から借り入れし，次期事業運営期間に償還する仕組みをとっている。財政安定化基金から借り入れを行っている市町村・広域連合は，2003年度末には170団体，2004年度末には341団体，2005年度末には423団体にまで上っている（各年度末累計）。

5 2005年介護保険制度改正の概要と課題

わが国の社会経済状況の変化を背景に，国民の不安要因のひとつである高齢期の介護問題を解決するため「介護の社会化」「高齢者の自立支援」を掲げ創設された介護保険制度も，制度創設前後から常にそれを維持するための財源をどのように調達するかに焦点が当てられていた。さらに，介護保険制度導入によって介護サービスの利用者が増加し，財政状況の厳しい保険者の増大などから，財源調達の問題は避けられなくなっている。そのため，保険料を支払う被保険者を増やし，保険料の徴収を増やそうという目的で障害者福祉との統合も再び浮上してきた。このように，財源調達は当然その制度維持にとって非常に重要なポイントではあるが，結局は利用者にとって不利益となるような，また高齢者の自立支援を行うことが難しい制度となってしまっては意味がない。このような財源のみに偏った制度の検討で，本来の高齢者の自立支援が行える仕組みを作りだしていくことが可能なのであろうか。そこで，介護保険制度初の大改正となる2005年改正において，介護保険制度の仕組みがどのように変化したのかをみてみよう。

まず，2005年改正は見直しの基本的視点として，①明るく活力ある超高齢社会の構築，②制度の持続可能性，③社会保障の総合化，の3点が掲げられた。この3つの見直しの基本的視点をもとに，制度の理念である高齢者の「自立支援」，「尊厳の保持」を基本としつつ制度の持続可能性を高めていくために，具体的には①予防重視型システムへの転換，②施設給付の見直し，③新たなサービス体系の確立，④サービスの質の向上，⑤負担の在り方・制度運営の見直し，の柱に沿っての改正となった（**図表5-3**）。

　それでは，今回の改正について「介護予防」と介護保険制度全体のシステムのあり方，費用問題，サービス提供主体の3つの側面から確認しよう。まず，今回の改正で最も重要な「介護予防」と介護保険制度全体のシステムのあり方に関してである。この背景として，前出した介護保険部会報告「介護保険制度の見直しに関する意見」においても，「新たな課題への対応」のためにその基本となる「サービスモデル」の転換が必要であることが述べられていた。創設当初の介護保険制度で基本となったサービスモデルは1990年代から形成されてきたものであり，それは①「介護」モデル，②「身体ケア」モデル，③「家族同居」モデルであると，この報告書では指摘された。そして，今後のわが国で予想される変化は従来のモデルにも変革をもたらすことになるため，今後は①「介護＋予防」モデル，②「身体ケア＋痴呆ケア」モデル，③「家族同居＋独居」モデルへの転換が求められるとしているのである。ここで想起しておくべきことのひとつは，介護保険制度が導入される当初の議論においても「予防」や「独居」といった視点が盛り込まれていたことである。それは，高齢者介護・自立支援システム研究会報告において「予防とリハビリテーションの重視」が新しい介護システムの基本的な考え方のひとつとして掲げられていたことからも理解できよう。そのため，この時期になって初めて認識されたわけではなく，本来ならば，その意義や内容が盛り込まれた制度設計を創設当初から行うべきであったといえる。

　そして，「予防重視型システムへの転換」の具体的な内容をみると，新しい要支援者が対象となる「新予防給付」（**図表5-4**）と老人保健事業や介護予防・地域支え合い事業，在宅介護支援センター運営事業が統合された「地域支援事

第5章　介護保障

図表5-3　介護保険制度改革の全体像

改革の全体像

介護保険制度については，制度の基本理念である，高齢者の「自立支援」，「尊厳の保持」を基本としつつ，制度の持続可能性を高めていくため，以下の改革に取り組む。

Ⅰ　介護保険制度の改革
1．予防重視型システムへの転換

> 「明るく活力ある超高齢社会」を目指し，市町村を責任主体とし，一貫性・連続性のある「総合的な介護予防システム」を確立する。

⇒新予防給付の創設，地域支援事業の創設

2．施設給付の見直し

> 介護保険と年金給付の重複の是正，在宅と施設の利用者負担の公平性の観点から，介護保険施設に係る給付の在り方を見直す。

⇒居住費用・食費の見直し，低所得者等に対する措置

3．新たなサービス体系の確立

> 痴呆ケアや地域ケアを推進するため，身近な地域で地域の特性に応じた多様で柔軟なサービス提供を可能とする体系の確立を目指す。

⇒地域密着型サービスの創設
⇒地域包括支援センターの創設
⇒医療と介護の連携の強化

4．サービスの質の向上

> サービスの質の向上を図るため，情報開示の徹底，事業者規制の見直し等を行う。

⇒情報開示の標準化
⇒事業者規制の見直し
⇒ケアマネジメントの見直し

5．負担の在り方・制度運営の見直し

> 低所得者に配慮した保険料設定を可能とするとともに，市町村の保険者機能の強化等を図る。

⇒第1号保険料の見直し
⇒市町村の保険者機能の強化
⇒要介護認定の見直し，介護サービスの適正化・効率化

Ⅱ　介護サービス基盤の在り方の見直し

> 高齢者が住み慣れた身近な地域で暮らし続けることができるよう，地域における介護サービス基盤の計画的整備を推進する。

⇒地域介護・福祉空間整備等基金の創設

見直しの基本的視点
- 明るく活力ある超高齢社会の構築
- 制度の持続可能性
- 社会保障の総合化

出所：厚生労働省ホームページ「介護保険制度改革の全体像——持続可能な介護保険制度の構築」
　　　(http://www.mhlw.go.jp/houdou/2004/12/dl/h1222-3.html) 2004年12月22日，を一部修正．

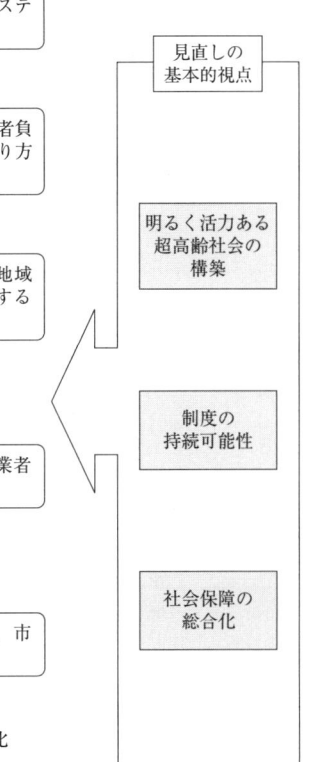

図表 5-4　2005年改正による介護保険制度からの保険給付サービス

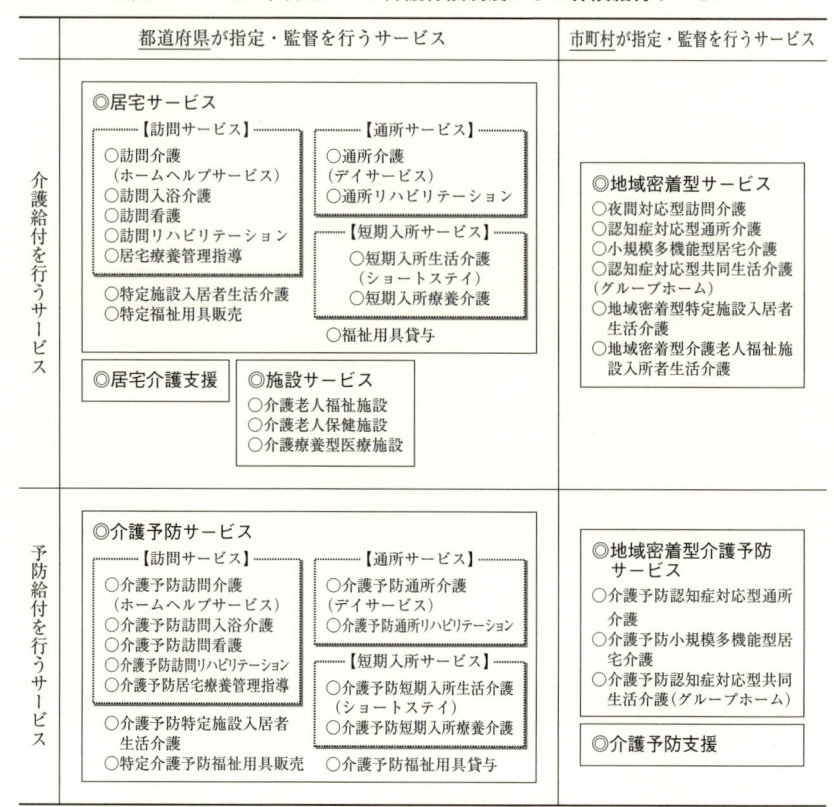

	都道府県が指定・監督を行うサービス	市町村が指定・監督を行うサービス
介護給付を行うサービス	◎居宅サービス 【訪問サービス】 ○訪問介護（ホームヘルプサービス） ○訪問入浴介護 ○訪問看護 ○訪問リハビリテーション ○居宅療養管理指導 【通所サービス】 ○通所介護（デイサービス） ○通所リハビリテーション 【短期入所サービス】 ○短期入所生活介護（ショートステイ） ○短期入所療養介護 ○特定施設入居者生活介護 ○特定福祉用具販売 ○福祉用具貸与 ◎居宅介護支援　　◎施設サービス ○介護老人福祉施設 ○介護老人保健施設 ○介護療養型医療施設	◎地域密着型サービス ○夜間対応型訪問介護 ○認知症対応型通所介護 ○小規模多機能型居宅介護 ○認知症対応型共同生活介護（グループホーム） ○地域密着型特定施設入居者生活介護 ○地域密着型介護老人福祉施設入所者生活介護
予防給付を行うサービス	◎介護予防サービス 【訪問サービス】 ○介護予防訪問介護（ホームヘルプサービス） ○介護予防訪問入浴介護 ○介護予防訪問看護 ○介護予防訪問リハビリテーション ○介護予防居宅療養管理指導 【通所サービス】 ○介護予防通所介護（デイサービス） ○介護予防通所リハビリテーション 【短期入所サービス】 ○介護予防短期入所生活介護（ショートステイ） ○介護予防短期入所療養介護 ○介護予防特定施設入居者生活介護 ○特定介護予防福祉用具販売 ○介護予防福祉用具貸与	◎地域密着型介護予防サービス ○介護予防認知症対応型通所介護 ○介護予防小規模多機能型居宅介護 ○介護予防認知症対応型共同生活介護（グループホーム） ◎介護予防支援

出所：介護支援専門員テキスト編集委員会（2006）『三訂　介護支援専門員基本テキスト』第1巻，長寿社会開発センター，153頁。

業」が創設された。「新予防給付」は，これまでの「要支援」と「要介護1」の認定者を新たな給付体系に移行させるもので，要介護認定もこれまでの「要支援・要介護1-5」の6段階から「要支援1・2，要介護1-5」の7段階へと変更されることとなり，新しく「要支援2」が創設された。また，「地域支援事業」の実施主体は市町村であり，①要支援・要介護者以外の第1号被保険者に対する介護予防事業，②権利擁護事業，介護予防マネジメントなど包括的支援事業の2つの事業は，第1号被保険者・第2号被保険者の保険料および公

費，③介護給付等費用適正化事業，家族介護支援事業などの任意事業は，公費と第1号被保険者の保険料でまかなわれることとなった。

　ここで重要なことは，この予防重視型システムへの転換に関して，制度の「持続可能性」を高める観点から「給付の効率化・重点化」を進めていく必要があると述べられていることある。当然，介護予防がうまく機能すれば要支援や要介護状態になる高齢者が減少し，サービス利用も少なくなるため介護費用の抑制につながるということは理解できる。しかし，今回の改正で創設された「新予防給付」「地域支援事業」の主な目的は，財源問題の側面を重視して取り組まれている内容となっている。介護予防は介護費用の抑制といった財源問題だけでなく，充実した高齢期を過ごすためにはできるだけ要介護状態にならないような対策をとるといった視点が重要なのである。

　このように，今回の改正では，表向き「介護予防」といった理念が実現化したが，実際は増加した軽度者のサービスを抑制するためであり，またこれまで公費で行われてきた介護予防・地域支え合い事業等を介護保険制度へ吸収することによって公費負担の削減をねらって行われたといえるのである。言い換えれば，2005年改正における最も重要な点は，これまでの介護保険制度に介護予防の考えを取り入れサービス給付することで，介護保険制度に介護サービスが集められることになった反面，これまで公費で行ってきた介護予防・地域支え合い事業などの介護予防に関する費用にも被保険者の保険料を投入することが可能となったのである。それは，介護保険制度の対象者を健康な高齢者，要支援者，要介護者という3つの高齢者に区分し，その区分に応じて地域支援事業，新予防給付，介護給付という対応を行うことにしたといえるのである。

　付随して確認しておくべきことは，2005年改正において重要な概念である「地域包括ケア」という考えである。これは2003年に高齢者介護研究会の「2015年の高齢者介護——高齢者の尊厳を支えるケアの確立に向けて」において，高齢者の尊厳を支えるケアの確立の方策として提案されたものである。そして，2005年改正では，この「地域包括ケア」を有効に機能させるために，各種のサービスや住民が連携してケアを提供するよう，関係者の連絡調整を行い，サービスのコーディネートを行う「地域包括支援センター」が創設され，

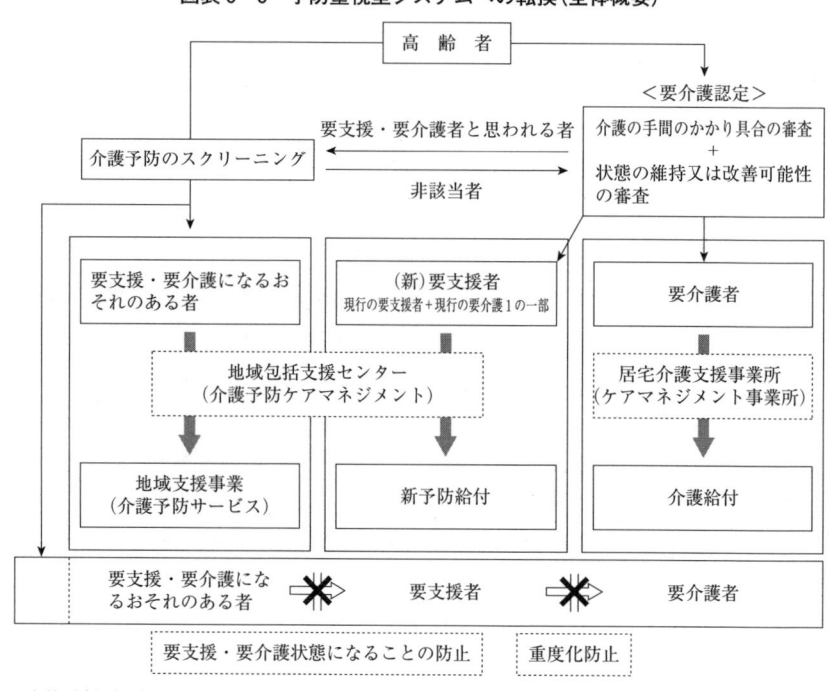

図表 5-5　予防重視型システムへの転換（全体概要）

出所：厚生労働省ホームページ「介護保険制度改革の概要」
　　　（http://www.mhlw.go.jp/topics/kaigo/topics/0603/index.html）2006年3月発行。

地域支援事業を運営することになった。地域包括支援センターの運営主体は，市町村，在宅介護支援センターの運営法人（社会福祉法人・医療法人等），その他の市町村から委託を受けた法人で，職員体制は保健師，主任ケアマネジャー，社会福祉士の3職種の専門職種またはこれらに準じる者から構成される。

　また，地域包括ケアを実現するために新しく「地域密着型サービス」が創設され，その特徴は，指定権限を市町村に移譲し市町村の住民のみがサービス利用可能なこと，市町村内をさらに細かく分けた圏域で必要な整備量を定め，地域のニーズに応じたバランスのとれた整備を促進すること，地域の実情に応じた指定基準，介護報酬の設定，指定（拒否）すること，指定基準・報酬設定に地域住民，高齢者，経営者，保健・医療・福祉関係者等が関与した公平・公正

透明な仕組みをつくるということである。具体的なサービスの種類は，①小規模多機能型居宅介護，②夜間対応型訪問介護，③認知症対応型通所介護，④認知症対応型共同生活介護，⑤地域密着型特定施設入所者生活介護，⑥地域密着型介護老人福祉施設入所者生活介護の6種類である。

　このように，今回の改正によって介護保険制度における保険者（市町村および特別区，さらには広域連合など）はその地域の実情に応じた介護保険制度を作り出すため，その裁量の範囲が広がることとなった。それは，保険者の機能がさらに強まることになる一方で，保険者の業務がさらに増すことにもつながっていくことになった。

　次に，費用問題に関してみてみよう。まず2005年改正で行われた「施設給付の見直し」についてである。高度成長期以降，わが国の高齢者福祉においては施設サービスに偏りがちであったサービス体制を改め，地域で望む在宅生活ができるような自立支援を行う体制を目指してきた。その理念は介護保険制度にも受け継がれ，介護が必要となっても在宅生活を営めるよう支援できるシステムを実現したのが介護保険制度のはずであった。しかし実際は，居宅サービスの支給限度基準額が低い，食費や居住費が施設サービス利用では保険給付内で支給されるといった理由から，施設サービスを希望する利用者が依然として残る結果となってしまった。また，保険財政の面からみた場合，施設サービスが多い地域では保険給付費用も高いという結果も示されている[16]。そのため，2003年には介護報酬の改定が行われ，施設サービスの介護報酬に関してはマイナス改定が行われたが効果的な改善はみられず，制度の持続性の観点から施設給付に関する範囲や水準を見直すことが求められた。

　そこで2005年改正では，居宅サービスと施設サービス間の利用者負担の公平性を確保し，介護保険と年金給付との重複を調整するため施設入所者の居住費・食費は保険給付対象外とされた。ただし，新しく「補足給付」を創設し，所得の低い利用者に対しては過重な負担とならないよう負担限度額を定め，基準費用額と負担限度額の差額を保険給付で行う仕組みとした。また，第1号被保険者の保険料に関しては，現行の所得段階別の定額保険料を原則としつつ，所得段階を現行の5段階からさらに細分化した6段階に設定し，より負担能力

にあわせて保険料を負担できるようなかたちへと変更した。

　最後に，サービス提供主体についての改正をみてみよう。今回の改正では，介護保険制度のなかで非常に大きな役割を果たす「ケアマネジメント」においてもその見直しが行われた。介護保険制度上でのサービス利用においてその中核的役割を果たすケアマネジメントは，ケアプラン作成過程での課題（高齢者の状況を把握するアセスメントが十分に行われているか，必要なサービスが適切に提供されるようなケアプラン内容になっているか等），各分野にわたる連携確立の課題（福祉・保健・医療の各分野における十分な連携がとれているか，高齢者の自立支援に向けた総合的なサービス提供が行われているか等），そしてケアマネジメントを行う介護支援専門員の職務や能力向上の課題（担当件数が多い，自分自身の能力に対する不安など）が残されていた。そのため，今回の改正では地域包括支援センターにおける包括的・継続的ケアマネジメントの推進，介護支援専門員の資質・専門性の向上（介護支援専門員資格の更新制など），公正・中立の確保等（介護支援専門員標準担当件数の引き下げと多数担当ケースに係る報酬逓減制の導入など）が盛り込まれた。

　また，介護サービス事業者の指定取り消しが年々増すことから，サービス提供主体に対しての市町村の保険者機能も強化された。内容としては，事業者への立入権限等の付与，指定取消要件に該当した事業者の都道府県への通知，といった保険者による給付等のチェック機能の強化，地域密着型サービスに対する指定・指導監督等，都道府県の事業者指定にあたっての意見提出，地方自治体の行政事務の外部委託に関する規定の整備が行われることとなった。

6　むすびにかえて――わが国における高齢者介護保障政策の方向性

　これまで，わが国の高齢者介護保障政策の展開を踏まえたうえで，2000年に創設された介護保険制度の仕組み，そして5年間の介護保険制度の現状分析を行った。そして，直近の2005年介護保険制度改正の内容を理解し，わが国の高齢者福祉，そして社会福祉政策がどのような方向へと向かおうとしているのかという点に注目してきた。そこで，このような視点からの分析によって得られ

た結論を以下に整理しておこう。

　第1は，戦後からの高齢者介護保障政策の展開を検討した結果，介護保険制度はわが国の社会福祉・社会保障政策上において重要な転換点に位置するということである。それは，老人福祉法上での措置制度から社会保険方式への移行というかたちで行われることになる。高齢者介護が社会保険方式で行われるということは，高齢者が被保険者として位置づけられ，サービスを受給するのみだった側からその制度の支え手としての役割を果たす側へと拡大されたことを意味する。また，あわせて利用者負担も応能負担から応益負担へと切り替えられ，高齢者は保険料だけでなく利用者負担まで担い，その負担分がさらに増すことになった。

　第2は，介護保険制度導入後の高齢者福祉政策をみたときに，高齢者福祉の大部分は介護保険制度が占め，その範囲も2005年介護保険制度改正によってさらに拡大されてきたということである。そのきっかけは，2000年に介護保険制度が創設されたときであり，高齢者福祉の入り口は老人福祉法ではなく介護保険制度となったのである。そして，2005年介護保険制度改正において「介護予防」を充実させることにより，介護予防・地域支え合い事業や老人保健事業が介護保険制度内に組み込まれることとなったため，高齢者福祉に占める介護保険制度の割合はさらに増すことになった。このような状況は，一見，介護保険制度内で取り扱う介護範囲の拡大という面で良い方向へ進んでいるようにみえるかもしれないが，財源構成の変化を確認すれば介護保険制度内にこれまで公費のみで行われていたサービスを組み込むことによって，そのサービスにまで保険料を充てることが可能となり，それはサービスに対する公費削減を示しているといえるのである。

　さらに，介護保険制度の5年間の現状を分析すれば，第1期よりも第2期，第2期よりも第3期と第1号被保険者の保険料は上昇し，財政安定化基金から借り入れを行っている保険者の数も増え続けている。その結果，介護保険制度は「制度の持続可能性」という観点から給付の効率化・重点化をさらに進めるため，軽度者に対するサービス利用の抑制に動き出している。このように，利用者に対するサービス利用の抑制を促す仕組みを創設しながら地域支援事業な

どの介護予防事業までを介護保険制度内で行うことは，被保険者に負担を増大させる一方で，軽度であればそのサービスをほとんど利用することができない状況も生みだしかねない。それは，つまり「負担すれども給付なし」の状態を作り出すことにつながるのではないだろうかとの疑問が残る。

第3に，今後のわが国の社会福祉政策の方向性についてである。高齢者から保険料を徴収し，応益の利用者負担を求める介護保険制度が実現されたことによって，わが国の社会福祉政策は一気に公費負担中心で行う体制の方向転換をはかろうとしている。障害者福祉においては，たびたび介護保険制度との統合案が浮上しては先送りされ，その代替として創設された障害者自立支援法においても市町村を中心とするサービス提供体制の一元化，応益負担の導入，障害程度区分の認定やケアマネジメントの導入といった内容は介護保険制度と同様の仕組みである。また，後期高齢者医療制度においても，新たな社会保険方式を創設し後期高齢者を被保険者として位置づけることは介護保険制度と同じ手法といえよう。その一方で，これまでの老人福祉法の役割は，介護保険制度から漏れた人々を救うための制度として選別主義化していくことになり，その他の社会福祉制度においてもその傾向は強まっていくと考えられる。

このように，介護保険制度の創設はわが国の高齢者介護保障政策上の出来事だけでなく，社会福祉政策にとっても非常に大きな影響を与えたといえよう。この点をしっかりと押さえておくことがまず何よりも大切である。それは，戦後，社会福祉の普遍化を目指し，表向きであったとしてもこれまで制度の充実をはかってきたわが国にとって，今後の社会福祉政策が後退する方向へ向かいつつある決定的な事実としてあらわれているといえるからである。

1) キャンベル［1995：154］によれば，この当時，養老施設では，疾病にかかる，体力をなくした入所者数が増大する一方で，所得が高いために入所資格はないが他にいく所のない高齢者の入所希望が申請されるようになってきたという，高齢者の貧困以外の問題が起きつつあったことを述べている。
2) この点に関しては，三浦［1986：81］による。
3) 増田［2003：37-39］によれば，旧厚生省では1994年度前半においては，消費税引き上げの方が実現可能性が高いと考えられており，社会保険制度の創設は非現実的か，か

なりの時間を要するものであると考えられていたとのことである。また「仮に消費税引き上げにより財源確保が可能になれば，必ずしも新たな社会保険財源の創設は必要ではなくなる」との記述が見受けられるが，それでは財源は公費・保険料のどちらでもよかったということになり，介護保険制度創設過程において社会保険方式のメリットをアピールし続けたのはなぜなのか疑問が残るところである。
4） 旧厚生省が社会保険方式を実現させようとする意思の有無といった事実にかかわらず，この時点で高齢者介護保障のひとつの方法として社会保険方式の案が登場しているという点が重要であるといえる。
5） 「21世紀福祉ビジョン」における新しい介護システムの基本的視点として，①医療・福祉などを通じ，高齢者の介護に必要なサービスを総合的に提供できるシステム，②高齢者本人の意思に基づき，専門家の助言を得ながら，本人の自立のために最適なサービスが選べるような利用型のシステム，③多様なサービス提供機関の健全な競争により，質の高いサービスが提供されるようなシステム，④増大する高齢者の介護費用を国民全体の公平な負担によりまかなうシステム，⑤施設・在宅を通じて費用負担の公平化がはかられるようなシステム，が重要であるとしている。
6） 増田［2003：38-39］によれば，旧厚生省内においても介護保険が有力な選択肢として浮上し，本格的に議論が開始しはじめるようになったのは，1994年7月に村山内閣が消費税引き上げを5％とすることを決定し，消費税財源に期待することが困難になったためとされている。ここから考えられることは，旧厚生省が介護保険制度を検討する際に重要視したのは，財源調達方法であったといえる。
7） 1996年3月に自民党の丹羽元厚生大臣が与党福祉プロジェクトチームに出した「介護保険私案」と似ており，制度の基幹部分の突然の変更には旧厚生省が，とくに自民党の意見を受け入れた結果がでていると考えられる。
8） 障害者福祉サービスを利用していた者が65歳になった場合は，状態は同じであっても介護保険制度からのサービス利用に切り替わることになる。また，介護扶助においてもこの第1号被保険者と第2号被保険者と間ではその給付内容に違いがある。
9） 1989年にはホームヘルプサービスの民間事業者・介護福祉士へ措置委託が可能となる。その後，1997年にはショートステイ・デイサービス，1999年には訪問看護への民間事業者の参入も認められた。
10） 自らケアプランを立て介護支援専門員のサービスを受けなくてもよいが，その場合は償還払いとなる。
11） 介護保険法成立当初では法第79条2項に，介護支援専門員は，「要介護者等からの相談に応じ，および要介護者等がその心身の状況等に応じ適切な居宅サービス又は施設サービスが利用できるよう市町村，居宅サービス事業を行う者，介護保険施設等との連絡調整等を行う者であって，要介護者等が自立した日常生活を営むのに必要な援助に関する専門的知識及び技術を有する者として政令で定める者」と定義されている。
12） この点に関しては，森［2003］を参照のこと。
13） 各資料は，全国介護保険担当課長会議のものである。

14) 2001年，2002年と比べても少しずつ平均利用率は高まっているが，最大1割程度の増加となっている程度である。
15) 社会保障審議会介護保険部会報告［2004：59］を参照のこと。
16) 施設サービスと保険料の関係については，厚生労働省編［2005：50］において，「施設サービスの利用者等が多い地域は介護費用や保険料が高くなっている」という記述がある。

【参考文献】
伊藤周平（2000）『介護保険と社会福祉――福祉・医療はどう変わるのか』ミネルヴァ書房
―――（2005）『「改正」介護保険と社会保障改革』山吹書店
―――（2007）『権利・市場・社会保障――生存権の危機から再構築へ』青木書店
厚生労働省編『平成17年版厚生労働白書』ぎょうせい，2005年
ジョン・C・キャンベル／三浦文夫・坂田周一監訳（1995）『日本政府と高齢化社会』中央法規出版
社会保障審議会介護保険部会報告・介護保険4年間の検証資料（2004）『介護保険制度の見直しに向けて』中央法規出版
杉澤秀博（2005）『介護保険制度の評価――高齢者・家族の視点から』三和書籍
全国在宅介護支援センター協議会「地域支援事業における在宅介護支援センターの活用――地域包括支援センターと在宅介護支援センターのあるべき関係」2005年8月25日
田近栄治・油井雄二・菊池潤（2005）国立社会保障・人口問題研究所「介護保険制度の持続可能性――国と県レベルの分析」『社会保障制度改革――日本と諸外国の選択』東京大学出版会
玉井金五（2007）「現代日本のポバティラインを考える」社会政策学会編『格差社会への視座――貧困と教育機会』社会政策学会誌第17号，法律文化社
古川孝順・副田あけみ・秋元美世（2003）『現代社会福祉の争点（下）――社会福祉の利用と権利』中央法規出版
増田雅暢（2003）『介護保険見直しの争点』法律文化社
三浦文夫（1986）「社会福祉政策研究の回顧と課題」社会保障研究所編『社会保障研究の課題』東京大学出版会
森詩恵（2001）「介護保険制度における保険給付額の基本問題――介護サービスのナショナル・ミニマムを求めて」『経済学雑誌』第101巻4号
―――（2003）「ソーシャルワークの視点からみた介護保険制度の位置づけとその諸問題――日常生活の維持・自立支援を視野に入れた介護サービスの提供に向けて」社会政策学会編『雇用関係の変貌』社会政策学会誌第9号，法律文化社

―――（2004）「高齢者介護保障政策の萌芽とその発展」玉井金五・久本憲夫編著『高度成長のなかの社会政策――日本における労働家族システムの誕生』ミネルヴァ書房

―――（2006）「地域と介護」重森暁・藤本髙志・森詩恵編著『新地域政策のすすめ』法律文化社

森詩恵・藤澤宏樹・桑原武志・橋本理（2007）「保険者からみた改正介護保険制度の現状と課題」『大経大論集』第58巻第1号，大阪経大学会

山田誠（2005）『介護保険と21世紀型地域福祉――地方から築く介護の経済学』ミネルヴァ書房

（森　詩恵）

第6章

最低生活保障と公的扶助

1　日本の社会保障制度における公的扶助

　日本の社会保障制度は，公的年金，公的医療保険を二本柱とする社会保険制度を中心として設計されている。1961年に国民年金，国民健康保険制度が全面的に導入され，「国民皆年金・皆保険」の制度的な背景ができ上がってから，早いもので約半世紀が過ぎ，当時20歳になったばかりの若者もすでに年金受給が始まる年齢に達している。人々は現役期に年金保険料を納めることによって，老後の生活保障を得，また，医療保険料を納めることによって，自身や家族の医療保障を得ることを期待できるようになった。また，2000年には介護保険が導入され，まだまだ私的な共助でまかなわれている部分が多かった高齢期の介護についても，社会保険方式による保障が提供されるようになった。
　社会保険の発展にともなって，「公的扶助」の役割はおのずと縮小されてきた。これは，社会保険を基本とする社会保障制度であれば当然のことであり，それ自体は批判されるべきものではなく，社会的弱者も強者も同様の制度に包括されるという意味では，むしろ歓迎されるべきものであろう。しかし，社会保険が成熟期に達した現在においても，公的扶助の役割がすっかりなくなってしまったわけではない。なぜなら，まず第1に，公的年金はその設計上，高齢期の最低生活を保障するものではないからである。公的年金の基礎年金額について，政府は基礎年金は老後生活の「基礎部分」であるものの，「老後生活のすべてをまかなうのは無理である」と言明している［岩田 2007］。たとえ基礎年金を満額受け取ることができたとしても，高齢者単身世帯の場合には，生活

保護給付費が年金額を上回ることは，よく知られた事実である。また，保険料の納付期間が短かったり，保険料免除の期間が長かったりすると，基礎年金の満額にさえ到らない場合もある。第2に，社会保険は，医療や介護を含めた「最低の生活」を無料で保障するように設計されておらず，多少の減免制度はあるものの，すべての世帯において，保険料はもとより自己負担（医療保険，介護保険など）が発生する。そのため，低所得世帯においては，医療や介護費の自己負担分や社会保険料を差し引けば，最低生活以下の生活水準となってしまう可能性があるのである。第3に，強制加入とはいえ，国民年金や国民健康保険は自ら保険料を支払う行為を必要とするため，無保険者や低保険者が発生する。実際に，国民年金では，未加入・未納者が急増しており，その規模は制度そのものの崩壊を彷彿させる大きさとなっている[1]。

　これらに加えて，近年になって，公的扶助のニーズを高める社会経済的な要因が拡大している。その第1の要因が，高齢化や世帯規模の縮小といった人口構造の変化である。わが国においては，依然として，高齢者の貧困率が他の年齢層よりも群を抜いて高いため [阿部 2006, 2007]，社会における高齢者の割合の増加は，公的扶助を必要とする貧困者の増加を意味する。また，母子世帯や単身世帯の増加[2]なども，公的扶助を必要とする確率が高い人のプールを大きくさせている。もうひとつの要因が，社会の底辺における経済状況の悪化である。日本の所得格差が1980年代より拡大していることは周知の事実であるが，とくに，若年層や母子世帯などの経済的弱者の経済状況がさらに悪化している。若い世帯主の世帯の貧困率の上昇[3]は，これまで，あまり公的扶助の対象となってこなかった人々においてもその潜在的なニーズが高まっていることを示唆する。このような社会経済状況を背景に，実際に，生活保護や児童扶養手当といった公的扶助の各制度の受給者数は1990年代に入ってから急増している。これらを踏まえると，公的扶助に対するニーズは，今後，ますます高まると考えられる。本章では，公的扶助の範囲と規模を確かめたのちに，公的扶助の中核を占める生活保護制度を中心にその歴史的背景と近年の動向，今後の課題などを述べる。

2　公的扶助の範囲と規模

　まずはじめに，公的扶助制度の具体的内容とその規模について確認しておこう。「公的扶助」とは，国民の最低生活を保障することを目的とし，通常ミーンズテスト（資力調査）をともなって行われ，一般財源（税）によってまかなわれている制度のことを指す。しかし，社会扶助や社会手当，社会福祉との関係など，その概念は必ずしも統一されていない。狭義の解釈においては，公的扶助を生活保護制度と同一視しているが，広義の解釈では，多様な低所得者対策が含まれる。広義の解釈でみると，児童扶養手当，福祉年金，恩給，戦争犠牲者援護，生活福祉資金貸付制度，公営住宅なども公的扶助に含まれる。また，ミーンズテストをともなう低所得者対策としては，社会保険における保険料の減免制度も広義の公的扶助の範疇に入るかもしれない。

　図表6-1は，社会保障給付費の部門別（年金，医療，福祉その他）の推移を示したものである。これをみると，年金制度と医療制度からの給付費の急増がまず目に入る。公的扶助と捉えられる「福祉その他」部門が，他部門に比べて伸びが小さく，年金と福祉を区別して統計が取られるようになった1964年と最新の2004年を比較すると，国民所得比で2.3％の上昇をみせている。同期間の年金の伸びは11.34％，医療の伸びは4.47％であり，相対的に「福祉その他」が社会保障給付費全体に占める割合は減ってきている。年金と医療部門の急成長と公的扶助部門の相対的な縮小は，1961年の国民皆年金・皆保険の達成に代表される公的年金，公的医療保険の拡充と，人口の高齢化によって説明できる。むしろ，**図表6-1**において着目して欲しいのは，「福祉その他」部門の2.3％の増加である。

　日本の公的扶助は，社会保険を補完するものと位置づけられており，公的年金制度による高齢期の所得保障や，公的医療制度による医療保障が完備されるにつれ，公的扶助の相対的規模は小さくなると考えられる。しかし，国民所得比でみて公的扶助部門は1.29％から3.59％と2倍以上の伸びをみせている。これはなぜなのであろうか。それをみるために，「福祉その他」部門をさらに詳

図表6-1　社会保障給付費の推移

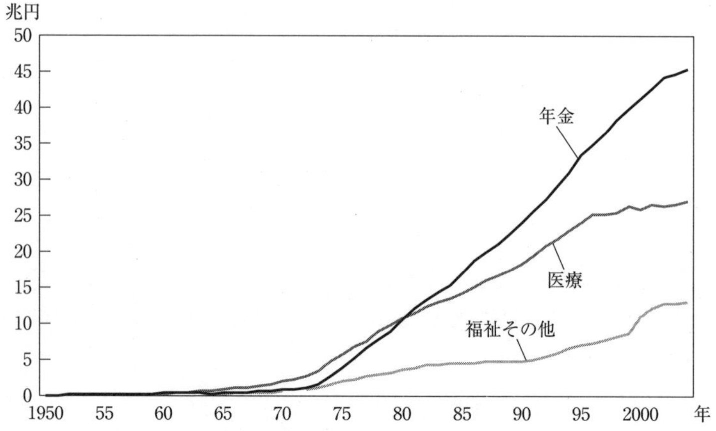

出所：国立社会保障・人口問題研究所（2006）『平成16年度社会保障給付費』1963年以前は年金と福祉その他は合算。

細に制度別にみてみよう（**図表6-2**）。これをみると，まず，2000年以降の介護保険の急増が目に入る。2000年以降の「福祉その他」部門の伸びのほとんどは介護保険からの給付の増加と考えられる。その他の制度では，公衆衛生，業務災害補償，戦争犠牲者援護，恩給など，1960年代から2000年代まであまり変化がない，または減少をみせている制度がある一方，大きな波がありながらも上昇傾向にある雇用保険，生活保護，社会福祉があることがわかる。前者は，他制度の完備や対象者の減少などの理由により，徐々にその役割が減ってきている制度といえよう。後者のグループでは，生活保護は1991-92年を最低に2004年まで上昇の傾向にあり，2002年からは1960年代以降も高いレベルにある。雇用保険も，景気の波に影響されながらも，直近の山である1999年から2002年が過去最高レベルとなっている。社会福祉は，70年代と90年代に大きく伸びており，1999年には社会扶助部門のなかで一番大きい制度となった（しかし，その後，2000年の介護保険導入により，福祉として給付されていた介護サービスが介護保険に移行したため，給付額が大幅に減少した）。1970年代に発足した児童手当（家族手当）も，長い間横ばいであったが2000年以降の拡充により近年は増加し

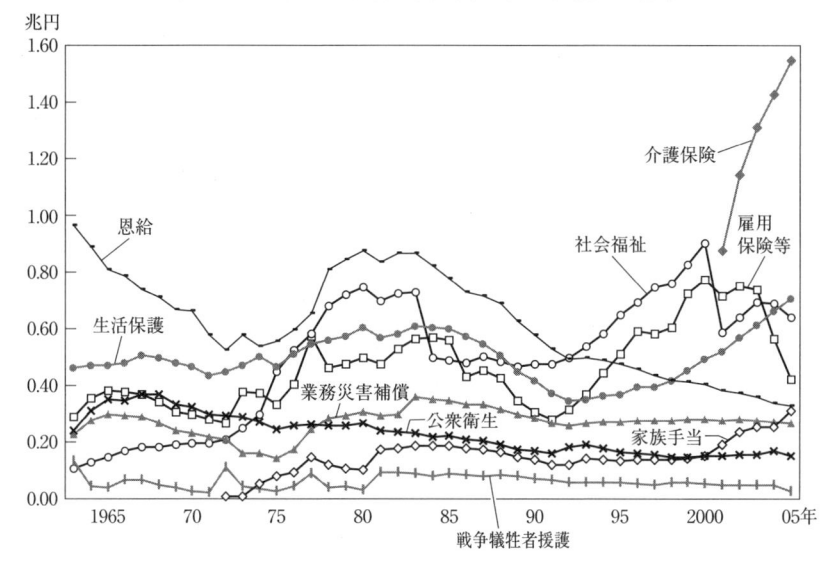

図表6-2 制度別福祉関連給付費：対国民所得比の推移

注：業務災害補償と雇用保険等については，1978年以前は分割されていない年があるので推計値を含む。
出所：国立社会保障・人口問題研究所（2006）『社会保障給付費』各年。

ている。

　これらの動きをまとめると以下のことが示唆される。まず，公衆衛生や恩給など，「古いニーズ」ともいえる制度の重要性が徐々に衰退していくとともに，介護ニーズや少子化対策としての家族手当などの新しいニーズが出現している。一方で，循環的に増減の傾向をもつ制度については，その循環性が確認できるとともに，サイクルの高さ（増減）が徐々に高まっている。これは，とくに，雇用保険，社会福祉に顕著であるが，公的扶助の中核的な制度である生活保護制度についても，同じような傾向をみることができる。

3　生活保護制度の成立と展開

　それでは，公的扶助の諸制度のなかでも，とくに生活困窮者の救済の最後の

砦となる生活保護制度について詳しくみていくこととしたい。

(1) 生活保護制度の成立

現行の生活保護法は，連合軍占領下の1946年に交付・実施された旧生活保護法がその発端となっている。当時の日本の国民生活は危機的な状況といえ，国民の多くが飢餓状態にあり，住居，衣類，医薬品などすべてが不足していた。その上に，海外からの膨大な数の引揚者，復員者が加わり，国による救済は不可欠であったのである。旧法は，アメリカ連合軍総司令部（GHQ）の意向が強く反映されたものであり，アメリカのニューディール政策を手本とする先駆的な思想を反映し，日本の戦前の救貧思想がかなり払拭されている。その特徴として，①国民生活を国家責任の下に救済すること，②救済に必要な経費に制限をつけないこと，③無差別平等に行うこと[4]，が挙げられ，すでにこの時点において日本の現行の公的扶助の理念の多くが組み込まれている。保護基準についても，発足してからインフレに対応するだけの改訂のみしか行っておらず，決して充分とはいえないレベルであったものが，1948年の第8次改定にあたっては，当時厚生省社会局保護課長職に就任したばかりの小山進次郎の功績もあって，最低生活費を「科学的」な方法で算定するという「マーケット・バスケット方式」が初めて導入され，大幅に改善された[5]。しかし，旧生活保護法には，以下の問題があった。1つは，保護の対象者に欠格条項を設けたことにより，素行不良者，怠惰者（「能力があるにもかかわらず，勤労の意志のない者」），扶養義務者を有するものが対象とされず，全国民を対象とする制度とはいえなかったことである。2つは，国民に保護請求権・不服申し立て権を認めない点など，現在の新生活保護法に比べると選別的・温情的な面があることであった。これらを改善するべく制定されたのが1950年に施行された新生活保護法である。新生活保護法は，国民一般を対象者とすること，家族扶養を前提としながらも，生活困窮度のみで給付を決定する点などで，戦前の救護法などと比べて「一般化」されており［岩田 1995］，しかも，半世紀以上たった現在に至っても大きな改正もなく運用されているという非常に先駆的かつフレキシブルな制度であった。「フレキシブル」とは，その時々の社会情勢を反映して，制度の大枠は

変えずに，運用面で対応をしてきたことを意味する。その最たる例が生活扶助基準であろう。次節では，とくに生活扶助の改訂を通して発足以降の制度の展開をみていくこととする。

（2）制度の展開──生活扶助基準をめぐって

　生活保護制度の歴史は，「国が保障すべき『最低生活』とは何か」を問う歴史ともいえる。生活保護制度上の「最低生活」は，保護基準（最低生活費）によって定められている。最低生活費は，保護の決定の所得制限であると同時に，給付額の算定のベースとなるものである。給付額（保護費とも呼ばれる）は，最低生活費から認定される収入額を引いた額となる。最低生活費は，その核となる生活扶助費に，教育扶助，住宅扶助などを実費に近い経費で上積みしたものであり，生活保護の展開は，まさにこの生活扶助費の展開といってもよい。副田義也はその歴史的功績である『生活保護の社会史』[1995]において，生活保護の生活扶助基準（最低生活費）がGHQ，厚生省，大蔵省，社会運動などの折衝のなかで変容していく様を詳しく述べている。以下に副田[1995]を基に，生活扶助基準の変容を簡単に追っていこう。

　新生活保護制度において，最初に用いられた生活扶助基準の算定方式はマーケット・バスケット方式である。マーケット・バスケット方式は，旧生活保護法の時代の1948年に採用されたもので，標準世帯の飲食費，その他必要と思われる生計費すべてを積み上げて最低生活費が算出されていた。標準世帯は，64歳男，35歳女，9歳児，5歳児，1歳児の5人世帯の，勤労世代の男性がいない「母子世帯と老親」という非稼働世帯を想定していた。しかし，高度成長期を迎えた日本社会においてマーケット・バスケット方式は次第に問題視されるようになってきた。なぜなら，何をバスケットに加えるかについては恣意的にならざるをえず，ある品目が必要であるかないかについて確固とした論拠がないからである。また，マーケット・バスケット方式そのものは，積み上げる項目の中身を規定していないため，算出される最低生活費が必ずしも低い生活水準でなければならないということはないが，はっきりとした論拠がないことから，下へ下へのプレッシャーが高く，結果として算出された最低生活費はその

時期に急上昇してきた一般の国民生活のレベルから大きく乖離してしまった[6]。また，標準世帯に非稼働世帯を想定するのは現実とはかけ離れていた。これに拍車をかけるように，生活保護の抑圧政策が始まった。連合軍による占領が終了し，GHQの影響力が衰退した後には，財政当局からのプレッシャーが強まり，とくに1954年から1960年にかけては生活扶助基準が据え置かれ，インフレの結果として被保護者の生活水準はさらに悪化した。

　こうした状況のなかで，「起こるべくして」起こったのが朝日訴訟である。原告の朝日茂氏は結核を患っており，療養所に入所して生活保護制度による医療扶助を受けていた。しかし，入院患者に対する生活扶助費として支給される入院患者日用品費が彼の最低生活を満たすためには少なすぎるとして不服申し立てをしたものの却下され，1957年に行政訴訟を起こした。この訴訟は第一審で原告が勝訴し（1960年），入院患者日用品費が患者の最低限度の需要をみたさないことが認められた。その後，国は控訴し第二審では国が勝訴（1963年），これを受けた朝日氏は再度上告したものの，1964年には死去し，実質的にこの訴訟は終了した。しかし，第一審における生活扶助基準にかかわる論争と国の敗訴は生活保護行政に強い影響を与えた。

　さらに，生活扶助基準の改訂に続く大きな要因となったのが1960年に発足した池田内閣の「国民所得倍増計画」である。これにおいて，池田内閣は国が保障するべき最低生活水準について以下のように述べている。

> 「最低生活水準とは国民の健康で文化的な最低限度の生活水準を意味するものであり，……略（引用者）……従来，ややもすれば最低生活費は絶対的なものとしてとらえられがちであった。たとえば，在来の保護基準は肉体的生存に必要不可欠の家計支出額を各費目について積算し，これを中心に算定されてきた。しかしながら，社会保障における最低生活は，国民が相互の一定限度の生活を保障しあうという社会連帯の国民感情や，一定の地域，一定の時点における生活習慣等をも考慮に入れて定められるべきであり，一般社会生活の発展に対応してゆく相対的なものである」[副田 1995：102]。

　こうした背景もあって，1961年に新しく採用されたのがエンゲル方式と呼ばれる最低生活費の算出方法である。エンゲル方式は，標準世帯の飲食費を栄養

学的に必要な栄養摂取量に照らし合わせて算出し，それを国民の低所得階層のエンゲル係数で除して最低生活費を算出する方法である。エンゲル方式においても，具体的な食料の選定に恣意性が残るものの，マーケット・バスケット方式に比べその度合いは縮小された。また，食料費をエンゲル係数で除するため，食料費以外の生活費についても若干のゆとりが許されるようになり，低所得階層と非保護層の生活水準の乖離も食い止めることができるようになった。また，標準世帯には日雇いの稼働世帯が想定されるようになった。

　エンゲル方式は，いわば生活保護制度の絶対的貧困概念から相対的貧困概念への転換を意味するものであった。副田［1995］は，この転換を，1960年代におけるイギリス，そして他の先進諸国においてみられた，B.S.ロウントリーに代表される絶対的貧困概念からP.タウンゼンドの相対的剥奪（Relative Deprivation）に代表される相対的貧困概念への変容をいち早く実現した例であるとしている［副田 1995：117］。故に1961年は，生活保護制度の歴史において，「最大の転機」といわれ，この他にも受給要件の緩和や，テレビ，電気洗濯機の保有の容認など，被保護者の生活水準を引き上げる改正がなされた。

　しかし，エンゲル方式をもっても，急成長する国民生活との格差が縮小されず，1965年には格差縮小方式がとられるようになった。格差縮小方式においては，生活扶助基準の引き上げ率が，政府経済見通しによる個人消費支出の対前年伸び率と連動するようになっており，それにいくらか加算することによって一般（とくに低所得）世帯との格差の縮小をはかるものであった。しかし，実際に格差が縮小しはじめたのは第一次オイルショック以降の1974年からとなる。オイルショックによってもたらされたインフレに対応すべく，生活扶助費は改訂され，しかも，実態よりもやや高めに伸び率が設定されていたため，結果として，格差が縮小したのである。そして，1984年には，ひとつの目標値であった一般世帯と被保護世帯の消費水準の格差が60％に達したことから，格差縮小方式は廃止され，代わりに水準均衡方式が採用されるようになった。この「60％」という数値は，とくに科学的な根拠をもつものではない。ただ，被保護世帯と一般世帯との格差是正の必要性が議論された際に，参考として提示された他の先進諸国の公的扶助基準の水準が約60％であったということからこの

数値が妥当とされたのである。

　1984年以降，生活扶助の算定方式の変更はない。しかし，近年においては，生活扶助費に上乗せされていた老齢加算（2004年より）や母子加算（2005年より）が段階的に廃止されている。また，2007年秋には厚生労働省は「生活扶助基準に関する検討会」を設け，生活扶助基準の見直しの検討を行った。そこでは，保護を受けていない低所得世帯（所得の第一10分位）に比較して被保護世帯の生活扶助基準が，夫婦子1人の標準世帯においては1600円，高齢単身世帯においては8400円程度高いことが指摘された。つまり，これまでは標準世帯の一般の低所得世帯に比べて約60％が妥当とされていた保護基準が，ここにきて，ある特定の世帯タイプごとの比較をされるようになったのである。日本の社会全体の格差が広がるなかで，これは，実質的な保護基準の引き下げの始まりであると危惧する声も大きい。[8]

絶対的貧困と相対的貧困

　貧困の概念には，大きく分けて絶対的貧困と相対的貧困がある。絶対的貧困が，身体的，生物的に生きるのに不可欠な要素が欠けている状態を示すのに対し，相対的貧困は，人々がその社会の一構成員として機能（function）できない状態を示すものとする。相対的貧困の根底にある概念は，人々が社会的な機能を果たし，人として「まっとうな（decent）」な生活をするためには，社会全体の規範的生活レベルから一定距離以内の生活レベルが必要であるという考え方である。この概念を打ち出したイギリスのタウンゼンドのたとえを使うと，「お茶」は栄養的価値はゼロに等しいが，「お茶」を飲むことはイギリスの習慣として根付いており，これを楽しむことができないことは「相対的貧困」ということができる。筆者がよく使う例は「靴」である。現代日本において，人が生物として生きていくために靴は必要でないかもしれないが，その人が日本の社会のなかで職を得，人々と交流し，「恥ずることなく」生きていくためには，靴は必要であろう。

　相対的貧困と絶対的貧困は，どちらが優れているというわけでもなく，お互いに補完する概念なのである。先進諸国において相対的貧困概念の方がよく用いられるのは，絶対的貧困はほぼ撲滅されたという認識が共有されているからである。

4 生活保護制度の概要

（1）生活保護の目的

　生活保護制度は，生活保護法（1950年制定・施行）に基づいて運用されており，その目的は最低限度の生活をすべての国民に保障することとともに，「その自立」を助長することである。生活保護法の制定当時の厚生省保護課長であった小山進次郎による『生活保護法の解釈と運用』によると，この2つ目の目的は被保護者の潜在的な能力を育成するように援助することであり，決して「惰民防止」の狭い意味ではないとしている。すなわち，生活保護制度は，生活困窮者に対する当面の所得保障，生活保障を行うのみでなく，その人の困窮に陥った理由や環境を勘案して経済的自立への道筋をたてて導くというケースワークの仕事も同時に行うのである。

　また，生活保護法第1条には，保護の実施主体が国であること，保護の対象が「すべての国民」であることを記している。保護の実施責任が国であることは，旧生活保護制度が制定された際に連合軍（GHQ）からの指導があったことに由来するが，その理由として，地方自治体によって保障の格差があってはならないことなどが挙げられる。保護の対象としては，「すべての国民」と明記してあり，後に述べる「無差別平等の原則」にもあるように，要保護者のカテゴリー（属性）や困窮に至った原因などにかかわらず，すべての国民を対象とする。ここでいう「国民」とは日本国民を指すが，後に，保護請求権は付与されなかったものの，1954年の厚生省の通知によって，外国人についても「準用」として保護は適用されるようになった。

（2）基本原理

　生活保護には，4原理と4原則といわれるものがある。原理は，生活保護の基本となる理念を指し，原則は運用上の規則である。第1の原理は，「国家責任の原理」（第1条）であり，これは上記にあるように，保護の責任は地方自治体や民間団体ではなく「国」にあると規定する原理である。第2の原理は，

「無差別平等の原理」(第2条)であり,生活保護法第2条に規定される。これは,旧生活保護法において存在した欠格条項(素行不良者,怠惰者)を撤廃し,すべての国民について,その生活困窮に至った理由や人種,信条,性別,社会的身分,門地等を理由に差別せずに,生活困窮の状況のみを保護の判断材料とすることを規定している。法の文面をみる限り,年齢や住居の有無による差別も許されないと解釈すべきであろう。ここに,日本の生活保護制度がきわめて包括的なセーフティ・ネットとなる根拠をみることができる。このような扶助制度を,一般扶助という。その対比は,範疇別扶助と呼ばれ,アメリカを例にとると,母子世帯,障害者・高齢者というように,カテゴリー別の公的扶助制度が並立するような扶助体系を指す。一般扶助は,扶助の対象とならない「もれてしまった」人々を創出しないという意味で優れた点もあるが,一方では,さまざまなカテゴリーの人々のニーズや困窮に至る要因,将来の展望などの違いを考慮せずに同等の扶助を行ってしまうという欠点もある。日本の生活保護制度は,すべての国民が,困窮の状態のみで保護対象となることから,制度の設計上では,きわめて大きな一般扶助のセーフティ・ネットとなっている。しかしながら,以下に述べる補足性の原理などにより,結果として,生活保護の被保護者はきわめてカテゴリー別に選別されたものになっていることは皮肉といえよう。

　第3の原理は,「最低生活保障の原理」(第3条)である。これは,第1条の目的においては,「憲法25条に規定される理念に基づいた」最低生活の保障と記してあるのを,憲法25条の文面「健康で文化的な生活」を再度規定したものである。しかし,その実際の内容については第8条の「基準および程度の原則」によって規定されており,保護基準の算定は厚生労働大臣の権限とされている。

　第4の原理は,「補足性の原理」(第4条)である。この原理は,生活保護制度の運用のうえで非常に大きな意味をもってくるので,少々詳しく議論することとしたい。生活保護法第4条によると保護の補足性とは「保護は,生活に困窮する者が,その利用し得る資産,能力その他あらゆるものを,その最低限度の生活の維持のために活用することを要件として行われる」と規定している。

つまり，保護を受ける前に，自分自身がもつあらゆる生活能力を最大限に活用し，そのうえで，最低生活に満たない部分を生活保護が補足する，ということである。では，実際に，自分自身がもつあらゆる生活能力とは何を指すのであろうか。

まず，資産である。要保護者は，その資産が最低生活を維持するために活用されていたり，処分が困難なものなどについては保有が認められている以外，保有する資産を活用（売却）することが求められている。貯金や土地・家屋はもちろんのこと，生活に必要のない「贅沢品」はすべて売却されなければならない。テレビやエアコンなどの日用耐久財についても，当該地域の普及率が70％を超えない限り，保有を認められない。預貯金については，1ヵ月の最低生活費の半分までという厳しい制限が若干緩められたものの，依然として厳しいものがある。たとえ，保護の受給期間中に生活費を切り詰めて貯金をしたとしても，制限以上の貯蓄は許されないのである[10]。このような措置は，しばしば，「裸にならないと保護されない」として批判されている。人が保護から自立に向かうためにはなんらかの「踏み台」が必要であり，このように「裸の状態」まで生活水準が落ち込んでしまうと，自立がきわめて難しくなるからである。

次に，「あらゆる生活能力」に含まれるのが，稼働能力である。旧生活保護法においては，「能力があるにもかかわらず，勤労の意志のない者」の欠格条項が設けられていたが，新生活保護制度においても，補足性の原理を追求するあまりに，稼働能力があると考えられる人が保護を受けることは非常に困難となっている。「まず仕事を探せ」ということである。これは失業率が他の先進諸国に比べて極端に低かった日本の経済状況を背景として生まれてきた運用上の慣例である。しかし，実際に労働市場にてその人が職をみつけることができるかどうかを判定するのは非常に難しく，実際には65歳以下の人で健常とみなされる人が保護に至ることは少ない。このような生活保護の運用を違法であるとして訴えたのが，林訴訟である（1994年提訴，名古屋地裁1996年勝訴，名古屋高裁1997年敗訴，現在，最高裁にて審理中）。日雇い労働者として働いていたが，不況と足の痙攣などの理由で就労できずに林勝義氏は，野宿者（ホームレス）と

して生活していたが,保護の申請をしたものの,福祉事務所が「稼働能力がある」との理由で保護を却下し,林氏がこれを不服として訴訟したものである。一審の名古屋地裁は,「働く意思があっても,具体的に働く場がなければ,稼働能力を活用していないとはいえない」として原告の勝訴としたが,高裁で「職安に行けば見つかったはずである」として敗訴となった(全国生活保護裁判連絡会「林訴訟」HP)。

　補足性の原理の第2の規定が民法に定められる扶養義務者の扶養が保護に優先されるべきであるというものである(第4条第2項)。「民法に定められる扶養義務者」とは,親・子・兄弟姉妹・夫婦はもちろんのこと,3親等以内の親族すべてが含まれる。しかし,現在の日本の社会における家族通念において,これを運用することは難しく,生活保護の運用上では親兄弟・子など絶対的扶養義務関係にあるものに限っていることも多い。しかし,長い間音信不通であった親や子に扶養照会がなされたり,当事者間で協議を求められたりと,扶養義務の遂行にあたっては申請者の心理的苦痛が大きい。それが嫌であるがために,申請をしない例も多く報告されている。

(3) 基本原則

　上記の4つの原理のほかに,生活保護制度にはその運用上に適応される4つの原則も規定されている。まず,1つ目が「申請保護の原則」であり,これは,要保護者が自ら生活保護の申請をして初めて審査されるという規則である。これに対応するのが「職権保護」といわれるもので,職権保護の場合は行政が必要と判断した時に保護が適用されることとなる。生活保護は,本人による申請が前提となっているが,要保護者が急迫した状況にある場合は,行政は本人の申請がなくても職権保護を行うことができる。申請保護が前提となっている理由は,行政がすべての住民の生活の状態を知ることは現実的に不可能であること,申請は本人の意思に基づいて行うべきものであること,である。しかしながら,要保護者が申請するに至らない場合(制度を知らない,申請する能力がないなどの理由により)は,漏給の要因のひとつとなってしまうことも事実である。2つ目の原則が「基準および程度の原則」である。これは実際の保護

図表6-3 生活保護の扶助の種類（タイプ）

扶助の種類	内容	支給額
生活扶助	日常生活に必要な費用（食費・被服費・光熱水費等）	①食費等の個人的費用（年齢別に算定）（第一類）と②光熱水費等の世帯共通の費用（世帯人員別に算定）（第二類）の合計。なお、特定の世帯については加算（障害者加算等）。
住宅扶助	アパートの家賃	1, 2級地1万3000円以内、3級地8000円以内
教育扶助	義務教育を受けるために必要な学用品費	小学生2150円　中学生4180円
医療扶助	医療サービスの費用	費用は直接医療機関へ支払（本人負担なし）
介護扶助	介護サービスの費用	費用は直接介護事業者へ支払（本人負担なし）
出産扶助	出産のための費用	規定に基づく
生業扶助	就労に必要な技能の習得等にかかる費用	規定に基づく
葬祭扶助	被保護者が亡くなった時の葬祭費用	規定に基づく

出所：生活保護制度研究会編『保護のてびき』より筆者作成。

基準を定める規定で，厚生労働大臣の定める基準（保護基準）に基づいて算定される最低生活費に比較して，「そのものの金銭または物品で満たすことのできない不足分を補う程度」とされている。「金銭または物品」とは，収入や資産（もち家など）が含まれる。具体的な保護基準の算定方法，扶助の内容については，次節にて説明する。3つ目の原則が「必要即応の原則」であり，これは，要保護者の属性やニーズの相違を考慮したうえで適切に行われるべきであるとする。4つ目の原則が，「世帯単位の原則」であり，これは保護を世帯単位で給付すべきであるという原則である。すなわち，要保護者の生活は世帯全体の生活レベルで判断されるということである。

（4）給付内容

生活保護の扶助の種類（タイプ）には，以下の8つ（生活扶助，住宅扶助，医療扶助，介護扶助，出産扶助，教育扶助，生業扶助，葬祭扶助）がある。**図表6-3**に，それぞれについての簡単な説明を記す。[11] 給付される額は各扶助費を積み上げて

計算される最低生活費と収入認定額（収入から実費控除，勤労控除を差し引いた額）の差額である。

5　生活保護制度の現状

（1）保護率の推移

　次に，生活保護の受給者（被保護者）の推移を時系列にみてみよう。生活保護の動向については，被保護世帯数または被保護人員数の推移を参照とすることが多いが，被保護世帯数および被保護人員数の動態は，世帯数および人口の動態に影響されるので，本稿では人数ベースでみた保護率（人口の中で被保護である人の割合）を用いて議論することとする。図表6-4に，各年齢層の保護率の推移を示す。新生活保護制度が発足した1950年は，戦後数年しかたっていない状態であり，人口に占める生活困窮者が非常に多い時代であった。人口総数でみると，1950年の保護率は23.82‰（パーミル，人口1000人あたりの人数）であり，70歳以上では44.43‰となっている。その後，日本経済の成長の恩恵も受け，保護率は，1970年代前半にかけて大幅に減少した。この減少は，すべての年齢層にみられる共通の現象であるが，とくに著しい減少をみせているのが子ども（0-5歳，6-19歳）である。1955年から1975年にかけて，0-5歳では，19‰，6-19歳では17‰と保護率が大きく減少している。1975年から1985年の10年間は，子ども，勤労世代の保護率はほとんど減少しておらず，対照的に，高齢者（70歳以上，60歳代）の保護率が大きく減少している。1960年代から1970年代にかけて高齢者関連の社会保障制度が拡充・整備されてきたことによる恩恵が，少し時期をずらしてあらわれてきたものと思われる。次の1985年から1990年代半ばまでは，すべての年齢層において保護率が減少している。1986年からの長期にわたる好景気，年金制度の改正による給付水準の引き上げなどの影響によると考えられるが，1985年からの生活保護の引き締めの影響も否めない。しかし，人口全体の保護率は，1993年の6.88‰を最低とし，その後は増加している。2006年には11.54‰と1970年代のレベルにまで到達した。1990年代中旬からの保護率の増加傾向は，全年齢層にみることができるが，とくに，そ

第6章 最低生活保障と公的扶助

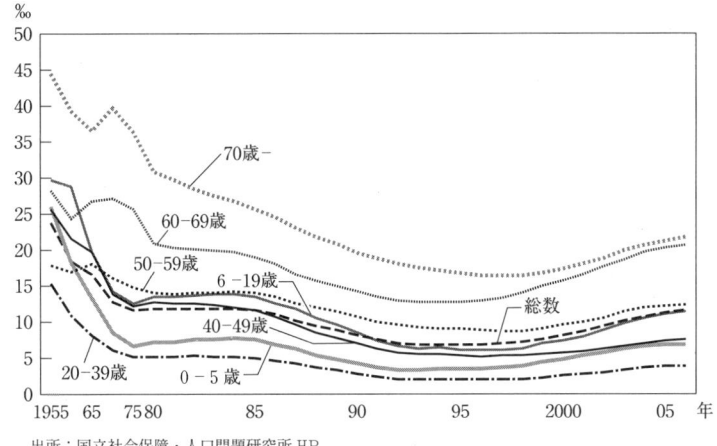

図表6-4 年齢層別 保護率

出所：国立社会保障・人口問題研究所HP。

の傾向が顕著なのが60歳台である。60歳台の保護率は，1993年の12.67‰から2006年の20.69‰と8.02‰も上昇した。70歳以上では1997年より保護率が上昇しはじめ，2006年には21.85‰と最低値に比べて5.47‰の上昇となっている。

(2) 1990年代以降の保護率上昇の要因

1990年代の保護率の上昇の理由は，いくつかの要因が考えられる。まず，第1の要因として考えられるのが経済状況である。これまでも，循環的経済状況（景気）によって保護人員数が増減することは観察されている。たとえば，平成バブル景気と呼ばれる1986年から1991年の期間に，被保護人員は582万人，保護率は4.2ポイント減少した。1995年に保護率の推移が減少から増加に転じたのは，バブル崩壊の影響が時間差をおいて観察された結果と考えることもできよう。しかし，1995年以降，現在に至るまで，保護率は継続して上昇しており，景気が好転した時期においても保護人員数，保護率ともに上昇を続けているのである。そのため，1990年代以降の保護率の上昇を経済要因のみで説明することは難しい。

景気以外の保護率上昇の要因として考えられるのが人口の高齢化である。図

表6-4から明らかなように，高齢者の保護率は他の年齢層に比べて格段に高い。高齢者の保護率は，公的年金制度が拡充されてきたことにより，1950年から1990年代にかけて激減した。しかしながら，依然として，50歳台に比べ，60歳以上の保護率は8‰以上も高い。これは，たんに，高齢者のほうが，「生活保護に入りやすい」ということではない。年齢層別の貧困率（＝低所得率）をみても，高齢者は勤労世代よりも高い確率で貧困であることが報告されているからである［阿部 2006］。つまり，公的年金が成熟期に達した現在においても，高齢者は経済的弱者である確率が高く，このことは，高齢化がますます進むことによって，生活保護の保護率も上昇してしまうことを示している。

　第3の要因は，世帯（家族）形態の変化である。貧困状況である確率が高い単身世帯や母子世帯などが増え，生活に困窮し生活保護にかかる人々が増えたと考えられる。とくに高齢者については，この要因が大きいであろう。高齢者のなかで世帯形態が単独世帯である割合は，1980年の8.5％から，15.5％（2005年）まで上昇しており，また，夫婦のみ世帯に属する割合も19.6％から36.1％まで上昇した（厚生労働省『平成17年国民生活基礎調査』）。推計によると，高齢者の自分独自の個人所得による貧困率は，男性では40.7％，女性では81.0％にもなる。しかし，同居家族の所得も考慮した貧困率は男性12.2％，女性17.7％と減少する［阿部 2007］。つまり，多くの高齢者が，単身であれば貧困となるものの，家族と同居することによってそれを免れているのである。

　第4の要因が，生活保護制度以外の社会保障制度の防貧機能の低下である。たとえば，被保護世帯の8.8％（2004年）を構成する母子世帯に対する社会保障制度について考えてみよう。母子世帯になった理由別の母子世帯数をみると，1990年代からは死別が減り，離別が急増している（厚生労働省『全国母子世帯等実態調査』各年）。死別母子世帯には，遺族年金など生活保護以外の社会保障給付が比較的に潤沢に用意されているものの，離別母子世帯については児童扶養手当，児童手当しか用意されておらず，その額は遺族年金を下回ることが多い。これはつまり，社会保障制度自体になんの政策的変化がなかったとしても，母子世帯の構成が変わることによって，母子世帯に対する防貧機能が低下することを意味し，結果として母子世帯の保護率も高くなるであろう。

最後の要因が，生活保護行政のありようや，保護の申請状況である。前者は，いわゆる行政による保護の引き締め（水際作戦とも呼ばれる）を指し，後者は，要保護者側からの保護の需要（申請）の問題である。前者については，1980年代に厚生省から出された「123号通知」[13]によって，生活保護行政の「適正化」が行われ，受給要件の厳格化により保護の申請・受給が抑制されたという批判があったが［垣田 2007］，1995年以降に，同様の「引き締め」が行われている可能性もある。「適正化」については，後節にて再度検討する。後者は，生活保護を受けることについてのスティグマや抵抗感の度合いの変化である。経済要因，人口要因，家族構成要因などで，要保護者が増えていたとしても，申請をする人の割合が減っていれば保護率は減少する。

　このように，生活保護率の上昇の要因は複合的であるが，それぞれの要因がどれほど上昇に寄与しているのかについて扱った研究は少ない。貴重な研究のひとつが周・鈴木［2007］によってなされているので，ここに紹介しよう。周・鈴木［2007］によると，保護率の上昇を景気動向などの一時的な要因と，高齢化の影響に分解して分析しており，1995年から2004年の人口全体の保護率の上昇は高齢化の影響が最も大きいとしている。しかしながら，各年の前年からの上昇について精査すると，1999年以降は，高齢化要因よりも各年齢層における保護率の上昇の影響（高齢化以外のすべての要因による）のほうが大きくなっている。2005年の前年からの保護率の伸び（0.447）を分解すると，高齢化（年齢層のシェアの変化）による上昇分は0.066，各年齢層の保護率の上昇による上昇分は0.381であり，さらに，各年齢層の保護率の上昇度合いはほぼ同じである。つまり，1990年代までの生活保護率の上昇は高齢化によるところが大きいものの，2000年代に入ってからの上昇はその他の要因のほうが大きく影響している。

（3）捕捉率

　次に，保護率と密接な関係がある捕捉率（要保護者のなかで実際に生活保護を受給する人の割合）について述べておきたい。上記の最後の要因，生活保護行政のありようや保護の申請状況が捕捉率に影響する要因である。つまり，生活保

図表6-5 捕捉率の推計

出所	データ	年	貧困の基準	捕捉率
橘木・浦川 (2006)	所得再分配調査	1995-2001	生活保護基準（級地は3-1）	19.7%～16.3%
駒村 (2005)	全国消費実態調査	1984,89, 94,99	生活保護基準 市町村税非課税世帯	1984 16.5%, 89 25.2%, 94 12%, 99 18%
小川 (2000)	国民生活基礎調査	1995	生活保護基準額（世帯属性，級地，推定医療扶助）	全世帯 5 % 1人世帯 14.36% 2人世帯 6.18%
	被保護者全国一斉調査	1994	被保護世帯	3人世帯 4.43% 4人世帯 2.67% 5人以上 0.88%
和田・木村 (1998)	国民生活基礎調査	1954-93	被保護世帯の世帯人員別平均消費額	6～14%を推移。6.2%(1993)
星野 (1995)	全国消費実態調査	1989	生活保護基準（全世帯に老齢加算等，1級地1を仮定，家賃は除く）	収入： 40.0%（世帯） 24.0%（人員）
曽原 (1985)	国民生活実態調査	1972-82	被保護世帯の世帯人員別平均所得額	24～32% 24.3%（1982） 1人世帯 57.3%（1981） 2人世帯 32.6%（以下同） 3人世帯 25.2% 5人世帯 8.3% 6人以上 5.1%
江口・川上 (1974)	東京N区税務統計	1972	生活保護基準 （簡素化：$\alpha N + \beta$）	6 %（1972）
厚生省	厚生行政基礎調査	1953-65	現金支出＝非保護世帯の平均消費支出額	15～25%（25.1% 1965）

護の要件を満たすものが存在するのに，何らかの理由で保護に至らない場合である。日本の生活保護制度の問題としてまず指摘されるのが，この捕捉率の低さである。捕捉率の計測は，非常に難しい。なぜなら，所得や消費などについてのデータは比較的に入手しやすいものの，資産や貯蓄，扶養義務者の有無，「その他の能力」など，補足性の原理で規定するさまざまな要件を確認できるようなデータは皆無といってもよいからである。しかしながら，多くの研究者がこの捕捉率の計測を試みている（**図表6-5**）。これをみると，1950年代以降，

高くても40%程度，多くが10-20%と推計されている。多くが，捕捉率を所得データのみで計算しているので，過小に計算されていると考えられるが，かなりの要保護者が漏給されていることは間違いない。

6 被保護者の特徴

（1）世帯類型

前節では，被保護世帯数と被保護人員数の推移とその上昇要因について述べた。それでは，どのような世帯・人が生活保護を受けているのであろうか。本節では，被保護世帯の特徴を簡単にまとめておきたい。

まず，被保護世帯の世帯類型は，高齢者世帯（高齢者のみで構成される世帯）が全被保護世帯の43.5%を占め，約半分となっている（**図表6-6**）。次が傷病者世帯で26.2%，障害者世帯11.3%であり，その他の世帯が10.3%，母子世帯が8.7%となっている（生活保護の動向編集委員会編集『平成19年版生活保護の動向』，2005年値）。また，被保護世帯の74.2%が単身世帯であり，高齢者世帯に限るとその割合は88.4%，傷病・障害者世帯においても79.1%，その他世帯では54.2%となる。さらに，年齢別にみると，60歳以上が被保護者に占める割合は50.2%と半数を超え，65歳以上に限定しても39.8%である（同上）。つまり，一般人口に比べて，被保護者は高齢，なかでも高齢の単身者，母子世帯，傷病・障害者世帯など「社会的弱者」に著しく偏っていることがわかる。

生活保護の施行以来，世帯類型別の構成比は，より高齢者世帯，傷病・障害者世帯に偏ってきている。しかし，これは，社会全体の人口構成の変化を反映しているだけの場合もあるので，世帯類型の偏在化の傾向をより詳しくみるために世帯類型別の保護率（ある世帯類型の総数のなかで被保護世帯である割合。世帯保護率と呼ばれる）をみてみよう。まず，高齢者世帯についてみてみると，1958年から1998年までの期間については，構成比は上昇しているものの世帯保護率は減少している。つまり，この時期の高齢者世帯の構成比の増加は，社会全体で高齢者世帯の割合が増加したことによるもので，高齢者世帯のなかで被保護となる世帯の割合が増えたわけではない。しかし，1998年以降は，高齢者世帯

図表6-6　世帯類型別被保護世帯数及び世帯保護率の年次推移

	世帯保護率（‰）				構成比（%）					
	総数	高齢者世帯	母子世帯	その他の世帯	総数	高齢者世帯	母子世帯	傷病者世帯	障害者世帯	その他の世帯
1958	25.8	237.4	187.5	17.9	100.0	20.7	14.3	65.0		
1960	25.5	246.0	179.5	17.7	100.0	21.5	13.3	65.2		
1965	23.2	173.5	248.2	15.5	100.0	22.9	13.7	29.4		34.0
1970	21.0	165.2	175.9	13.0	100.0	31.4	10.3	35.9		22.4
1975	21.4	136.7	189.2	13.4	100.0	31.4	10.0	45.8		12.9
1980	21.1	93.0	211.5	13.1	100.0	30.3	12.8	46.0		10.9
1985	20.9	78.2	225.3	12.5	100.0	31.2	14.6	44.8		9.3
1990	15.5	55.2	135.0	8.9	100.0	37.2	11.7	42.9		8.1
1995	14.7	45.3	108.7	8.5	100.0	42.3	8.7	42.0		6.9
1996	14.0	42.7	94.5	8.0	100.0	43.2	8.4	41.6		6.8
1997	14.1	42.5	97.6	8.0	100.0	44.0	8.3	41.0		6.7
1998	14.9	41.4	109.0	8.5	100.0	44.5	8.2	40.4		6.9
1999	15.7	43.6	131.0	8.8	100.0	44.9	8.3	29.5	10.1	7.1
2000	16.5	43.9	106.1	9.3	100.0	45.5	8.4	28.5	10.2	7.4
2001	17.6	45.2	117.4	9.9	100.0	46.0	8.5	27.6	10.1	7.7
2002	18.9	46.2	112.3	10.7	100.0	46.3	8.6	26.7	10.0	8.3
2003	20.5	49.6	145.3	11.6	100.0	46.4	8.7	25.7	10.1	9.0
2004	21.5	48.7	139.7	12.3	100.0	46.7	8.8	24.8	10.3	9.4
2005	22.1	54.1	131.0	13.1	100.0	43.5	8.7	26.2	11.3	10.3

資料：福祉行政報告例（昭和45年以前は被保護者全国一斉調査〔個別調査〕）。
出所：生活保護の動向編集委員会編集『生活保護の動向』平成19年版。

の保護率が増加に転じていることから，1998年以降については，社会全体で高齢者世帯の割合が増えたことと，高齢者世帯のなかで生活保護を受給しなければいけない世帯の割合が増えたこと，両方の要因によって高齢者世帯の構成比が増加したことがみて取れる。母子世帯の世帯保護率は，高齢者世帯やその他世帯に比べ格段に高くなっている。母子世帯保護率は，1958年から1996年まで減少したものの，1996年から増加しており，同時に，構成比もやはり1990年代中旬を最低としてその後若干増加している。全国民の世帯に占める母子世帯数の割合は，1950年代から現在まで減少をみせているので[14]，母子世帯の構成比の増加は，母子世帯の世帯保護率の増加に起因すると考えられる。

> **世帯保護率についての補足説明**
>
> 　世帯保護率は，ある世帯類型が生活保護に保護されている割合を表す。たとえば，2004年では全世帯の保護率が21.5‰であるのに対し，母子世帯の保護率は139.7‰であり，母子世帯が他の世帯に比べて保護になる割合が高い。しかし，世帯保護率の解釈には注意が必要である。なぜなら，高齢者世帯と母子世帯の定義が比較的に狭いからである。高齢者世帯は，男性65歳以上，女性60歳以上（2005年からは65歳以上）の世帯員のみで構成される世帯，母子世帯は配偶者のいない女性とその未成年の子のみで構成される世帯と定義されている。すべての高齢者のなかで，高齢者世帯に属する人は約半数である（厚生労働省『平成17年国民生活基礎調査』によると単独世帯，夫婦のみの世帯に住む65歳以上の割合は51.5％）。また，母子世帯の定義に親（子からみた祖父母）と同居する世帯も含めると（同居母子世帯），母子世帯の中に占める独立母子世帯（母子世帯率で用いられる定義）の割合は31.4％（2001年）［阿部・大石 2005］で増加傾向にある。

（2）ジェンダー

　次に，ジェンダーの観点から被保護者の分布をみてみよう（**図表6-7**）。被保護者全体の男女比は46：54であり，人口構造にほぼ近い数値となっている（同上）。しかしながら，この比率は年齢層によって大きく異なる。20歳未満と70歳以上では，一般人口の男女比とほぼ同じ値を示しており，この年齢層におけるジェンダーバイアスは存在しない。しかし，20歳台，30歳台においては，女性が約7割と女性に偏っており，一般の男女比から大きく乖離している。これは，被保護母子世帯の母親がこの年代に多く，また，稼働年齢の男性が被保護となることは稀であることを示唆しているといえよう。しかし，50歳台，60歳台では逆に男性のほうが多くなっており，たとえば，男性が多い野宿者（ホームレス）から保護につながるケースが50歳台，60歳台に偏っていることなどに起因していると思われる。

（3）扶助タイプ

　最後に，扶助のタイプ別に被保護者をみてみよう（**図表6-8**）。生活扶助を受ける被保護者の割合は，制度の発足当初からほぼ変わっておらず，約9割と

図表 6－7　女性の割合：年齢層別（2005）

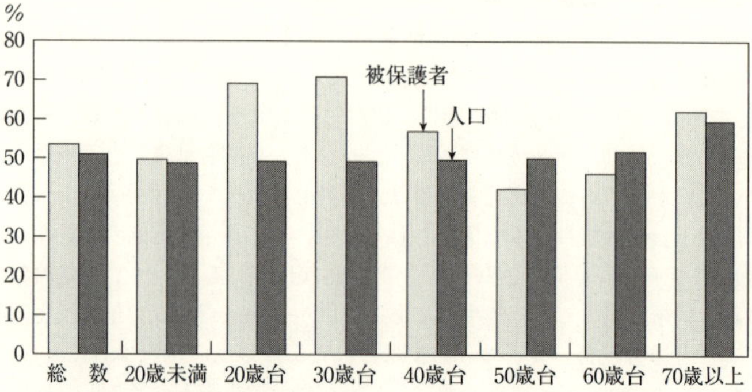
%
80
70
60
50
40
30
20
10
0
被保護者
人口
総　数
20歳未満
20歳台
30歳台
40歳台
50歳台
60歳台
70歳以上

出所：被保護者は，生活保護の動向編集委員会編集「生活保護の動向」平成18年版，人口は統計局『平成17年国勢調査』。

図表 6－8　総被保護人数に対する扶助タイプ別人数の割合

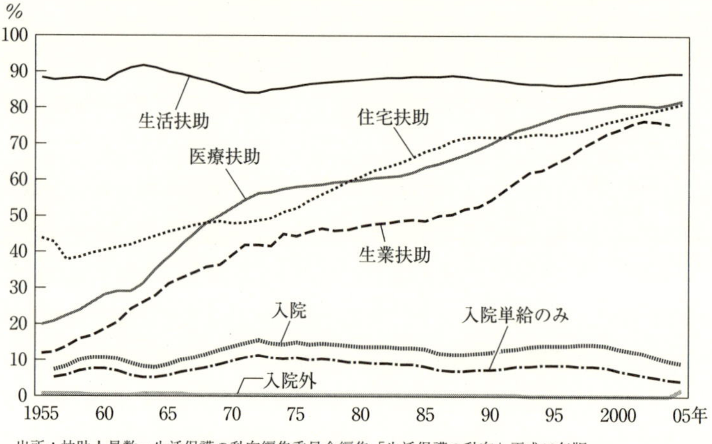
%
100
90
80
70
60
50
40
30
20
10
0
1955
60
65
70
75
80
85
90
95
2000
05年
生活扶助
住宅扶助
医療扶助
生業扶助
入院
入院単給のみ
入院外

出所：扶助人員数＝生活保護の動向編集委員会編集「生活保護の動向」平成19年版，入院数＝厚生労働省大臣官房統計情報部「社会福祉行政業務報告」。

なっている（2005年は，89.5%）。残りの約１割の被保護者は病院や施設へ入院・入所している被保護者と考えられ，実際に，入院者数をみると2005年で9.2%となっている。このように，生活扶助を受ける被保護者数と入院者数がほぼ安定した割合で推移するなかで，急速な伸びをみせているのが医療扶助と

住宅扶助を受ける被保護者数である。医療扶助人員数の増加は，被保護者に占める高齢者と傷病・障害者世帯の割合が増加していることからも当然のなりゆきともいえよう。2005年の医療扶助人員数の総被保護人数に対する割合は81.8％であり，約10％が（生活扶助を受けていない）入院者と考えても，生活扶助を受けている人のほとんどが医療扶助も受けているという計算になる。興味深いのは，住宅扶助も同様の傾向をみせていることである。2004年の住宅扶助人員の割合は総被保護者数の80.9％となり，入院者は住宅扶助を受けていないと考えられるので，残り90％の生活扶助を受ける人のほぼすべてが住宅扶助も受けていることとなる。逆にいうと，「医療」や「住宅」に困窮しておらず，ただたんに生活費が足りないため生活保護を受給しているというケースはむしろ稀少である。これは，つまり，生活保護制度が「最低生活費」のうちの「生活費」を補う制度というよりも，むしろ，生活困窮者の「医療」と「住宅」のニーズを生活費の不足分にパッケージさせた「トータル」な生活保障制度として機能していることを意味する。

7　生活保護制度の財政

(1) 生活保護費の分担

　生活保護制度を実施する上で必要な費用は，保護費（生活扶助，住宅扶助など，各扶助費として支給される額），保護施設事務費，委託事務費，保護施設の施設整備費・設備整備費，地方公共団体の人件費，その他の行政事務費である。このうち，一般に議論の対象となるのは実際に被保護者に支給される保護費のみであるが，制度の運用をスムーズに行い，適切なケースワーク等を行うためにはその他の経費も充分に確保されることが重要であることはいうまでもない。保護費は，1965年には1350億円であったものが，2005年には2兆5941億円まで増加した。しかし，社会保障費に占める生活保護費の割合は，1955年の32.1％から最低の1998年の7.5％まで減少し，その後，若干，増加して，2006年には9.9％となっているものの，公的年金，公的医療保険の給付規模と比べると生活保護の費用は小さい［『新版・社会福祉学習双書』編集委員会 2007］。

図表6-9　生活保護費の費用負担区分

経　費	居住地区分	国	都道府県指定都市または中核市	市町村または事業者
保　護　費 （施設事務費及び委託事務費を含む）	市または福祉事務所を設置している町村内居住者	$\frac{3}{4}$	—	$\frac{1}{4}$
	福祉事務所を設置していない町村内居住者	$\frac{3}{4}$	$\frac{1}{4}$	—
	指定都市または中核市内居住者	$\frac{3}{4}$	$\frac{1}{4}$	—
	居住地の明らかでない者	$\frac{3}{4}$	$\frac{1}{4}$	—
保護施設　施設整備費・設備整備費	社会福祉法人立または日本赤十字社立	$\frac{1}{2}$	$\frac{1}{4}$	$\frac{1}{4}$

出所：『新版・社会福祉学習双書』編集委員会（2007）。

　生活保護費の負担は，国が4分の3，地方自治体が4分の1担うこととなっており，その詳しい区分は**図表6-9**のとおりである。

　2003年度から始まった三位一体改革の一環として，生活保護制度における国と地方の財政負担のあり方が議論された[京極 2006]。厚生労働省側からの提案としては，国庫負担を現在の4分の3から引き下げたり，一部の扶助について地方自治体の一般財源化（地方自治体独自の財源で行うこと）を求めた。この理由として，厚生労働省は，保護基準における，生活費や住宅費など地域差が大きい項目については，地域ごとに設定し，より地域や住民に密着した生活保護行政を行うべきとした。また，保護率の地域差が大きいことに対して，自治体の生活保護の運用状況が影響していることも示唆され，地方自治体の負担が重くなることにより保護費の適正化がはかられるとされた。これに対し，地方側は，生活保護で定める憲法25条による「健康で文化的な生活」はナショナル・ミニマムであり国が設定する必要があること，保護率の地域差は経済状況や社会状況の地域差に起因するものであると反論した。議論は平行線をたどり，最後には政治的決定で，生活保護に関する改正は行われなかった。しかし，この議論は生活保護制度における国と地方の負担のあり方を真っ向から論じており興味深いものであった。

(2) 医療扶助費

次に，扶助のタイプ別に保護費の内訳をみてみよう（**図表6-10**）。保護費の議論においては，生活扶助費の基準について言及されることが多いが，保護費の約半分を占めるのが医療扶助費である。1950年代以降，住宅扶助費の割合が，2.2％から11.7％に増え，介護扶助費が加わったものの，医療扶助費と生活扶助費が占める割合は約50％と約35％とさほど変化していない。医療扶助の扶助人員が総被保護者に占める割合は，1950年代以降急増したが，医療扶助費の割合がさほど変わっていないのは興味深い。2004年は，保護費の51％が医療扶助費，33.8％が生活扶助費，11.7％が住宅扶助費，1.7％が介護扶助費，0.4％が教育扶助費，1.7％がその他扶助費，1.4％が事務経費であった（国立社会保障・人口問題研究所編『社会保障統計年報』）。

保護率上昇にともなう生活保護費の増加を抑制するためには，その半分を占める医療扶助費の抑制が欠かせなくなってくるであろう。そこで，ここでは，あまり知られてこなかった医療扶助費についての解説を若干加えることとしたい。医療扶助費は入院と外来に分けることができ，医療扶助費の52.5％が医科入院，医科外来が26.7％，調剤10.3％，食事6.9％，歯科3.2％と続く（2004年度）[鈴木 2008]。疾病別には，入院医療費で群を抜くのが「精神・行動の障害」であり41.3％を占める。「精神」以外では，「循環器疾病」が19.8％であり，その他の疾病は少ない。入院の病棟別の人数でみると，精神が47.7％，その他の病棟が52.3％となっており，生活保護による入院患者の約半数は精神病棟に入院している（『平成19年版生活保護の動向』，2005年値）。かつて一番多かった「結核」は，1960年には入院患者数の52.4％であったが，現在はほとんどみられない。次に，外来についてみると，医療扶助費の割合が最も多いのが「循環器の疾患」（19.7％,）であり，次が「尿路性器の疾患」（17.1％）となっている[鈴木 2008]。

生活保護費の半分を占める医療扶助費についても，「適正化」の波が押し寄せてきている。ひとつは，被保護者にとって医療扶助を受けることは100％公費（自己負担なし）であるため，過剰な診療を受診するモラルハザードが発生するとの指摘である。これは，被保護者の受診回数および入院日数が国民健康

図表6-10　扶助タイプ別給付費

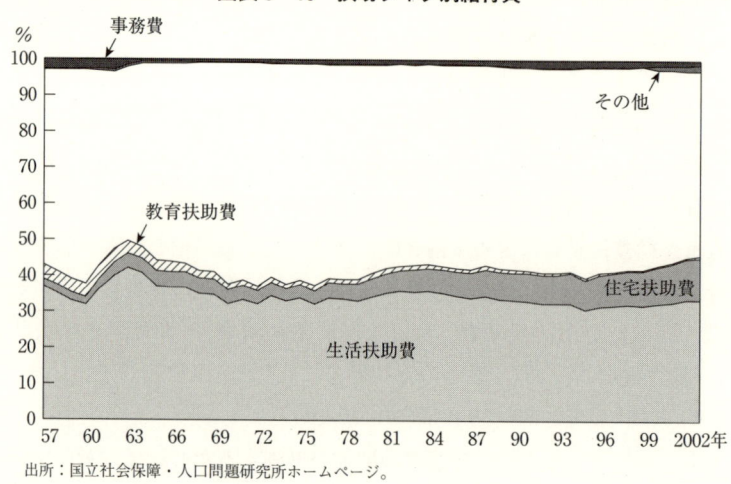

事務費
その他
教育扶助費
住宅扶助費
生活扶助費

出所：国立社会保障・人口問題研究所ホームページ。

保険などに比べて多いこと（頻回受診者および社会的入院という）を根拠としており，実際に厚生労働省は医療扶助の1割自己負担導入を検討中である。しかし，会計検査院による調査によると実際に「過剰である」ケースは非常に少なく（医療扶助人員の0.3％，鈴木 2008），モラルハザードがどれほど発生しているのかは疑問である。また，自己負担を導入すると，その分，最低生活費に食い込んでしまうので，どうやって最低生活を維持するのかという矛盾が発生する。そもそも，被保護者は一般国民に比べて，健康に問題があり，身寄りもいない場合が多いので，国民健康保険の被保険者などと単純に比較できるのかという問題もあろう。また，「社会的入院」と考えられるケースについては，自立支援プログラムの一環として退院促進プログラムが行われはじめている。入院患者の半数を占める精神疾患患者については，彼らの社会復帰，社会的包摂という意味で，退院を促進することはやぶさかではない。問題は，彼らを受け入れる受け皿が社会に用意されているかであり，これは今後の大きな課題となるであろう。

(3) 生活保護の「適正化」

　生活保護費は，緊縮財政や保護率上昇を背景として，しばしば，引き締め（適正化）の対象となっている。「適正化」とは，生活保護の無駄や不正をなくすことであり，具体的には濫給を発見・防止することである。制度発足以来，生活保護の主な「適正化」は3回あった［大友 2005］。第一次適正化は1954年から1956年にかけて，医療扶助と在日外国人受給者数の増加を，第二次適正化は1964年から1966年にかけて，稼働能力者を，第三次適正化は1981年から1989年にかけては非稼働，稼働を問わずすべての被保護者をターゲットに行われている。大友は，欠格条項の担保としておかれた補足性の原理を用いた一般扶助主義から制限扶助主義への転換が，第二次適正化より始まり，第三次適正化によって徹底されたとする。そして，主に稼働能力を要するとされるものに対する実質的な扶助制限がなされ，その結果として，保護層が非稼働層に集中したとする。

　2000年度後半の現在においては，財政上の理由から社会保障費全般の削減が求められていることを背景として，最低生活費の基準を下げることによって保護費の削減が行われており，「第四次適正化」ということができるかもしれない。具体的には，2004年には老齢加算，2005年からは段階的に母子加算が廃止された。また，先述したように，生活扶助基準の見直しの議論も本格化している。これらの引き締めは，保護の対象を絞るといったこれまでの適正化と異なり，被保護者の保護基準を引き下げるという新たな手法をとっている。これによって，生活保護の発展の歴史のなかで，マーケット・バスケット方式から水準均衡方式までの改正，およびさまざまな加算の追加によって，徐々に引き上げられた最低生活費の水準がはじめて引き下げられることになった。この引き下げの理由として挙げられたのが，一般世帯との「均衡」である。1984年に水準均衡方式に移行した際に達したと判断されたのが「一般の低所得世帯の消費水準の60％」であったが，一部の世帯タイプにおいては，保護を受けていない世帯の方が，保護を受けている世帯より消費水準が高いという批判がなされたのである。しかし，この批判は，いくつかの重要な論点を考慮していない。第1に，よく指摘されるように，生活保護の捕捉率は大変低く，被保護者の生活

水準の高さよりも，むしろ，保護に至っていない要保護者の生活水準の低さを問題とすべきであるという点である。第2に，被保護者は自身の稼働能力も含め資産やその他の資源をほとんどもっていないと判断された人々のみであるという点である。そのため，被保護世帯と，資産・資源を有する一般世帯の生活水準を単純に消費水準のみで比較することには無理がある。比較をするのであれば，実際の生活水準を分析対象とするべきである。2002年に厚生労働省が実施した「社会生活に関する調査」は，低所得者と被保護者の実質的な生活水準を比較しており，多くの項目で被保護世帯の生活水準は，低所得者の生活水準を下回る。被保護者が，社会の一員として機能していくためには，まず，この「生活格差」が縮小されるべきである。第3に，「標準世帯」の矛盾を考慮しなければならない。現在，比較に使われているのは「標準3人世帯」であり，実際の被保護者の属性から，異なる世帯となってしまっている［岩田・京極2007］。さらに，第一類，第二類の生活扶助の区分の意義など，貧困世帯の家計分析をさらに進めたうえで検討するべきであろう。第4に，日本社会全体における格差がこれほどまでに拡大した現在において，被保護世帯はどの「レベル」の世帯と比較されるべきか考える必要がある。これは，被保護者のみならず，社会全体の格差をどこまで容認するか，という議論にもつながる。

8　生活保護制度の将来

　発足から半世紀以上たって，生活保護制度にはさまざまなほころびが生じつつある。制度が内包する主な問題点については，ここまでの議論でふれてきたが，ここで主要なものをあらためて列記してみよう。

1　捕捉率の低迷
2　保護の可否に至る要件の厳格さ（資産，家族による扶養義務等）
3　「水際作戦」などに代表される保護の「適正化」
4　保護基準の妥当性（一般世帯との均衡，最低賃金，基礎年金との不均衡）
5　被保護者の自立を促していない（「貧困の罠」）

これらのすべて，または，一部を改善するための具体的な改革案も出されはじめてきている。ここでは，これらの改革案を解説しながら，筆者の生活保護制度改革に向けての考えを述べていきたい。

（1）改革案

近年，生活保護制度の具体的な改革を提示する2つの案が発表された。1つは，厚生労働省が設置した「生活保護制度の在り方に関する専門委員会」が2004年に公表した報告書である［厚生労働省 2004］。本報告書では，生活保護制度を「利用しやすく，自立しやすい」制度にするための改革を提案しており，具体的には，多岐にわたる自立支援（就労支援のみならず，日常生活自立支援，社会生活自立支援なども含む）を取り込み，また資産要件など保護に至るためのハードルとなっている要件の緩和，生活保護基準の見直し（一般母子世帯の生活水準との均衡の視点から母子加算の廃止など）を提案している。

より抜本的な改革を提案するのが，全国知事会・全国市長会によって設置された検討会によって発表された『新たなセーフティネットの提案：「保護する制度」から「再チャレンジする人に手を差し伸べる制度」へ』（2006年10月）（以下，「提案」）である。この提案は，三位一体の議論のなかで保護費の国の補助割合の引き下げについて繰り広げられた地方自治体側の反対議論の中から生まれている。提案は，現在の包括一般扶助制度で保護されている被保護層を，稼働世帯（勤労世代）と高齢者に分離し，稼働世帯に対しては就労による自立支援を目的とする5年間の期限つきの一時的扶助，高齢者に対してはケースワークをともなわない救済的な所得補助制度に変容させるとしている。稼働世帯に対しては，持家を認めるなど，若干「入りやすい」制度とするとともに，自立を目的とするプログラムへの参加が義務づけられており，プログラムにはアルコール依存や低教育などの就労阻害要因に対する対策も含まれるなど徹底的な自立支援型の制度が提案されている。また，重度障害者など稼働困難なケースにおいては有期保護の適用除外とするとしている。一方で，高齢者に対しては，それまでの年金保険料納付努力が反映されるように年金控除が認められるとともに，資産活用についてはより厳しく審査するとしている。しかし，

いったん保護になってからは，ケースワーカーを配置せずに福祉事務所の業務軽減をはかっている。最後に，「提案」は生活保護基準の少し上の層および基準の上下を行ったり来たりするボーダーライン層にも稼働被保護層へ提供されるプログラムの利用を許可することにより，彼らが生活保護層に転落することを防止しようとしている。

　〈提案〉は，今までに問題視されながらも実現に至らなかった生活保護の抜本的改革の道筋を示すものでありきわめて重要であろう。駒村［2007］も，本提案を「新しい時代の生活保護としてきわめて有力な選択肢であることは間違いない」としている。筆者もこの点については同感であるものの，提案でカバーされなかった，もしくは，提案では不十分であると思われる点をいくつか指摘しておきたい。

　まず，〈提案〉の示す稼働被保護世帯向けの制度（「有期保護制度」）は，現在の被保護層のほとんどが対象とならないという事実を再認識したうえで評価しなければならない。現行の生活保護制度において行われている稼働年齢層の受給審査には就労能力も含まれており，「仕事がない」というだけでは保護とならない。繰り返し指摘されるように，被保護層はきわめて「就労不可能」な層に偏っているのである。高齢，障害・傷病世帯を「就労不可」として，残るのは「母子」と「その他」世帯であるが（被保護世帯の8.8％と9.4％），彼らとて，少なくとも保護基準を超えるだけの収入を得る就労をするのが困難であるからこそ被保護となっているのである。全母子世帯の約9割は保護を受けずに生活しており，被保護となる母子世帯は母子世帯のなかでも就労阻害要因が大きい人たちである。だとすれば，現在の被保護層のほとんどは「高齢者対象制度」か「有期保護制度」の適用除外となるはずである。つまり，『提案』の示す「有期保護制度」は，ほとんど「新設」で「新しい対象者」を対象とする制度と考えなければならない。

　第2に，最低生活保障について「提案」は充分に議論していない。「提案」によるグランド・デザインは，5年間のインテンシブな自立支援プログラムを経れば，被保護者が保護基準以上の所得を労働市場から得る（自立する）ことができるというものである。しかし，就労していても生活保護基準に満たない

人は5.5％と推計されており［駒村 2007］，被保護層により就労阻害要因が集中しているとすれば，これより高い数値の人々が5年たってもワーキングプア（働く貧困層）である可能性が高い。「提案」は，有期保護の終了後も憲法が定める最低生活は「適切に保障されていくもの」であるとしており，5年後に未就労である場合は「一定の条件を満たす困窮状態にある者」は生活保護を再申請できるとしている。5年後の勤労所得が最低生活費に満たない人々はこの再申請を許されるのであろうか。もし，許されないのであれば彼らの最低生活は保障されないし，許されるのであれば徐々に生活保護にこのようなワーキングプア層が蓄積していってしまうこととなる。同じように有期限つきの公的扶助制度（TANF）[16]を導入したアメリカにおいても，制度の導入後，徐々に「困難ケース」の人々が「除外枠」として増えていることが指摘されている。つまり，新規流入はともかくも，「残余層」が結局のところ生活保護制度に停滞し，以前と同じような状況となってしまうのである。

　また，同じくアメリカにおいて貧困者が福祉依存から脱却した大きな理由は，公的扶助の厳格化（有期化）と同時に，ワーキングプアに対する税額控除による所得保障（EITC）[17]が拡充されたことを忘れてはならない。EITCは所得の低い勤労者に対する税額控除でそのほとんどが還付金として給付されており，実質的な所得保障プログラムとなっている。つまり，アメリカにおいても，このような「恒常的な」所得保障なしに，ワーキングプアの問題は解決されなかったのである。これは，被保護層のみならず，現在，捕捉されていない大多数のワーキングプアにも関わる問題である。生活保護が「自立型」にシフトするのであれば，就労したときに本当に自立（生活保護基準以上の収入が得られる）できるように，生活保護「外」の条件を整えなければならない。「提案」は，非正規雇用の待遇改善などを訴えているものの，生活保護の改革のみが先行してしまう可能性もあり，これらが同時に必要であることを強調しなければならない。

　第3に，本提案で言及される所得支援プログラムの必要性は異論がないものの，その財政的影響について明らかにされる必要がある。就労阻害要因に対処して，自立にもっていくまでにかかるプログラムの費用は，その人の生活保護

費を短期的には上回る可能性が充分にある。しかし，そのようなコストをかけたとしても，その人が生涯ずっと被保護である場合に比べれば，財政的にも効率的であることを実証的に示し，それが財政当局にも認識されなければならない。近年の動向に現されるように，緊縮財政によって保護費削減を目的とした改革であれば，保護の厳格化は起こっても，自立支援プログラムは貧弱なものとなってしまうであろう。

　第4に，「5年」という期間の妥当性をはじめ，本提案の効果については検討が必要である［駒村 2007］。貧困の動学的な分析や自立支援策の効果など本分野における実証分析は日本ではまだ蓄積が少なく，欧米の研究結果を安易に適用するのは危険である。

（2）生活保護制度の将来

　このように，生活保護の改革の必要とする声は高まってきている。ここでは，本章のこれまでの議論をまとめる意味で生活保護制度の現状と将来の展望を述べて，本稿の締めくくりとさせていただきたい。

　第1の観察は，生活保護の受給者の約半数（49.8%）が60歳以上であり，日本の人口構造における高齢化の進展にともなってさらに増加することが見込まれることである。とくに近年においては高齢者の年齢別保護率が他の年齢層よりも早く上昇しているため，この傾向にはますます拍車がかかると思われる。

　第2に，生活保護受給者のほとんどが医療扶助，住宅扶助を受けている。すなわち，生活保護制度はただたんに「生活費の不足」を補足するだけではなく，医療，住宅，その他ニーズ（介護など）をトータルに支援する制度となっていることである。つまり，生活保護にかかればすべてが保障され，かからなければ何も保障されないという「All or Nothing（すべてかなしか）」の支援であるといえる。

　第3に，生活保護費の半分は医療扶助費であり，生活保護費の削減を目指すのであれば，医療扶助費の抑制は避けては通れない課題であるという点である。

　このような現状は，生活保護制度の設計や運用上の問題から起こるのではな

く，日本の社会保障制度全体の問題である。高齢者が，依然として，高い貧困率で推移しており，結果として，高齢者の保護率が高く，しかも上昇しているのは，公的年金制度が高齢期の最低生活保障機能を果たしていないからである。現に，高齢の被保護世帯のなかでなんらかの公的年金を受給している割合は半分を切っており，無年金世帯が約半数を占める。現在，深刻化している国民年金の空洞化（年金保険料の免除者，未納者の増加）は，将来的に無年金者，低年金者が増えることを示唆しており，高齢期の最低生活保障に対する公的年金の機能がますます低下することが危ぶまれる。このような状況のなかで，高齢者の最低生活保障を生活保護制度のみにて担うのであれば（たとえ，全国知事会・全国市長会の提案による「高齢者対象制度」となっても），生活保護が今後肥大化するのは免れない。

同様に，被保護者のほとんどが医療，住宅扶助を受けている事実は，公的医療保険，および，公営住宅などの住宅政策において，最低生活が保障されていないことを示している。「国民皆保険」が達成されても，国民健康保険料を滞納したり，高い自己負担を理由に受診を控えたりする人が増えている。受診を控え重症となってから生活保護にかかるのであれば，行政にとっても非効率であるし，なによりも被保護者本人の幸せにはつながらないであろう。また，医療扶助費について，被保護者のモラルハザードが指摘されているが，社会的入院や頻回受診は被保護者に限った問題ではない。

こういった視点に立つと，被生活保護者の急増を防ぐためには，まず，第1に，公的年金や公的医療制度，公的住宅制度に，備わっているべき，最低生活保障機能を回復させることが必要である。政府は，国民皆年金，国民皆保険の理念にいま一度立ち返って，制度の再設計に挑むべきである。

その上で，医療扶助については，生活保護の医療部分は国民健康保険でカバーし，自己負担分を生活保護で補うというようなことも考えられるであろう。すなわち，医療扶助費は100％生活保護費から充当されるが，これは，他法による給付を優先するという補足性原理からしても矛盾しており［岩田・京極 2007］，被保護者も社会保険の枠組みに包摂し，保険料，自己負担のみ生活保護で負担するほうが理念との整合性も高い。すでに，介護扶助については同

様の方式が取られている。

　高齢者の最低生活保障については，公的年金において，現役世代の未納・未加入対策を徹底し，高齢世代の最低生活が保障されるよう給付体系を見直すことが考えられる（たとえば，カナダの補足年金が参考となる）。そうした時，高齢者は基本的に公的扶助の枠組みから離れ，スティグマをともなわずに，高齢期の生活保障を確保することができる。

　そして，それと同時に，勤労世代に向けた「入りやすく，出やすい」制度の構築が必要である。最後のこの部分について，日本の公的扶助制度はあまり経験がない。生活困窮に陥った人をどうやって貧困脱却にもっていくか，どのようなケースワークが必要か，どのような労働政策が必要か，どの程度の生活保障が必要か。[18)]課題は山積みである。現行の生活保護制度においても，自立支援プログラムが始まったが，経験の蓄積は始まったばかりである。

1)　平成17年度の国民年金の納付率（納められるべき保険料の月・人に対する実際納付された月・人）は66.3％であった［社会保険庁 2007］。
2)　全世帯に占める単身世帯の割合は，1955年の10.8％から2005年の24.6％まで，ひとり親と未婚の子のみの世帯は1970年の5.1％から6.3％（2005年）まで上昇している（厚生労働省［2007］『平成17年国民生活基礎調査』）。
3)　橘木・浦川［2006］は，1995年から2001年にかけて，世帯主が29歳以下の世帯において貧困率が相当上昇しているとする。白波瀬［2006］も，1986年から2001年にかけて，20代，30代の世帯主の世帯に関して同様の結果を出している。
4)　後に述べられるように，無差別平等の原理は，後の新生活保護制度の4大原理のひとつとなるわけであるが，この時点における GHQ が論じた無差別平等は，第一義的には元軍人の優遇を禁じるという趣旨であった［副田 1995：15］。
5)　第7次改訂では，5大都市5人世帯の基準が国民の1ヶ月平均支出額の21.7％であったのに対し，第8次改訂では37.6％まで引き上げられた［副田 1995：25］。
6)　副田［1995：59］は，当時の生活扶助基準の「現実の低さはすさまじいものがあった」と記述する。食料費は，魚の骨や野菜の根まで食べることで初めて必要カロリー量が確保できるというレベルであり，入浴は10日に1度，トイレットペーパーは許されず古新聞を利用，衣服費では年にパンツ1枚という具合であった［副田 1995：59-60］。
7)　厚生労働省（2007）「生活扶助基準に関する検討会報告書」2007.11.30，厚生労働省HP。
8)　たとえば，厚生労働省が2003年に設置した「生活保護制度の在り方に関する専門委員会」の議論について，委員の1人であった布川日佐史は，「『生活扶助基準は低所得世帯

の消費の実態と比べると高い』という結論が出たわけであり，今後，保護費を切り下げるべきだとの声が高まってくると思います。……略（引用者）……このまま進めば土台もろとも全体が崩れていく危険性があります」と言及している［布川 2004：46］。
9) 「生活に困窮する外国人に対する生活保護の措置について」1954年5月8日，社発代382号。
10) 被保護者の貯蓄については，中嶋訴訟（1991年提訴，福岡地裁1995年敗訴，福岡高裁1998年勝訴，現在，最高裁にて審理中）がある。原告の中島一家（父親と娘2人）は，子女の高校進学のために生活保護費から生活費を切り詰めて学資保険に加入しており月3000円を支払っていたが，保険満期による返戻金50万円が福祉事務所として収入認定され，生活保護費が減額された。これを不服として，一家が行政を提訴した（全国生活保護裁判連絡会「中島訴訟」HP）。
11) 生活保護の給付内容の詳細については，毎年発刊されている生活保護制度研究会監修『保護のてびき』を参照のこと。
12) ここで用いられた貧困率の定義は，全世帯の等価世帯所得の中央値の50％を貧困線としたものである。個人所得の場合は，個人1人の所得，世帯所得の場合は世帯員の所得を合算したものを世帯員数の2乗で除したものを，その人の所得としている。
13) 「生活保護の適正実施の推進について」1981年11月17日，社保第123号。
14) 世帯数全体に占める母子世帯の構成割合は，1958年では2.0％，2004年は1.4％であり，減少傾向にある（厚生労働省『平成17年国民生活基礎調査』）。
15) 厚生労働省「生活保護費及び児童扶養手当に関する関係者協議会」配布資料。
16) TANF=Temporary Assistance to Needy Families。主に母子世帯を対象とする有期所得保障制度。自立支援プログラムの義務化など，本提案と類似する点が多い。詳細については，阿部［2004］，後藤・阿部（各年）を参照のこと。
17) EITC=Earned Income Tax Credit。働く納税者で一定の所得以下の人に対する還付可能な税額控除。詳細については阿部［2002］を参照のこと。
18) たとえば，岩田正美は，住宅扶助単給，医療扶助単給といった扶助を切り離した制度を提案している［岩田・京極 2007］。

【参考文献】

阿部彩（2002）「EITC（Earned Income Tax Credit）の就労と貧困削減に対する効果——文献サーベイから」『海外社会保障研究』Vol.140

阿部彩（2004）「アメリカの福祉政策の成果と批判」『海外社会保障研究』第147号

阿部彩（2006）「貧困の現状とその要因——1980-2000年代の貧困率上昇の要因分析」

阿部彩（2007）「貧困のリスク」橘木俊詔編『経済とリスク（リスク学への招待第2巻）』岩波書店

阿部彩・後藤玲子（2001-2006）「アメリカ合衆国」仲村優一・阿部志郎・一番ヶ瀬康子編『世界の社会福祉年鑑』旬報社

新たなセーフティネット検討会（全国知事会・全国市長会）（2006）『新たなセーフティネットの提案——「保護する制度」から「再チャレンジする人に手を差し伸べる制度」へ』全国知事会・全国市長会 HP
岩田正美（1995）「社会福祉における政策と「問題」量・分布の測定——全国消費実態調査のデータ分析（2）」『人文学報』No.261, 東京都立大学人文学部
岩田正美（1995）『戦後社会福祉の展開と大都市最底辺』ミネルヴァ書房
岩田正美（2007）『現代の貧困——ワーキングプア／ホームレス／生活保護』ちくま新書
岩田正美・京極高宣（2007）「対談・生活保護を見直す」京極高宣『生活保護改革の視点』全国社会福祉協議会
江口英一・川上昌子（1974）「大都市における低所得・不安定階層の量と形態および今後について」『季刊社会保障研究』Vol.9, No.4
大友信勝（2005）「生活保護制度改革に問われるもの」竹下義樹・大友信勝・布川日佐史・吉永純『生活保護「改革」の焦点は何か』あけび書房
岡部卓（2002）「貧困問題と社会保障——生活保護制度の再検証」『社会福祉研究』第83号
小川 浩（2000）「貧困世帯の現状——日英比較」『経済研究』Vol.51, No.3
小塩隆士・田近栄治・府川哲夫編著『日本の所得分配——格差拡大と政策の役割』, 東京大学出版会
垣田祐介（2007）「現代の貧困と公的扶助制度」坂脇昭吉・阿部誠編著『現代日本の社会政策』ミネルヴァ書房
城戸喜子（2005）「生活保護制度の改革」城戸喜子・駒村康平『社会保障の新たな制度設計』慶應義塾大学出版会
京極高宣（2006）『生活保護改革の視点——三位一体と生活保護制度の見直し』全国社会福祉協議会
厚生省（1960, 1965）『厚生行政基礎調査』昭和35年度版, 40年度版
厚生労働省（2004）『生活保護制度の在り方に関する専門委員会報告書』2004.12.15, 厚生労働省 HP
厚生労働省（2007）「生活扶助基準に関する検討会報告書」2007.11.30, 厚生労働省 HP
駒村康平（2005）「生活保護改革・障害者の所得保障」国立社会保障・人口問題研究所編『社会保障制度改革』東京大学出版会
駒村康平（2007）「ワーキングプア・ボーダーライン層と生活保護制度改革の動向」『日本労働研究雑誌』No.563
小山進次郎（1950）『生活保護法の解釈と運用』中央社会福祉協議会
杉村宏（1997）「わが国における低所得・貧困問題」庄司洋子・杉村宏・藤村正之編

『貧困・不平等と社会福祉』有斐閣
周燕飛・鈴木亘（2007）「生活保護率の上昇と労働市場, 人口構造の変化要因」労働政策研究・研修機構ディスカッション・ペーパー07-05
白波瀬佐和子編（2006）『変化する社会の不平等――少子高齢化にひそむ格差』東京大学出版会
社会保険庁（2007）「平成18年度の国民年金保険料の納付率等について」2007年8月10日, 社会保険庁HP
鈴木亘（2008）「医療と生活保護」阿部彩・國枝繁樹・鈴木亘・林正義『生活保護の経済分析』東京大学出版会
生活保護制度研究会編（2007）『保護のてびき　平成19年度版』第一法規出版
副田義也（1995）『生活保護制度の社会史』東京大学出版会
曽原利満（1985）「低所得世帯と生活保護」社会保障研究所編『福祉政策の基本問題』東京大学出版会
竹下義樹・大友信勝・布川日佐史・吉永純（2005）『生活保護「改革」の焦点は何か』あけび書房
橘木俊詔・浦川邦夫（2006）『日本の貧困研究』東京大学出版会
玉井金五・大森真紀編（2000）『新版　社会政策を学ぶ人のために』世界思想社
布川日佐史（2005）「何をどう『改革』しようとしているのか」竹下義樹・大友信勝・布川日佐史・吉永純『生活保護「改革」の焦点は何か』あけび書房
星野信也（1995）「福祉国家中流階層化に取り残された――全国消費実態調査のデータ分析（1）」『人文学報』No.261, 東京都立大学人文学部
星野信也・岩田正美ほか（1994）『福祉国家における所得再分配効果に関する研究――福祉国家中流階層化の検証』（科研費研究成果報告書）埋橋孝文（1997）『現代福祉国家の国際比較――日本モデルの位置づけと展望』日本評論社
和田有美子・木村光彦（1998）「戦後日本の貧困――低消費世帯の計測」『季刊社会保障研究』Vol.34, No.1

（阿部　彩）

第7章

家計からみた経済社会の変動と生活

はじめに

　本章に与えられた課題は1945年から現在に至るまでの生活の状況について検討することである。個人や家族の生活状態は，他の章で展開される税および社会保障政策のあり方や変化によって大きな影響を受けるとともに，それらに影響を及ぼしてもいる。それゆえに，生活の実態分析は社会政策研究の基盤として欠かせない。

　しかし，生活分析は容易ではない。というのは，生活は一定の家族関係と生活意識をベースに，衣食住といった物的要素と貨幣収支をもち，生活時間と家事労働によって維持されているからである。しかも，医療をはじめ社会サービスの質量によって，個人および家族の物的要素や貨幣収支のレベルの意味が異なってくるからである。生活分析は，こうしたさまざまに異なる諸要素からなる生活の現実に踏み込み，総合的に判断してこそ達せられるからである。

　たとえば，時代をはるかに遡っていうと（社会制度およびサービスのなかった時代ではあるが），日本の産業革命期の「下層社会」を生き生きと分析し，近代日本の代表的な貧困研究といわれる横山源之助の『日本之下層社会』[1]で展開されたような分析である。この研究では，労働と賃金に関する統計と「生計費調査」に基づいて，「職人」「女工」「機械工場の労働者」などの状態を詳細に分析するとともに，自身の見聞によって生活習慣や生活意識に関しても分析し，下層社会に生きる人々に共通した生活状況や生活問題を浮き彫りにした。

　本章では，先行研究および公開されている家計調査や全国消費実態調査など

を手がかりにして，生活実態について議論する。総合的な生活分析からすると，生活の物的側面のうち貨幣収支の実態およびそれに関連した議論に限定したものである。このような限定された検討ではあるが，戦後直後から現在に至るまでの家計の実態を追究することによって，社会政策と生活との関係を断面的に浮き彫りにできるものと考える。以下では，本書全体の共通認識にしたがって，1945年8月から現在に至るまでの期間を4つに時期区分し，変動する経済社会下での家計と生活の動きについて言及していく。

1 極限状況から戦後復興期の生活

　日本は第二次大戦によって膨大な物的および人的資源を喪失した。この戦争による物的損失率（被害総額に敗戦時の残存国富額を加えた額に占める被害総額の割合）は，25％に達したといわれている。人的喪失では，軍人・軍属の戦死傷・行方不明者が186万人，軍関係者以外の被害者が66.8万人であった。こうした破壊された国土のなかで暮らす人々の生活はどん底の状況にあった。

　戦後直後の生活について語る際に，記憶しておきたい文献がある。それは，戦後日本経済の再建を構造的に支えた「傾斜生産方式」の提唱者として有名な有澤廣巳が1954年に刊行した編著書の『日本の生活水準』である。この書では戦後日本の生活水準を，マクロ統計と家計調査から分析しており，教えられる点が少なくない。以下では，まずこの文献を援用して戦前期と比較した戦後直後の生活水準について言及し，次いで戦後型家族と公営・公団住宅について述べていきたい。

（1）戦前と比較した戦後直後の生活水準

(1) 戦後直後の生活水準

　『日本の生活水準』において有澤は，国民所得統計を用いて，日本の戦前・戦後の生活水準について検討している。氏は，当時日本の国民所得統計が精緻ではないこと，また生活水準の分析にこの統計を用いるのは「第二次的な使い方である」と断りながらも，この統計が海外との比較を可能にすること，また

個人の所得と消費を法人所得や資本形成，政府支出，租税負担などと関連づけて検討できるなどの理由で活用している。有澤の分析によれば，戦前日本の国民所得はアメリカの16.7％，ドイツの17.9％にすぎず，国際的にはかなり低水準にあり，第二次大戦が「この貧しい国の経済機構を崩壊せしめ，国民の蓄積をつかいはたしてのちに終わった」ことを物語っている[4]。その後に勃発した朝鮮戦争による特需で活況を呈した日本経済によって，1951年の国民所得は戦前の水準に到達したが，それでも西ドイツの4割弱，イタリアの6割弱の水準にとどまっており，「日本経済がその落ち込んだ谷底から，ともかくも1930年代の水準にたちかえった時，世界ははるかに戦前水準を上まわっていた[5]」。

ただ，日本の経済復興過程そのものに焦点を当て1人あたり実質国民所得についていうと，1946年には戦前期（1934-1936年）のおよそ半分にまで低下したが，1951年には8割強までに回復し，1952年には戦前の水準に達しており，「年率9％ほどの高い回復率」を示した。

次いで，国民所得分配の構成についていうと，戦後になって個人業主所得と勤労所得との格差は縮小した。1934-1936年時において31.3％だった個人業主所得は1946年には65.2％になった。一方，勤労所得は38.9％から30.8％まで減少したが，その後回復傾向を示し，1950年代以降，両所得は均衡状態から戦前同様に勤労所得が上回るようになっていく。また，戦前の農家世帯の消費支出額（1934-36年時で631円）は都市非農家世帯のおよそ70％であったが，1949年（600円弱）と1950年（700円弱）には両世帯は同額となった。この非農家世帯には個人業主世帯も含まれるが，これらの数値から，戦後直後の都市勤労者世帯が戦前の生活水準と比較して劇的な変化を受けたことがわかる。この理由は，企業の生産活動の低下と物価の急騰によって実質賃金が暴落したからである。

マクロ統計による戦前・戦後の生活水準比較の最後として，国民所得の分布に関して述べておきたい。当時日本では個人所得全体を包括した正式な統計は存在しなかったが，有澤は1936年に推計された資料と1950年に推計された資料から，所得分布の不平等度を測定する際に有効だといわれるローレンツ曲線を描いて検討している。それによれば，1950年の所得分布は「1936年に比して，著しく平等度を増したことが看取される[6]」状態であった。戦後直後の所得の平

等は，大地主と利子生活者層の没落および農業経営の零細化など「農地改革やインフレーションの一時的産物であって」，「全体の所得水準が低下」し，「民衆の生活がこれ以上には切り下げることができないまでに低下」したなかで，「比較的所得水準の高い層がより大きな負担をになわざるをえなかったことを反映する」ものであり，いわば「余儀なくされた貧困の平等化」であった[7]。

「貧困の平等化」といわれた戦後直後の状況は，「モノ不足」と闇物価に象徴的に示されている。戦後直後の「モノ不足」は，戦争中の軍需生産中心・限定的な消費財の生産という産業構造の結果でもあった。戦争中，最初に供給が制限されたのは織物類，とくに輸入による原料を使用する綿製品と羊毛製品であり，次いで煙草を含む嗜好品が制限された。食料のうち主食の米も1941年以降に減少し，これ以降みそや醬油とともに配給制となり，消費がさらに限定的となった[8]。

しかし，消費財の供給不足は戦後直後の1946年から1947年の方がより深刻であった。この時期は米の配給も遅配や欠配の連続で，人々は生存のために闇市場で食料を調達しなければならない状況であった。闇市場による食料の売買は食糧統制法に反する行為であり，その支払いは貯蓄や賃金だけでは足りず，家財道具や晴れ着，袴，コートなども売ってようやく調達できるほどの高価なものであった。私財を売って食糧を入手するこうした「皮を一枚づつ剝ぐ」ような状況を指して，当時「たけのこ生活」という言葉が流行した。こうしたなかで，配給による食糧だけで生活し，闇米を食することを拒否し，ついに1947年11月2日に餓死した東京地裁の山口判事のような痛ましい現象も出現した[9]。

戦後直後の物価水準は，産業活動の低下および円の切替や貯金引出し停止など金融再編の影響を受けて，かなりのインフレ状況にあった。1950年代初めに総理府統計局長で一橋大学教授を兼務していた森田優三［1954］から引用した物価指数および賃金指数が，**図表7-1**である[10]。これをみると，消費者物価指数は1934-1936年と比較して1946年には50倍，1947年は100倍を超え，1948年には200倍近くに急騰している。1950年にはやや低下傾向を示したが，朝鮮戦争が勃発した1951年には再び急騰した。一方，製造業の生産労働者の実質賃金は，1934-1936年と比較して1947年は3割程度であり，物価高騰の激しかった1948

第7章 家計からみた経済社会の変動と生活

図表7-1　1934-36年と比較した東京の物価指数と実質賃金指数

年　次	東京物価指数[1)	生産労働者[2) 実質賃金指数
1946年	50.5	—
1947年	109.1	30.2
1948年	189.0	48.6
1949年	236.9	66.1
1950年	219.9	85.4
1951年	255.5	92.1
1952年	266.1	102.3

注：1) 8-12月平均。1934-36年を1とした指数。消費者物価は総理府統計局調べ。
　　2) 年平均で，1934-36年を100とした指数。
出所：森田優三（1954）「生活水準の変遷」有澤廣巳編『日本の生活水準』東京
　　　大学出版会，p.93，表2と表3から作成。

年までに5割程度まで回復したが，賃金が物価にまったく追いつかない状況であった。このような戦後直後のインフレーションは，「経済安定9原則」によって終息に向かい，1952年になってようやく賃金が物価と均衡するようになった。

(2)「エンゲル法則の逆転」現象

今度は，家計調査を用いて，戦前期と比較した戦後の生活水準について言及していこう。**図表7-2**は，戦前を基準とした戦後の都市における消費水準である[11)]。これをみると，戦後直後の都市勤労者世帯の消費水準は戦前の4-5割程度までに低下し，その後1948年までに6割程度，1952年までに8割程度の水準に回復していることがわかる。消費水準全体が戦前の水準に達するのは，1954年以降である。しかし，住居の回復は遅く，1955年を過ぎても1934-36年の8割にも達していない。

他の消費項目と比較して回復度が比較的早かった食料消費についていうと，食糧事情が最悪であった1946年の国民1人あたりの総熱量は1463カロリーであり，1934-1936年の7割にすぎなかった[12)]。しかし，これは平均値であったから，都市の勤労者世帯，低所得層，失業世帯，海外からの帰還者などはこれ以上に悪い状況であり，都市においては栄養失調・栄養不良が蔓延していたと思われる。この間，とくに消費が著しく減少したのは，米，豆類，卵，肉，牛乳，魚

図表7-2　戦前基準都市消費水準（暦年平均）

(1934～36年＝100)

年	総合	食料	住居	光熱	被服	雑費
1947	55.4	58.6	35.3	110.6	22.4	100.9
48	61.2	68.8	36.8	99.1	25.4	87.5
49	65.0	74.3	46.3	106.9	24.6	87.0
50	69.8	79.4	44.8	103.8	35.7	85.8
51	68.9	73.2	44.2	104.6	39.8	91.6
52	80.2	79.3	54.3	111.5	64.4	104.3
53	94.0	100.5	72.8	121.6	82.5	106.2
54	100.0	105.5	74.1	128.7	82.5	120.0
55	106.5	112.0	78.7	135.0	89.3	126.4
56	112.0	115.6	88.6	135.8	97.9	133.4
57	110.9	118.5	94.1	136.6	104.0	142.8
58	124.4	125.2	113.7	142.3	108.3	149.5
59	131.1	128.5	126.9	148.8	119.1	157.4
60	137.4	131.9	128.7	161.7	130.0	168.0
61	146.4	135.9	147.6	172.1	147.4	178.5
62	154.9	137.7	163.7	187.1	159.6	193.8
63	162.2	140.2	174.4	196.7	166.8	211.8
64	171.8	147.6	177.0	209.9	169.0	228.2
65	174.0	147.0	184.2	230.8	170.3	233.3

注：1　当庁調査局統計課資料による。
　　2　1955年をリンク時点として従来の東京勤労者世帯に全都市全世帯を接続させたものである。
出所：経済企画庁『1960年版　国民生活白書』。

介類，油脂，砂糖，酒などである。主食の米は大幅に切り下げられ，その代用品として麦やいも類が増加した。食料の消費カロリーが戦前水準に達するのは，1955年頃である。

このような消費水準の低下に加えて考慮すべき点は，家財道具の喪失であった。戦争中は家庭にある家財，たとえば扇風機や鍋，釜などにいたるまで軍需に使えるものは回収された。そのため国民は戦争が終わっても家財がない状態が続き，そのために生活水準は大幅に低下した。

以上において素描してきた戦後直後の極限的な生活状況は，「エンゲル法則の逆転」または「エンゲル法則の停止」といわれる現象に端的に現れている。エンゲル法則（の第1法則）とは，所得の増加につれて食費の割合が低下する

**図表 7-3　緊急家計調査および消費者価格調査による
「エンゲル法則の逆転現象」**

支出階級(円)	世帯数	飲食物	住居	光熱	被服	雑
1400-1600	15	67.2	2.3	4.1	8.1	18.3
1600-1800	15	68.2	3.6	5.0	5.7	17.5
1800-2000	33	68.7	3.7	2.8	5.6	19.1
2000-2500	148	69.3	3.7	5.1	5.4	16.0
2500-3000	189	69.7	3.9	3.6	6.6	16.2
3000-3500	202	70.2	3.5	3.2	6.5	16.7
3500-4000	188	73.4	3.5	3.4	5.1	14.5
4000以上	837	71.9	2.9	2.7	6.9	15.6
C.P.S						
2000未満	66	69.4	3.0	5.1	6.5	16.0
2000-2500	50	70.3	3.5	4.3	6.5	15.4
2500-3000	55	71.8	2.0	4.2	8.6	13.4
3000-3500	59	69.2	2.5	4.6	7.4	16.3
3500-4000	46	68.6	3.9	3.9	8.5	15.1
4000-4500	52	68.4	2.7	2.8	8.5	17.6
4500-5000	25	70.5	3.1	2.3	8.0	16.1
5000-6000	55	63.3	3.4	3.0	12.4	17.9
6000-7000	46	68.8	3.3	3.0	10.2	14.7
7000-8000	29	73.7	4.0	1.7	6.5	14.1
8000-9000	21	64.0	5.2	2.7	12.7	15.4
9000-10000	15	61.5	5.1	2.0	12.2	19.2
10000以上	49	60.5	4.8	2.0	16.7	16.3

出所：藤林敬三・中鉢正美 (1954)「戦後および戦前における都市労働者家計の比較」有澤，前掲編，p.160，表2。

という統計的事実を指している。ところが，終後直後において低所得層の食料費の割合は高所得層のそれよりも低い，逆にいえば，高所得層においても食料費が高いという実態が観察された。たとえば，1946年7月から翌年6月までに実施された緊急家計調査のうち1947年6月分の東京都を除く3都市の調査結果（**図表7-3の上**）と東京都における同じ月の消費者価格調査の結果（**図表7-3の下**）によれば，食料費の割合は支出階級が上層になるにしたがって増大し，その後に減少する傾向を示した。緊急家計調査によれば，支出4000円階級までは「ほぼ完全なエンゲル法則の逆転現象」が現れており，消費者価格調査では支出階級7000-8000円階級まで，食料費の明確な増減傾向が示されていない。

　このような現象については当時さまざまに議論された。たとえば，低支出階

級に分類される世帯数が少ないこと（その結果にブレが生じやすい），エンゲル法則は所得と食料費との関係を示したものであるが，（当時の家計調査は所得調査が行われなかったため）所得階級ではなく支出階級別の食料費割合になっていること，消費者価格調査の食料費には奢侈的性格の煙草が含まれており，そのため高所得層の食料費の割合を高めていること，インフレーション時に現われる現象などといった指摘である[13]。しかし，複数の研究者が統計的に同様に観察していることから，エンゲル法則の逆転現象は確かに存在したということができる。1948年2月以降の消費は「正常なエンゲル法則へ復帰」した。エンゲル法則の逆転現象は戦後直後の一時的な現象ではあったが，それは極限的な状況下で家計経済の法則を越えて，人々の生活が営まれたことを示している。

(3) 勤労者家計における税負担——戦後型家計への移行

さて，戦後の家計が戦前と決定的に異なる点がある。それは，1949年8月と1950年9月に提出されたシャープ税制勧告によって，戦前の勤労者家計の大方においてほとんど課せられなかった税負担が一般化したことにある。図表7-4をみるとわかるように，1935-1936年の勤労者家計における実支出（消費支出と税金ほかの非消費支出の合計）に占める租税負担の割合は，収入階級別にはなっていない。この時期の最高所得層においてさえ，1926-1927年時の最低所得層に課せられた租税負担率にも及ばない低さであった。というのは，1935-1936年頃の個人所得は年収1200円（1ヶ月あたり100円）以下は免税であったからである。この時期の家計調査は月収50円以上100円未満の世帯を標準としており，したがって戦前の家計調査世帯の大方は免税世帯であった[14]。ちなみに，戦前期の国税の内訳は間接税が過半を占めていたのに対して，戦後のそれは直接税が過半を占めるようになり，この税の大半が所得税である。

図表7-4に戻ると，1951年時の最低所得層（月収4000円未満）の租税負担率は，1935-36年時点の高所得層（月収100円以上）のそれよりもはるかに大きくなっている。戦前の勤労者家計の所得は大方の部分が消費され，残りの所得は貯蓄されるという所得の二段活用であったとすれば，戦後はそこに公課負担が加わり，所得の三段活用が構造化した。そして，所得税の「大衆課税化」によって，消費に充当される所得額は税金の大きさに規定されることになった。

第7章　家計からみた経済社会の変動と生活

図表7-4　収入階級別勤労者世帯租税負担率

収入階級	実支出中租税	収入階級	実支出中租税
(1926-1927年) 円	%	(1951年)1) 円	
0- 60	0.26	0- 4000	1.48
60- 80	0.28	4000- 6000	1.96
80-100	0.27	6000- 8000	3.18
100-120	0.29	8000-10000	4.09
120-140	0.30	10000-12000	5.34
140-160	0.45		
160-180	0.53	12000-14000	6.47
180-200	0.79	14000-16000	7.36
200-	1.14	16000-18000	8.68
平　均	0.42	18000-20000	9.58
(1935-1936年)		20000-22000	10.96
0- 50	—		
50- 60	0.36	22000-24000	11.85
60- 70	0.27	24000-26000	12.91
70- 80	0.24	26000-28000	14.53
80- 90	0.24	28000-30000	14.58
90-100	0.19	30000-	21.14
100-	0.23		
平　均	0.23	平　　　均	9.95

注：毎月の収入階級別租税支払率の平均。
出所：図表7-1と同じ（森田［1954］p.115，表17）。

（2）「戦後型家族」と公営・公団住宅

(1)階層別住宅政策の形成

　1950年代半ばにおいても戦前水準に到達しなかったのは，住宅であった。第二次大戦によって210万戸の住宅が失われ，強制疎開による破壊が55万戸，海外からの引揚者による住宅需要が67万戸，戦争中の建設不足が120万戸，合計450万戸の住宅が不足していた。[15] これは日本の住宅総数の5分の1に匹敵するものであった。戦争中に家賃が統制されたため，借家経営が成り立たなくなっていたことも住宅不足の一因であったといわれている。こうした反面，家賃統制によって，家計に占める家賃はかなり低く抑えられてもいた。住宅不足に対して住宅営団（1941年に設立された）は冬を越せる「最小限度のシェルター」

(簡易住宅)を戦後直後に建設したが,その戸数はわずか6万戸にすぎなかった。こうしたなかで,1946年11月に「食料メーデーの住宅版」とでもいうべき「住宅よこせ大会」が開かれた。

　その後,住宅建築戸数は1945年の20万戸強から48年の75万戸まで増大したが,それらの「多くが炭鉱労働者住宅や木造のバラック,軍需の残存資材を転用した工場生産住宅(プレハブ住宅)であった」。しかも,1949-1954年の住宅建築は年間30万戸に減少してしまった。その原因は,戦争中における森林の乱伐などによって木材の供給が制約され,木材価格が高騰し,住宅建築費が増大したためである。こうした住宅状況について『1955年版　経済白書』は,「生活の一般的水準がほぼ戦前復帰を達成した中にあって,生活の三大要件の一つである住宅面がなお著しく立ち遅れをみせており,生活構造を歪めていることは残された大きな問題」であり,「いまやあらゆる観点から問題を追求し,その解決に努力を集中すべき時期にきている」と述べている[17]。このような言明は,1955年7月に発足した日本住宅公団の事業によって具体化されることになった。

　日本住宅公団が設立される5年前の1950年に住宅金融公庫法が公布され,翌年には公営住宅法が成立している。前者は,他の金融機関からの資金提供が困難な勤労庶民に対して住宅建設資金の供給を目的としているのに対して,後者は賃貸住宅の提供を目的としており,両制度がカバーする対象は異なっている。1959年の公営住宅法第二次改正によって,公営住宅は低所得者のための住宅提供という位置づけが明確となり,さらに1965年には特定目的公営住宅制度が新設されている。公団住宅は,低所得層を対象とする公営住宅と「持家供給策として,かなり上位の階層にむけられている公庫施策」の「中間に位置づけられ」,「大都市の中産階層」を対象とするものとされた[18]。日本住宅公団は1955年度中に42万戸の住宅を建築することと次の5つの課題を目標とした。5つの課題とは第1に「住宅不足の著るしい地域において勤労者のための住宅を建設すること」,第2に「大都市周辺において広域計画により住宅建設を行うこと」,第3に「耐火性能を有する集団住宅を建設すること」,第4に「公共住宅建設に民間資金を導入すること」,第5に「大規模な宅地開発を行うこと」で

あった[19]。

　日本住宅公団による住宅が完成し，入居が始まったのは1956年4月であった。大阪・堺市の金岡団地が最初であり，翌5月には北九州の曙団地，8月には東京・三鷹市の牟礼団地，名古屋の志賀団地などが続いた。大阪・堺市の金岡団地の戸数は900戸，家賃は2DK（42.9平米）で4000-4800円であった[20]。2DKの公団住宅は，公営住宅と同様に「食寝分離」と夫婦と子どもの「分離就寝」を基準とする核家族の器である。家族棟とは別個に単身世帯用の住宅も用意された。核家族用の2DKは夫婦と子どもとの分離就寝を実現したが，子ども間の性別分離就寝は3DKの出現によってようやく可能となり，やがて3LDKが実現されていく。適正な住宅の規模はnLDKとされ，nは家族構成員数マイナス1を意味した。このマイナスは住宅の「主」ではあるが，在宅時間の短い（収入労働時間の長い）夫を示した[21]。公団住宅は都市の内部または周辺に建築され，後者の場合は職住分離を促した。同時に，専業主婦の妻の場所（公団住宅）と職域を主たる場所とする夫といった生活を維持するうえでの性別役割による空間分離を明確にした。しかも，住宅の大きさによって子ども数を決めざるをえないといった転倒した観念を生み出すことにもつながっていった。

(2) 高度消費生活の先兵的な役割を果たした公団生活

　こうした近代家族の器としての公団住宅の発想は，戦前の「家長的封建的家族制度」時代の住宅に対する批判的思想がベースにある。たとえば「1つ布団での複合就寝」や「一室での集中就寝」などを廃止すること，「食事をつくる人と食べる人が同じ地位」とするために台所と食事室を融合したDKの設計などにその思想性が示されている[22]。つまり，公団住宅は，夫妻間の役割分業を変えずに住宅内における妻の地位の向上をはかろうとしたということもできる。

　公団の住居内部についてふれると，そこにはステンレス製の流し台や水洗トイレなどが備わっており，当時「文化生活のシンボルとして脚光を浴びた」[23]。これらに加えて，浴室と頑丈なシリンダー錠が付けられた玄関ドアも公団住宅のシンボルであった。後者の鍵は『昼間，団地にいるのは主婦と子どもだけ。堅牢なカギを作らないと犯罪が多発する』[24]という理由で公団が開発したもので

あり，浴室とシリンダー錠は「公団住宅にとってもたらされたプライヴァシーの概念を端的に象徴するもの」[25]であった．共用のトイレと台所，銭湯が一般的な戦後直後の状況下で，団地の浴室は「入浴という行為がもっているプライヴァシーの概念を日本の庶民の暮らしの中にはっきりとした形で浮き上がらせた」のであり，堅牢なカギは扉一枚で護られた私的生活を否応なく意識させるものであった．

　公団住宅への入居は，1958年から1960年にかけて5倍強から7倍強の競争率であり，1961年以降は30倍を超える高い倍率であった[26]．これらの倍率が示すように，公団住宅は「高嶺の花」であった．『日本公団住宅10年史』によれば，集住スタイルの団地生活がスタートした当初は，入居者も公団側も予測していなかった諸問題（冬季の結露，布団干しや騒音に伴う居住者間のいざこざなど）に直面し，公団としてそれらに対応せざるをえない状況で，その窓口としてまた団地生活の指導員として，女性によるヘルパーたちが団地内に配置されたと記録されている[27]．

　団地住宅の居住者は，1960年代以降に本格化する新しい消費生活の先兵的な役割を担ったといわれている．では，団地層はどのような特徴をもっていたのだろうか．1956年当時，東京都下の2DKの団地に居住する世帯の「世帯主」の年齢は中央値で33歳であり，30歳代と40歳代が全体の9割を占めていた．教育歴は大学または高専卒の割合が65-70％を占めていた．これは東京都全体の27％と比較してかなり高学歴層であった．職業は「ホワイトカラーと称される」ものが9割を占め，平均月収は5万4000円，世帯構成は夫婦と幼児の3人世帯が6割を占めた[28]．このような均一的な特性をもつ団地層は，有力な耐久消費財の市場であった．というのは，これらの居住層は所得水準の高さから購買意欲が高く，均一的な生活条件ゆえに差異を求めて相互に競争しあう関係にあったからである．1965年の公団住宅居住者の家計調査によると，東京都のテレビの普及率60.6％に対して団地層のそれは82％，電気洗濯機は東京都の49.2％に対して，団地層が84％と高率を示している[29]．これらが示すように，公団生活は確かに次節で述べる消費革命の先兵的存在であった．

2 高度経済成長期の生活

　高度経済成長期を通じて日本の生活は都市的生活様式へと変化した。この生活様式は，生活に必要なもののほとんどすべてを商品として購入する消費社会を前提としている。消費社会下の生活では，諸商品および諸サービスと交換する貨幣収入の取得を絶対的な条件としている。この条件を満たすかのように，1960年に国民所得倍増計画が発表された。本節の前半では，第1に国民所得倍増計画の1年前に登場した「消費革命」をめぐる議論，第2に国民所得倍増計画における「国民生活」像について述べていく。後半では，高度経済成長期に生じた「トイレットペーパー・パニック」現象と「狂乱物価」問題について述べていく。

（1）消費革命と家電製品

　「消費革命」という用語が初めて登場したのは，1959年7月に刊行された『1959年版　経済白書』であったといわれている。同白書では，この年の景気分析をするなかで「消費革命」という用語を登場させている。その部分を引用すると次のようである。「在庫調整による景気後退がらせん的下降に進まなかったのは，上で述べたように，最終需要の低下にたいする抵抗力や，それを上げる力がはたらいたからである。その力を分けてみれば，つぎの四つとなろう。第1は，技術革新と消費革命の時代にあることで，このような背景の下では，企業の投資意欲は旺盛であり，消費者の消費意欲も根強い。第2は戦後の新しい経済機構や制度で，財政投融資，労働組合組織，農産物価格安定策，社会保障制度などがそれである[30]」。

　しかし，同白書では「消費革命」の定義を明確にせずに，「国民生活」の章で消費内容の質的変化として3つの状況を指摘している。第1に高級婦人着物や米食率の増加などに示された「過去への郷愁」であり，第2に肉乳卵類，加工食品等の支出増加に示された「狭義の生活合理化」であり，第3に「電気器具類の新製品の出現および教養娯楽諸施設の増加などに対応する生活の変化で

ある」[31]。『1959年版　経済白書』が刊行された後，1960-1961年をピークに消費革命という用語はかなり多くの場面で使用された。

　消費革命の第3の特徴点といわれる家電製品の購入は1955年から急増した。これらのなかには，これまで家庭にはなかった新しい電化製品や家財道具が多く含まれていた。たとえば，「電化元年」と呼ばれた1953年8月に三洋電機から国産初の噴流式洗濯機（2万8500円）が発売された。ほぼ同時期に家電各社が電気冷蔵庫（8-12万円）も発売されている[32]。これらの家電製品の価格は平均的勤労者の月収からすると高価なものであったが，その後の大量生産によって価格が低下し，また月賦販売（1951年から広がり58年頃に急速に普及した）によって，さらには後述する所得倍増計画による所得水準の向上によって高所得層から低所得層にまで消費が拡大し，下位に広がるにしたがって購買量も増大していった。家庭電化製品の増加と相関して変化した家計支出は光熱費であった。1953年を境に薪・木炭が減少し，それらに代わって電気・ガスが著しく増加した。

（2）「婦徳」を支柱とした家事労働観に対峙した家庭電化製品の販売戦略

　家電製品の普及について述べておかなければならないのは，これらがはじめから順調に家庭に導入されたわけではないということである。教育機関をも巻き込んだ家電メーカーによるさまざまな販売戦略が展開されたのである。また，家電製品の普及過程においては，家電製品が従前の家事労働観および農村女性の労働実感との対立を乗り越えていった経過がある。

　たとえば，日本の発明品で1955年に販売された自動炊飯器（電気釜）はタイマー付きの6合炊きで定価3200円であったが，製造した企業内では「寝ている間にメシを炊こうなんて，そんなだらしない女のことをわが社が考える必要があるのか」[33]といった疑問が出され，とりあえず500台だけ販売されたという経過がある。こうした疑問は当時の一般的な見解でもあった。しかし，この自動炊飯器は「大当たり」し，翌年には月産10万台となり，1964年には半数の家庭に普及したといわれている。

　電気釜が普及する前には，都市ガスを使わずにわざわざ薪の火で米を炊くと

いう習慣を固持していた家庭も多くあり，ご飯を上手に炊きあげるにはそれなりの熟練（水加減と火加減の調整）を必要とした。女性からすると，美味しいご飯を炊きあげることは家事労働のなかの最も基本でもあった。だから，めし炊きの失敗は許されることではなかった。女性たちは緊張しながら1日2回の美味しいめし炊きをしていたものと思われる。電気釜は，こうした「めし炊き」の時間的，労力的，精神的負担を軽減し，電力さえあれば「めし炊き」の方法を習得せずとも一定に炊きあげることができ，朝寝坊をしたとしても朝食の心配をしなくともすむ。このような便利さと安心感が一体化して，電気釜は爆発的に定着していった。

都市の状況と異なって農村地域の「若い嫁」たちにとっては，時間を要するめし炊きの時だけが「体を休め，ものを考えることのできる貴重な時間」[34]であった。めし炊きが電気釜によって合理化されると，その分だけ農業の仕事にかりだされ，自分の時間を失うことになる。戦後の台所中心の農村生活改善に抵抗したのは「若い嫁」たちであったといわれるが，そこには農業労働と家事労働の隙間で見つけた自分のための時間を女性たちが喪失するという問題が横たわっていた。

また，ある電気洗濯機販売企画の担当者は「汚れた衣服をまっしろに洗い上げるのは女の務めだとする」「婦徳」に強く縛られている主婦層に働きかけ，洗濯機を買ってもらうには，家族の衣類を一枚づつ洗う「『洗多苦』の苦労のデータ」を具体的数値で示し，女性自身に「その辛さを認識させ」，「洗多苦」からの解放を呼びかけることが重要であったと述べている[35]。このように「婦徳」を支柱とする家事労働観との対峙は，男性雇用者によって考案された家電製品および時間の節約を掲げた家庭電化製品の販売戦略によってなされた観があるが，家電製品によって家事労働の合理化を体験した女性たちの生活意識および家事労働はその後確実に変化していくことになる。

家電製品の販売戦略は，教育機関をも巻き込んで展開された。石川弘義によれば[36]，1960年から1961年にかけて，家電メーカーの日立が家政学科のある約60校の大学および短大に電気製品一式を寄贈している。これは，家政学実習の際に使用してもらうことを目的としたものである。また，同時期に松下電器も

「松下電器家政学卒業論文研究助成金制度」を設けている。これは，当時はまだ不十分な「電気機器と家庭生活とのむすびつき」の「解明を家政学関係教官および学生におまかせし，家政学的見地より研究していただこう」という目的であり，優れた研究には特別奨励賞（助成金と自社の製品を寄贈）と奨励賞（製品を寄贈）が贈られたといわれている。これらは，いずれも将来主婦となる女子学生に家電製品をアピールすることを目的とし，「何年か先の需要を創り出すこと」を意図したものであった。

（3）所得倍増計画における「高度な国民生活」像
(1)「高度な国民生活」像

消費革命の時代を強調した『1959年版 経済白書』が刊行された翌年には，「国民所得倍増計画」（岸内閣下での経済審議会答申）が発表された。この計画では，主要経済指標として10年後（1970年）の国民総生産を1960年時点の2倍にあたる26兆円，1人あたりの国民所得を「西欧諸国よりも若干低い」20.8万円（579ドル）などと設定した。こうした具体的な目標値を含め，この計画の主要課題としては5点挙げられた。第1は，道路・港湾・用地・用水等の社会資本の充実であり，第2は，生産性の低い部門から高い部門に移す産業構造の高度化であり，第3は，貿易と国際経済協力の促進である。第4は，経済成長との関連において人的能力の向上と科学技術の振興であり，第5に，多年の懸案である二重構造の緩和と社会的安定の確保という課題である[37]。

こうした課題のもとに「政府公共部門の計画」および「民間部門の予測と誘導政策」が盛り込まれるとともに，以下のような「国民生活の将来」像が示された。やや長くなるが，紹介しておこう[38]。
・勤労者世帯の所得は「1人当たり19.9万円と2.4倍に増加し，その他の世帯についても16.3万円と2.3倍の増加が予想される」。費目別に消費支出をみると，エンゲル係数は「かなり低下」し，「住居費は各世帯ともに著しい伸びを示し，とくに耐久消費財を中心とする家具什器は勤労者世帯8倍，一般世帯5倍，農家世帯3倍と大幅に増加」する。
・「物的生活面」でも「われわれの生活はかなり豊かなものになろう」。たとえ

ば，乗用車の普及率の目標は21.9％（現状では3.25％），テレビが86.4％（同，20.5％），電気洗濯機が71％（同，19.3％），電気冷蔵庫が50.7％（同，2.7％），電話が18％（同，5.5％）など。
・住宅は「同居など不自由な居住形態がなくなり1世帯1住宅が実現するのも困難でない」。「住宅そのものの質的内容も目標年次には現在より75％以上よくなり，政府施策による耐火アパートなども，1戸3室あるいはそれ以上の標準的なものとなろう」。「生活環境施設では，上水道の総人口に対する普及率が現在の50％から80％近くに，都市ガスの普及率は現在の22％から30％に，下水道も市街地面積に対する現在の普及率15％から40％以上，とくに大都市では70％近くまで向上することが予想される。また，いこいの場である都市公園の整備も行われ，公園面積も現在より5割以上増大することになろう」。
・社会保障については，「この計画期間中にいっそう充実され，疾病，老齢，失業等の事故に対する備えはより強化され，国民が安心して働ける環境がますます整えられるであろう。とくにわが国では貧困と疾病の悪循環が依然として残されているが，今後は一般の生活水準の向上に見合った生活扶助基準の引きあげと医療の機会均等が推進されることになり，健康で文化的な最低生活がいっそう充実したかたちで保障されよう」。
・「雇用面でも，成長を通じて雇用の近代化が促進されるであろう。一般的所得水準の上昇にともなって低所得者世帯における多就業が緩和され，少就業高所得形態に近づくものと思われる。最低賃金制度も充実され，『貧乏と失業』の不安が解消することになり，年来の悲願である完全雇用と豊かな生活水準に接近することができよう」。

(2)「国民所得倍増計画」に対する国民の意識と研究者集団による批判

以上のような10年後の国民生活の予想に対して，国民自身はどのような感想をもったのだろうか。この点については，1961年に経済企画庁から委託された「大都市における消費者の意識と行動」調査に参加した石川によると，こうである。この調査で行った，「『十年後の国民生活はヨーロッパなみ』という意見でありますが，あなたはどう思いますか」の問いに対して，「その通りになる」

と回答した人は東京で22.5%，大阪で20.2%であり，「考えられない」と回答した人は東京で64.6%，大阪で66.2%であった。つまり，国民の3分の2は，「景気のいいプランを頭から信じていなかった」のである。[39]

　他方，学界や財界人の一部からは「国民所得倍増計画」における経済成長率の目標値が高すぎるという批判がだされた。また，この計画の中核部分である日本経済の構造改革に対しては，6人の研究者から批判書が出された。この書では，高度成長による日本経済の体質的欠陥を6点にわたって指摘している。第1に「一流の生産力と三流の生活水準」といわれる「生産と消費のアンバランス」について，第2に「産業の二重構造論」，第3に社会資本の不足と国民生活の社会的基盤の立ち遅れを意味する「公私両部門のアンバランス」について，第4に大都市問題と農村問題の深刻化について，第5に「生産増が物価上昇を伴う構造的インフレ体質」について，第6に慢性的な国際収支，とくに経常収支の赤字についてであった。[40]

　すぐ後で言及するその後の展開からすれば，日本経済が計画以上の成長率ですすんだ点では，経済成長率の目標値が高すぎるという批判は的はずれであった。しかし，「所得は伸びたが，構造上のアンバランス，とくに社会資本の不足，物価上昇と国際収支の悪化が深刻化した」点からすれば，日本経済に対する構造的批判は「大体において批判者が正しかった」といわれている。[41]

(3) アンバランスな消費生活

　国民所得倍増計画が発表された3年後の1963年に経済審議会から『国民所得倍増計画中間検討報告』が出された。これによる「国民生活」の進展状況について，手短に述べよう。[42]計画の想定に沿っているまたはそれを上回っているのは，「1人当たり国民所得」，「1人当たりの個人消費支出」，「個人可処分所得に占める個人貯蓄率」であった。とくに，想定をはるかに越える実績を示した個人貯蓄率の上昇について，上述の中間報告書では，「国民所得の伸びが順調に進んだためと見られるが，他方老後の保障，疾病等の不時の支出，住宅や，教育に対する予備的貯蓄を必要とするためでもあり，社会保障や公共的諸施設の不備も貯蓄率を高めている」と述べている。他方，「生活向上の指標とされるエンゲル係数は低下し，栄養摂取の水準もほぼ計画の見通しに沿っている」

としながらも，栄養状態については栄養審議会で決定した日本人の摂取熱量2200カロリーをやや下まわり，タンパク質の値もやや下まわっている点が指摘された。

以上を踏まえて，『国民所得倍増計画中間検討報告』では，高度成長につれて顕著になった問題点を「消費生活上のアンバランス」としてまとめている。すなわち，「栄養，住宅，上下水道，社会文化施設等の基礎的消費が遅れているのに対し，テレビ，新聞，映画等のマスコミないしレジャー関係は，かなり高い水準にある」こと，「公共の場所における騒音，臭気，汚水，じんあい，ごみ，どぶ等に対する無関心，無頓着さが不快，不潔な住みにくい社会をつくり出しているのに対し，身のまわりは割合小ぎれいにしている」などと指摘された。

こうした中間報告と研究者集団による国民所得倍増計画批判とは，社会資本が不足している（社会保障制度が不備である）とする現状認識では共通している。視点を変えると，中間報告書の指摘（「消費生活上のアンバランス」）は，次のように読むこともできるのではないだろうか。すなわち，所得倍増計画の恩恵に浴している人々は，社会資本の不備を私的消費で補填することで高度な消費生活を謳歌するとともに，高貯蓄に励むことで社会保障制度の不備を私的に保証しようとし，他方それらを私的にカバーできない階層の人々は，栄養状態のより良い改善よりも，新しく導入されたテレビや映画などごく日常的な娯楽を享受しようとした，と。

（4）「都市的生活様式」とトイレットペーパー・パニック

高度成長期を通じて日本の生活は「都市的生活様式」へと変化した。都市的生活様式とは，宮本憲一によると3つの特徴点をもっている[43]。第1は「集住」という住居形態である。これは，農村に典型的にみられるように一戸建てで「だいたい散らばって住んでいる」形態から「棟割長屋・アパート」および「コンクリートの高層住宅」など「共同で住む」形態への変化を指している。第2は「商品消費」である。「都市は分業化された社会」で，農村のように生活に必要なものやサービスの一部または全部を自給自足できないため，販売目

的で生産される商品を貨幣を支払って獲得しなければならない。これらの確保に先だって必要となるのが貨幣収入であり、この収入を得るには雇用確保が欠かせない条件となる。そして、「都市化がすすむと商品の売買量が大きくなり、お金に支配される生活様式になる」。第3は「社会的共同消費」である。これは、第1の共同住宅の他に上下水道・公園などの生活環境、都市交通・通信手段、保健・医療・福祉施設、教育・文化・娯楽施設と諸サービスを意味している。こうした3つの生活条件のもとに構造化されたのが都市的生活様式であり、この生活様式は高度成長が進展するなかで農村にも普及していく。

　こうした現代的生活様式には弱点がある。この弱点を象徴する問題として「トイレットペーパー・パニック」現象がある。1973年10月末から11月初めにかけて生じたトイレットペーパー・パニックは、大阪府が高度成長期に大都市に移動する多くの労働者を効率的に居住させるために建築した千里ニュータウン内のスーパーマーケットで、当日の新聞の折り込み広告で目玉商品とされたトイレットペーパーを求めて、開店前から主婦が長い行列をつくり、開店30分でトイレットペーパーが品切れとなったことに始まる。この翌日（11月2日）には、神戸のある生協の店舗でトイレットペーパーを購入するために並んだ85歳の女性が人垣に押し倒され、足を折って2ヶ月の大怪我をした。こうした現象に対して通産省は素早く対応し、11月2日には、消費者に向けて「トイレットペーパーは十分にあります。心配はないので買い急ぎを謹んで下さい」という注意を促す発表を行った。また少し遅れて消費者連盟は日本製紙連合会、石鹸・洗剤工業会、石油連盟、日本精糖工業会などに公開質問状を出した。それらの回答も「品不足の心配はない。一時の異常事態は消費者の買い急ぎが原因である」と指摘した。通産省も消費財関連の業界も、トイレットペーパー・パニックを、消費者の群衆心理による偶発的現象として、また賢くない消費者の行動が引き金となって生じた現象だと捉えた。

　しかし、宮崎義一はこれらの見解とは異なって、スーパーマーケットの特徴と団地生活において代替性のきかないトイレットペーパーの組み合わせによって、パニックが構造的に生じたと分析している。ここでは、宮崎に依拠して、都市的生活様式の連帯性の薄さと競争性の激しさという観点から、トイレット

ペーパー・パニックについて述べるとこうである。[44]

　ニュータウンは社会的共同消費手段と諸サービスがワンセットに整備されており，ニュータウン内の団地の建物構造は水道管，ガス管，電線などを共同利用している。このことは，たとえば一個の住宅内部の上下水道をめぐる不都合が全体のトラブルを引き起こしかねない構造を意味している。また，水洗トイレの完備によってトイレットペーパーは必需品となり，他に代替がきかなくなった。一方，こうした住宅構造上の共同性とは裏腹に頑丈なドアを閉めると，そこには個人および家族の密室的な自由空間が広がっている。このように集住様式の団地生活は，連帯性に乏しい孤立性と匿名性および既述したように隣人の生活に対する「ライバル意識」の強さを特徴としている。こうした生活が順調に展開するには，「水道，電力，ガスが十分供給され，下水とダストシュートに何一つ故障がないことが不可欠」であり，「トイレットペーパーや洗剤などが十分入手可能であることが必要」とされる。

　他方，ニュータウンの居住者が利用するスーパーマーケットは，小規模小売店と異なって，棚に並べられた諸商品をセルフサービスで買い物かごに入れ，レジで支払いをするだけですむ。買い物時に店員と話をせずとも購入できるのが，スーパーマーケットである。しかも，スーパーマーケットの目玉商品は集住生活には欠かせないトイレットペーパーや洗剤などである。そのスーパーマーケットの棚からトイレットペーパーが「消える」という事態を関知した主婦たちは，その実情について店員と話をして確認することなく，隣の主婦が買ってきた様子をみたり，テレビによる情報のみで，日常生活の支障を回避するためにスーパーマーケットに走ったというわけである。主婦たちが競争して買い漁った行動には，このような構造的な理由があったのである。

（5）低所得層を直撃した「狂乱物価」

　トイレットペーパー・パニックに連なる1970年代半ばに生じた生活上の重大問題としては，急激な物価上昇，いわゆる「狂乱物価」問題がある。この「狂乱物価」は1973年秋に生じた「オイルショック」後に生じ，それが原因のようにいわれているが，『1974年版　国民生活白書』では「物価の急上昇」時点を

図表7-5 公共料金の連続的値上げ

実　施		
'72年7月	国内航空運賃	9.5％アップ
8月	営団地下鉄（東京）	32.2％アップ　最低30→40円
	名古屋，京都，神戸，横浜市営バス	最低30→50円均一
	名古屋市地下鉄	40.8％アップ
	名古屋市電	25→30円均一
	京都市電	25→50円均一
	東京ガス	22.7％アップ基本料金266円→500円
10月	消費者米価	10kg 1,520→1,600円
	国立大学授業料	3倍
	生鮮食料品の割引運賃廃止	
12月	公営バス	六大都市一区30→40円
	地方中小私鉄	平均30～50％アップ
'73年1月	都営地下鉄	4 km30円→3 km40円それ以上5 kmごと10円→4 kmごと10円
	都電	一区　20→30円
	都バス	一区　30→40円
	民営バス	二区　50→60円
2月	新規公団家賃	3DK　31,200→35,200円
3月	電話料金	無制限7分→3分ごと7円
4月	高校教科書	1人分　1,898→2,018円
7月	民営バス9社	1区　30→40円
9月	国鉄運賃	実施74年3月31日　旅客平均23.2％アップ　貨物平均24.1％アップ
	関西電力	22.23％アップ
	四国電力	17.75％アップ
	大阪ガス	23.67％アップ
11月	消費者米価	13.8％アップ
	消費者麦価	35％アップ
12月	郵便料金	57％値上げ答申
	タクシー	大阪，京都，神戸タクシー，70％台値上げ申請
'74年1月	6大都市タクシー	暫定運賃　平均29.0％
2月	医療費	17.5％
5月	東邦ガス	40.3％
6月	9電力	電力73.9％，電灯28.6％，平均56.82％
7月	大手14私鉄	普通26.9％，通勤45.3％，通学26.2％
	路線トラック	平均30.18％
9月	東京ガス	46.85％
	国内定期航空	平均29.3％
10月	国鉄	旅客23.2％，貨物24.1％，平均23.6％
	消費者米価	32.0％
	小包	47.3％
	東京都営交通	バス 40円｜60円（'75.3.31まで），70円（'75.4.1～） 60円｜地下鉄普通28.6％等
	東京民営バス9社	40円，60円→60円（'75.3.31まで），70円（'75.4.1～）
	営団地下鉄	普通26.9％他
	通運	平均30.9％
	医療費	平均16.0％
	大阪ガス	46.81％
11月	大都市タクシー	東京33.9％，大阪33.9％，名古屋32.2％等

出所：統計資料研究会（1978）『統計日本経済分析　下』新日本出版社，p.137。

オイルショック以前と認識し，消費者物価と卸売物価の動きを分析している。それによると，こうである。1972年までは卸売物価のみが急上昇する現象であったが，1973年に入ってからは，輸入大豆の値上がりから加工品や調味料への波及および繊維原料の値上がりによる繊維製品への波及など食料と被服を中心とした消費者物価が上昇し，1973年5月には被服費の上昇率（前年同月比上昇率）が22.7％に達した。その後6-8月には季節的要因によって「騰勢は一時やや鈍化した」。しかし，1973年9月になると，消費者物価は再度上昇し総合指数で14.6％，食料で16.9％，被服で26.1％の上昇率を記録した。こうした物価上昇中にオイルショックがおき，物価上昇は特定品目から「全面的なものへと進行し」，1974年の消費者物価は総合で23-26％の高い上昇率となった。

　同白書では狂乱物価の特徴として5点挙げている。第1に「上昇が大幅かつ急激であったこと」である。たとえば，卸売物価は石油危機が起こった1973年10月から翌年2月までの4ヶ月間で21％上昇し，消費者物価も1973年11月から3ヶ月間で12％も上昇した。第2に「卸売物価と消費者物価が併合的に上昇し，しかも卸売物価の方が消費者物価の上昇率を上回ったこと」ことであり，第3に，サービス価格よりもモノの価格上昇率が大きく，大企業による工業製品の上昇寄与率が大きいことである。企業規模別工業製品卸売物価でいうと，1972年12月時点で大企業製品が1.9％，中小規模製品が15.8％上昇し，翌1973年12月には28.1％と31.6％となり，1974年3月には34.2％と29.7％と逆転した。そして，物価上昇の寄与率も1973年12月から翌年6月にかけては，6割前後が大企業製品によるものとなった。第4に，卸売物価が消費者物価に波及する時間がこれまで（平均しておよそ6ヶ月）と異なって短くなったこと（平均して約3ヶ月），第5に生活必需品の物価が高騰し「生活に大きな負担を与え」，1974年の実質消費水準が低下したことである。

　上の5点目に指摘された物価上昇と実質的消費水準の低下については，当時，経済企画庁経済研究所・国民経済計算調査室長であった香西泰が詳細な分析を行い，「価格上昇の著しい項目ほど実質消費の減少幅が大きく」なっていることを明らかにしている。この間の消費者物価上昇には，**図表7-5**で示されたように，連続的な公共料金の一斉値上げも影響している。

急激な物価高に対する生活意識および対応は，所得階層によって異なっている。経済企画庁の「物不足・物価高の下における消費者行動及び意識に関する実態調査」によると，過去1年間に物価が2倍ぐらい上昇したと回答した人の割合は全体として33.1％であるが，年収100万円未満の低所得層では40.3％と高い[47]。しかし，実際の消費者物価上昇率は26.3％であったから，意識と実際とがかなり乖離している。低所得層ほどそれらの乖離度が大きくなっていることについて，『昭和49年版　国民生活白書』では，「必需性が強く，購入頻度の高い物資に著しい高騰を示すものが多かった」からだと述べている[48]。つまり，低所得層ほど欠かすことのできない必需品の価格上昇が生活の危機感を生じさせるからである。

　また，物価高に対する対応にも所得階層差があり，高所得層では「多少よぶんに買って様子をみる」が多く，いわば事前対応型であるのに対して，所得が低くなるにしたがって「使う量を減らし，買う量を減ら」すという節約型となっている。

　狂乱物価の影響とそれに対する労働組合運動の成果で1974年春闘による賃上げは30％を上回り，臨時収入の増額と合わせて，1974年5月の勤労者世帯の平均実収入は前年同月比31.1％増，実質6.5％増を示した[49]。しかし，このような恩恵をまったく受けられなかった世帯があった。それは，生活保護世帯と失業対策就労世帯である。1974年9月に発表された32％の米価引き上げにともなって，同年10月から生活保護費は3.1％，失対賃金日額はわずか30円だけ引き上げられた。しかし，食料費の中の主食だけみても，物価上昇に収入増がまったく追いつかないことは明らかである。狂乱物価下の低所得階層の家計を分析した江口英一ほかによれば，「日本人の栄養所要量」（1969年時の栄養審議会答申）で必要とされる熱量とタンパク質を摂取するには，当時の保護基準による食生活ではとうてい足りず，その1.5倍の給付額を要するという状況であった[50]。

3　安定的成長期からバブル経済期の生活

　1970年代半ばの石油危機は，公的年金と公的扶助の拡充を前面に出した「新

経済社会発展計画」(経済審議会，1970年)および1972年9月の全国知事会で田中首相が表明した「年金の年」とする意向など，福祉優先の政策方向を打ち砕いた。日本は，高度経済成長を謳歌していた時代からスタグフレーションの時代へと変化した。経済変動によって，いわゆる「福祉元年」から「福祉見直し」への方向転換がはかられることになった。福祉見直し論は，1978年末に就任した大平首相による私的諮問機関とくに「田園都市構想」と「家庭基盤充実」をテーマとする政策研究グループの報告およびそれを踏襲した「新経済社会7カ年計画」による「日本型福祉社会論」の展開によって本格化したといわれる。

他方，67兆円(1980年度末時点)にものぼる国債残額の解消と財政再建を意図した臨時行政調査会が1981年に発足し，経済と財政危機のもとに，老人医療無料化制度の廃止，公的年金制度の改正，税制度の改正などが実施された。これらの検討については他の章に委ねるとして，ここで1点のみ指摘するとすれば，1980年代に導入された諸制度は，女性を軸にしてみると，統一性に欠ける矛盾した傾向が際立っている。たとえば，女性の労働力の高まりを背景にして，1985年にはいわゆる男女雇用機会均等法が成立した。しかし，同時期に専業主婦のいるサラリーマン世帯の保護を意図した所得税における「特別扶養控除」制度がスタートした。また，拠出を前提条件とする社会保険制度としての公的年金制度(基礎年金)に無拠出の(主婦を専業とする)妻の加入を認めるなど，労働領域と税および社会保障制度における女性をめぐる政策が非整合的に展開した。

では，本章のテーマである生活と家計の1970年代半ばから1980年代の状況はどのようであったのだろうか。以下では，①妻の収入と家計運用の変化，②家計構造の複雑化と生活余裕度の低下，③円高による生活費の内外格差，④土地・株価高騰と特定層への富の蓄積について述べていく。

(1) 妻の収入と家計運用の変化

1985年に，配偶者のいる女性全体に占める雇用者の妻の割合は70.8%に達した。雇用者の妻たちの労働力率は，同年に49.2%(農林漁業，自営，家族従事者，

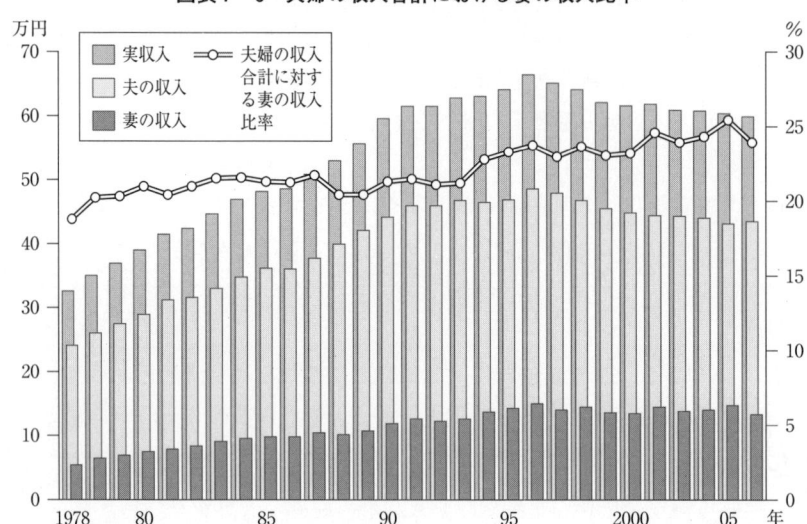

図表 7-6 夫婦の収入合計における妻の収入比率

注：1978年は勤労者世帯・核家族・有業人員2世帯（全国平均）のデータ，1979年以降は勤労者世帯核家族・夫婦共働き世帯（全国平均）のデータを用いた。
出所：家計調査年報各年版より作成。

雇用者，若干の完全失業者）と半数近くとなり，これ以降専業主婦率を上回っていく。高度経済成長期において専業主婦が主流を占めた夫1人働きから夫婦共働き時代へと変化を遂げようとしたのが，1980年代である。もっとも，女性の就業は，出産・育児期における労働市場からの一時的撤退を含み，また再就職後はパート・タイム就労など非継続的で不安定就業が多数を占めている。

　家計調査報告書において夫婦共働き世帯の家計収支が公開されたのは1978年からである。それ以降の核家族・勤労者夫婦共働き家計における妻の収入比率を示したのが，**図表7-6**である。とくに図示していないが，核家族・勤労者夫婦共働き家計（実収入）における夫婦の収入合計比率は，一貫して95％前後を占めており，（当然の結果であるが）この家計収入のほとんどが夫婦の収入から成り立っている。**図表7-6**をみるとわかるように，妻の収入比率は1978年の18.8％から緩やかに増え続け，1980年代には21％台，2006年には23.7％とな

り，夫婦収入合計の4分の1近くを占めている。他方，夫の収入比率は8割台から7割台と1割ほど低下している。このように，夫の収入比率の緩やかな低下と妻の収入比率の緩やかな増加傾向がみてとれる。

　このような妻の収入比率の実態は，所得水準において夫婦対等の共働き家計像とはかなり隔たっている。しかし，これまでの妻の収入と夫の収入を合体して運用する「一体型家計」とは異なる家計のあり方を顕在化させた。たとえば，1987年に共働き家計を対象に行った小規模調査によれば，妻がパート就労の家計において，パート収入をすべて妻の個人的支出に充てるというケースが観察された。また，妻の収入が夫と同等水準の共働き夫婦で子どものいない世帯の場合，夫と妻の収入はまったく別々に管理運用するというケースを含めて，一体型家計は1ケースもなく，それとは異なる家計運用がなされていた[52]。このように，唯一の収入源である夫の収入の管理を任されてきた妻が自身の収入をもつことで，その家計運用は1つではない多様な輪郭を示しはじめた。

　上述した家計運用に関する調査以前に，家計とは別行動をとる「サラリーマン」の夫の「こづかい」に注目した調査研究が国民生活センターによって行われている。これは，職住分離によって，労働過程に従事する「サラリーマン」であっても，消費過程と無縁で過ごすことができなくなり，個人的な収支（こづかい）をもたざるをえなくなった時代の個人的収支と家計との関係について分析したものである[53]。家計内の個人的収支（こづかい）の実態については，総務省『全国消費実態調査』においても1989年から実施されるようになった。

（2）家計構造の複雑化と生活余裕度の低下

(1)家計構造の複雑化要因

　1980年代の家計は，家計運用の多様化および家計から独立した個人的収支など家計内の変化に加えて，金融資産の多様化および支払いのキャシュレス化などによって複雑化した。それにともなって，手元の現金収支決算による赤字・黒字だけで家計の状態を判断することが難しい事態となった。このような状況については，『1980年版　国民生活白書』において言及されている。これを援用して，複雑化した家計構造の要因とこうした状況下の家計指標について述べ

ていこう。[54)]

家計構造を複雑化させた外的要因の第1は，家計における金融資産の多様化である。家計貯蓄が年収を超えるほどの大きさとなり，それにともなって生命保険や財形貯蓄，有価証券など貯蓄の多様な運用がなされてくるようになったことである。第2は，家計の借金である。1979年時点で全国の勤労者世帯の31.1％が住宅・土地のための負債をもっており，その返済は「避けることのできない支出」となった。これに加えて，生命保険掛金も毎月決まって支払わなければならない支出である。国民生活白書ではこれらの支払いを「契約的資金支出」として分類している。他方，同白書では，主食，副食品，嗜好食品，家賃地代，水道料，光熱費，シャツ・下着，保健医療，理容衛生，教育費，たばこなどを必需的な消費支出とし，可処分所得に占めるそれぞれの割合の変化を分析している。それが**図表7-7**である。

図表7-7　増加に転じた契約的資金支出
（全国勤労者世帯）

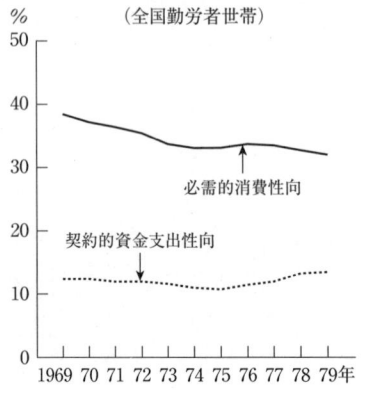

注：1　総理府統計局「家計調査」により作成。
　　2　各性向は可処分所得に対する比率である。
出所：経済企画庁『1980年版　国民生活白書』より。

これをみると，第一次オイルショック以前の必需的消費支出は明らかに低下傾向にあり，契約的資金支出は横ばい状態である。しかし，契約的資金支出は1975年の10.7％を底にそれ以降増加傾向となり，1979年には13.5％まで膨らんでいる。他方，必需的消費支出はそれ以前の低下傾向が弱まっている。契約的資金支出の増加傾向は，1970年代半ば以降の家計収入の伸びが鈍化するなかで生じている。こうした状況下での固定的な契約的資金支出の増大は，家計の自由裁量を狭め，余裕を失わせることにつながる。

家計構造複雑化の外的要因の第3は，家計のキャシュレス化である。家計収支のほとんどが現金決済であった時代は，現金残額をみれば家計が赤字か黒字かを知ることができた。しかし，給与の口座振り込み，各種公共料金の口座か

らの自動払い，キャシュカードによる購入などが進展するにしたがって，現金管理だけでは家計が赤字か黒字かどうかわからなくなった。

(2) 複雑化した家計構造の測定方法

こうした複雑化した家計構造のもとで家計の安全性を診断する方法の1つとして『1980年版 国民生活白書』が提起したのは，「赤字分岐点」と「資金繰り分岐点」という2つの指標である。これらは，「家計の収支や資金の構造を企業会計になぞらえ，大胆な仮定を置いて，家計の経済的安全性を測る」ための指標であるといわれる。企業の場合は，売上高から人件費，減価償却費，賃貸料，借入金利息などの固定的費用と，「操業水準に比例して増減する原材料費などの変動費」を差し引いたものが利益であり，「収支トントンになる売上高を損益分岐点」としている。これらを家計に当てはめ，「それ以上所得が減れば家計が赤字になってしまう水準」を赤字分岐点とし，これによって家計の可処分所得がその分岐点からどの程度余裕があるのかを測定している。もう1つの「資金繰り分岐点」は，必需的な消費支出に契約的資金支出を加え，これらの支出と可処分所得との関係から家計の余裕度を測定するものさしである。

住宅ローンのある勤労者世帯と勤労者世帯全体の生活余裕度について所得階級別にみたものが，**図表7-8**である。勤労者世帯全体の場合，赤字分岐点からの余裕度は，所得の高い第5分位では51％，所得の低い第1分位では26％であり，所得階層によって余裕度はかなり異なるが，低所得層であっても2割強の余裕度を示している。しかし，資金繰り分岐点をみると，第5分位では25％の余裕度があるのに対し，第1分位では4％まで低下している。他方，住宅ローンのある低所得層（第1分位）では，この資金繰り余裕度がマイナス9％まで落ち込んでいる。このマイナスは，必需的および選択的消費支出を削減することによって補填されるか，あるいは小口の借入金によって補填されることになる。小口の借入金によって補填された場合には，返済支払をさらに増やし，可処分所得の自由裁量をさらに狭める結果となる。

このような生活余裕度測定の導入は，上述したように，従来の現金残高による家計管理ではすまなくなったからである。そして，家計収支と金融機関との関係が深まるなかで，企業管理の手法が家計にまで拡大されたことを示してい

図表7-8　資金繰りに余裕の乏しい低所得者層（1979年）

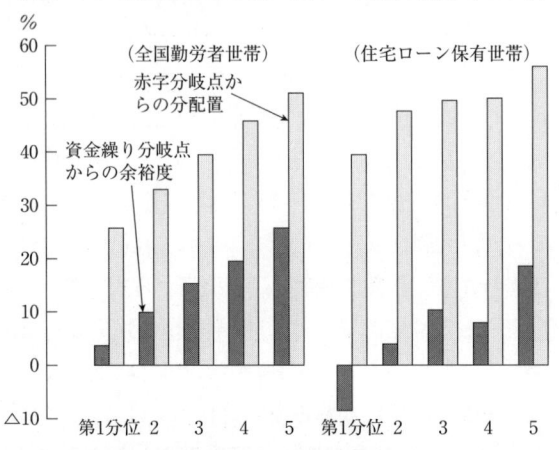

注：赤字分岐点＝必需的消費支出／1－選択的消費性向
　　赤字分岐点からの余裕度＝100－赤字分岐点比率
　　資金繰り分岐点＝必需的消費支出＋契約的資金支出／1－選択的消費性向
　　資金繰り分岐点からの余裕度＝100－資金繰り分岐点比率
　　赤字分岐点比率＝赤字分岐点／可処分所得×100
　　資金繰り分岐点比率＝資金繰り分岐点／可処分所得×100
出所：図表7-7と同じ。

る。こうした変化とともに『国民生活白書』において家計の安全性を強調する背景には，森ます美・居城舜子が論じているように，「日本型福祉社会」を支える家族の経済基盤としての家計の安全性確保が政策的に重要であったからでもある。[55]

（3）円高による生活費の「内外格差」論とディス・インフレ論

　さて，1980年代半ばの日本は円高・ドル安という新たな経済状況を迎えた。1985年9月20日の東京外国為替市場の円相場は終値で1ドル＝242円であったが，1987年10月19日には1ドル＝141円35銭となり，2年1ヶ月の間に100円65銭円も円高・ドル安となった。外国為替市場におけるこのような変化と並行して，日本の対外資産・負債高の状況も変化した。1979年にアメリカで刊行された『ジャパン・アズ・ナンバー・ワン』の著者としてよく知られている，

E・F・ヴォーゲル（Ezra F.Vogel）は，1986年に「パックス・ニッポニカ？」という論文を「フォーリン・アフェアーズ」誌に発表し，その論文の冒頭で「1986年までに，アメリカは世界最大の債務国となり，日本は世界最大の債権国となる」と予測した[56]。実際に，1987年末時点で「日本は2407億ドルの対外純資産をもつ世界最大の債権国になった[57]」。このような円高は生活にどのような影響を与えたのだろうか。

円高による生活費の動向について『1989年版　経済白書』ではOECDの資料を用い，海外で販売されている商品とサービスを国内で購入した場合の価格を意味する購買力平価と，為替レートから分析している。それらによると，円高進行後の1988年時点の対米ドル為替レートは128円で，購買力平価は207円である[58]。これらは，ある商品とサービスをアメリカで購入すると128円に対して，日本で購入すると207円で，61.8％も日本で購入すると高いことを意味している。西ドイツ，フランス，イギリスと比較すると，それぞれ16.4％，27.3％，51.8％も日本の価格が高い。

以上の購買力平価はGDP（国内総生産）ベースのもので，家計だけでなく企業や政府取引も含まれている。同白書によれば，家計消費の物価水準に限定すると，日本の物価水準は1989年2月時点で，アメリカに対し52％，西ドイツに対し19％，イギリスに対し41％，フランスに対し30％，イタリアに対し43％高くなっている。また，1988年時点の「民間消費購買力の対米比較」によれば，交通・通信が273円，教育・レクレーション・教養が259円，食料・飲料・たばこが257円などであり，大幅な円高となった為替レート（1ドル＝128円）で評価すれば日本の消費が割高となっている[59]。

このような日本の物価割高論に対して，橋本寿朗は為替レートによる物価高に着目し，この影響を取り除いて，アメリカの物価を基準にし各国の物価動向を検討している。それによれば，1985-1997年までの日本の消費者物価は24％も低下しており，「日本の物価が割高なのも円高のためであって，国内の物価はやはりアメリカよりも一段と速いテンポで低下している[60]」と述べている。つまり，1990年代後半に生じたデフレーションの前に，1980年代の日本はすでにディス・インフレ状態であったことになる。ただ，こうした重要な指摘は，

「ディス・インフレからデフレへの転換が日本経済に重大な影響を与えている」ことに気づかれた1990年代後半に行われている。

（4）土地・株価高騰と富の集中

円高に次いで，1980年代の生活と家計をめぐる状況変化としては，土地および株価の高騰によって富がある階層に集中し，資産格差が拡大したことである。この点については，石川経夫に依拠して述べていきたい。

石川によると，富の形成には2種類の目的がある。1つは「生活保障の富」であり，これは4つの事柄に対する備えを目的としている。すなわち，「生計を維持するうえで必要な最低限の所得の継続的発生源」，「老後などライフ・サイクル上予見できる将来の購買力の必要に対する備え」，「予測不可能な経済的困難に対する備え」，「家族の次世代にわたる消費の実現ないし家計の安全保障的動機から保有される富」であり，最終的には消費に向けられる資産である。もう1つの富は「決して消費されない資産」であり，「政治，経済のさまざまな局面で影響力を行使しつつ自己増殖を果たそうとする」「自己目的化された富」[61]である。

石川は，アメリカの大統領フランクリン・ルーズベルトの言葉である「自分自身や家族の生活を保障しようという欲求は，自然で健全なものである。しかしそれはほどほどの遺産相続によって十分達成される。巨大な富を自分や家族の生活保障のためという理由で正当化することはできない」を引用したうえで，日本における自己目的化された富の集中度について，アメリカ，イギリスと比較しながら分析している。

その際に主として用いている日本の資料は「国民経済計算年報」である。5年に1度5万前後の世帯を対象とする「全国消費実態調査」データの使用は，「職業別にみた世帯数・純金融資産保有分布および株式保有分布」（1984年時点）の分析のみに限定している。というのは，この調査では「高所得，高資産層の富保有を十分捕捉できない」こと，保有集中度の高い株式保有額に関するマクロ・データと家計調査データとのギャップが他の金融資産におけるギャップよりもはるかに大きいなどの理由からである。石川による分析結果の要点を述べ

ると，以下のようである[62]。
① 1985年から1987年にかけての国民純資産の対国民所得比は，英国で6.1-6.5，米国で3.8-4.0，日本で7.1-9.1と上昇した。とくに，日本では2年間で対国民所得比で2という急上昇であった。
② 部門別に資産保有をみると，日本では民間企業部門が相対的に高く（20％），英国では公共部門が相対的に高く（10％強），米国では「家計部門に純資産全体の90％が帰属している」。
③ 家計と民間法人企業を併せた民間部門の保有する実物資産の対国民所得比は，①の国民純資産の対国民所得比とほぼ同様の差異がある。しかし，土地保有額を除く実物資産の対国民所得比は，3カ国で接近し，しかも「3カ年を通じて見事に不変である」。したがって，民間実物資産ならびに国民純資産の対国民所得比における日本の高さは，「土地評価額の高さおよびその時間的上昇によって大半が説明される」。
④ 家計部門が保有する富の対家計可処分所得比率は，「米国で3カ年を通じほぼ4.0の値をとるほかは，英国で1985年から1987年にかけ4.8から5.7へ，日本で6.3から8.5へと上昇」した。こうした「英，米，日間の差異の最大の説明要因は土地評価である」。
⑤ 「3カ国間のいま一つの重要な差異は，純金融資産である」。年金準備資産を除く家計の可処分純金融資産の対家計可処分所得比は，「英国で1.1-1.4，米国で0.9，日本で1.7-2.2である」。英国と日本で2年間で可処分純金融資産比率が上昇しているが，「いずれもその最大の要因は，株式価値の上昇である」。
⑥ 日本の家計可処分純金融資産全体に占める株式保有の比率は1987年末には30％となり，「米国の61％には及ばないが，英国の31％に比肩する大きさになった」。「実際はもっと大きな数字である可能性がある」。
⑦ 以上の点から，1987年時点の日本の家計は「英国，米国に比べ，絶対額としても対所得比でみてもはるかに大きな（可処分）金融資産を保有している」。「可処分金融資産に占める株式の地位も，米国には及ばないものの，英国とほぼ同等になった」。「英米で伝統的に株式が富の集中を象徴的に示す資産であ

る」ことからすると,「日本の家計についても富の集中が進行しないか注意深く見守る必要があることがわかる」。

⑧1984年版「全国消費実態調査」から職業別世帯分布,純金融資産額,株式保有額のシェアをみると,この調査が「株式保有総額および株式保有分布の集中度をとりわけ過小評価している」点を「捨象してもなお」「事態を明確に」示している。すなわち,全世帯のわずか1.3％の法人経営者高所得層に2人以上世帯の保有株式のうち15.5％が保有されている。家計部門で絶対的に最大の保有シェアを有するのは事務・技術職員層の勤労者世帯であるが,高額所得者(名目年間所得1000万円以上)に限定しても,この職業階層1世帯あたりのシェアは「経営者層に比べはるかに小さい」。このように,「経営者層はさまざまな職業階層のなかでも1家計あたりでみて最大の株式保有層であり,株式保有の集中の主役である」。

⑨経営者階層は「株主と同様に利潤最大化に関心をもち」,「保有する株式および純金融資産の自己目的化された蓄積を通して自己および家族(次世代)の階層的地位の維持・向上を図る,と十分想定できる」。「最近の株価の高騰は,こうした富の一層の集中をもたらした」。

以上から,1987年時点の日本の家計に占める株式保有の比率がイギリス並みに上昇していること,その保有は経営者家計層に集中していることが明らかにされた。

『1988年版　経済白書』でも,株価上昇による資産価値の増大について分析している。それが**図表7-9**である。これをみると,まず,株価上昇率が1986年で32.9％,1987年で47.9％と急騰していることがわかる。次にこの急上昇が,高所得層の第Ⅴ5分位階層(24.4％)に集中していることがわかる。この集中度は,株価が低迷していた1982年時点においてすべての所得階層がそのマイナスの影響を同等に受けたことと対照的である。[63]

以上のように,土地・株価が急騰した「バブル経済」は,ごく一部分の人々に大きな利益をもたらして崩壊した。1990年には株価が暴落し,翌年には地価が暴落し,これらによって金融危機が生じ,日本経済は長く深刻な不況に陥った。

第7章　家計からみた経済社会の変動と生活

図表7-9　所得階層別（株式）資産価値の増大

年		81	82	83	84	85	86	87
株式残高保有シェア（％）	I	6.3	8.0	8.2	6.3	8.8	7.4	6.0
	II	8.1	9.5	8.1	8.0	8.8	11.9	12.0
	III	13.0	11.2	10.3	12.4	12.0	10.9	11.0
	IV	19.7	18.4	20.8	18.3	18.7	17.4	18.0
	V	52.9	52.9	52.6	55.0	51.7	52.4	53.0
前年末株式残高（兆円）		40	42	40	47	57	66	96
株価上昇率（年平均％）		16.3	△0.44	17.9	26.1	22.2	32.9	47.9
株価上昇による資産価値の増大（兆円）	I	0.4	△0.01	0.6	0.8	1.1	1.6	2.8
	II	0.5	△0.02	0.6	1.0	1.1	2.6	5.5
	III	0.8	△0.02	0.7	1.5	1.5	2.4	5.1
	IV	1.3	△0.03	1.5	2.3	2.4	3.8	8.3
	V	3.4	△0.10	3.8	6.8	6.6	11.4	24.4

注：(1)　総務庁「貯蓄動向調査」，経済企画庁「「国民経済計算」，東証株価指数」により作成。
　　(2)　前年末の株式残高保有シェアに応じて，翌年の株価上昇による資産価値の増大が所得階層別に分配されると想定。
　　(3)　なお，所得階層別は全世帯。
出所：経済企画庁『1988年版　経済白書』。

4　1990年代不況期から現下の生活

「バブル経済」崩壊による不況は深刻な状況であった。1990年から1994年の株式と土地による「キャピタル・ロス」は合計して1000兆円を超え，「当時のGDPの2年分をゆうに超え[64]」る空前の大きさであり，それはアメリカが1929年恐慌で失ったそれ（GDPの1.9倍）よりも大きなものであったといわれている[65]。

このような空前の深刻な不況によって倒産した企業は，1993年時点で1万4500件，1995年（1990年代前期の不況の間で最も倒産件数は多かった時期）で1万5100件であった[66]。山家悠紀夫によると，1990年代前半の倒産件数は1980年代前半の年平均倒産件数（1万8700件）および1984年（1980年代のピーク）の2万800

件を下回るものであったが、企業倒産および雇用削減によって失業率は1990年の2.1％から1996年には3.4％まで上昇した。

バブル経済の崩壊後、地価および株価は下落するとともに消費者物価も継続的なマイナスの物価上昇率を意味するデフレーションの状態に入った。『2003年版　国民生活白書』によれば、（生鮮食品を除く）消費者物価指数は1995年第Ⅱ四半期にマイナスの上昇率を示し、その後1997年まではジグザグの変動を繰り返しながら、1998年から2003年までマイナスの上昇率が続いている（物価は下落している）。また、日本経済全体の支出をカバーするGDPデフレーターも1990年代半ば以降に下落している。

このような状況について『物価レポート1995年』（経済企画庁）では、デフレーションという概念ではなく、「価格破壊」という表現を用いて分析している。同レポートにおいては価格破壊が生じた背景として3点挙げている。1つは「円高の進展等による安価な輸入の増加」であり、第2は1995年5月の「大規模小売店舗法」の規制緩和（1千平方メートル未満の出店が原則自由化され、これにともない、第2種大規模店の出店申請とくに運用基準が緩和された）、再販制度の見直し、酒類販売業免許制度の緩和など規制緩和の進展によって大型ディスカウントストアが急増したことにある。第3は所得の長期的な伸び悩みを背景とした消費者の「より安価な商品を購入しようとする」行動である。『物価レポート1995年』は、これらの諸要因が重なり合って、諸商品価格の構造的なデフレが生じたとみている。

このような不況とデフレは家計にどのような影響を及ぼしたのだろうか。ここでは、勤労者世帯の所得と消費の動向、住宅ローン返済負担の3点について述べていく。最後に、景気は回復したといわれる現下の状況について言及する。

（1）不況・デフレ下の家計収入と家計消費

1990年代以降の勤労者家計における実収入、可処分所得、「世帯主」の定期収入、消費支出の対前年度実質増加率を示したものが、**図表7-10**である。これをみると、1990年代前半期の収入の推移はジグザグ状態であるが、1998年か

第7章　家計からみた経済社会の変動と生活

ら2003年まで連続してマイナスを記録している。こうした収入動向の影響を受けて，消費支出の実質増加もマイナスとなっている。消費支出の落ち込みは，2001年と2002年を除くと，世帯主定期収入の落ち込みよりも大きく，実収入と可処分所得の落ち込みほど大きくはない。

消費者物価の動きと家計収支の動きを見比べると，両者ともに1998年から2003年までマイナスの上昇率を示している。ただし，消費者物価の上昇率がマイナス1を越えないのに対して，家計収支はマイナス1前後からマイナス2強を示しており，家計収支の方が経済変動の影響を強く受けているように思われる。

次いで，生命保険掛金および住宅ローン返済など「契約的資金支出」に加えて，直接税と社会保険料の「義務的支出」，可処分所得からこれら2つの固定的な支出を控除した実質可処分所得の動向について検討していこう。実収入におけるこれらの割合を示したものが，**図表7-11-1**から**図表7-11-4**までである。この図表が意図することは，こうである。

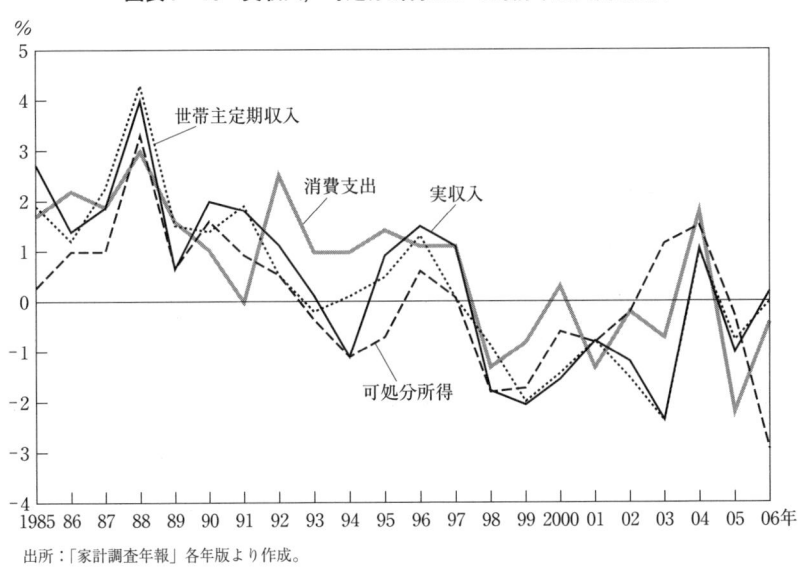

図表7-10　実収入，可処分所得ほかの対前年度実質増加率

出所：「家計調査年報」各年版より作成。

勤労者世帯における家計の運用は，実収入の内容が示しているように，勤め先収入ほか複数の収入を寄せ集めことから始まる。ただ，実際にその収入が世帯に届くまでの間にすでにいくかの支払いが行われている。まず，税金と社会保険料の義務的支出が源泉徴収される。住宅ローン返済や他の借金返済，生命保険掛金など契約的支出は，義務的支出と異なって，個々の家計の意思決定によって選択されたものであるが，いったん契約した後はたとえ所得が減少しても後述する一部の理由を除いて，返済支払いの変更は難しく，長期的に払い続けないとならないものである。義務的支出は公的機関に支払われ，契約的支出は民間金融機関やカード会社などに支払われるといった違いはあるが，個々の家計からすると，こうした公私の違いを超えた固定的支出である。これらの支払いが済んだ後に，ようやく日常的な消費が行われる。家計運用からすれば，支払いの優先順位は第1に義務的支出と契約的支出，第2に消費支出となる。
　さて，**図表7-11-1**の実収入に占める各支出をみると，実収入や「世帯主」定期収入のマイナスの上昇率を反映して，税金の対実収入比は1999年の7.4％から2001年以降6％台へと低下傾向にある。しかし，社会保険料の比率は低下せず，むしろ増加傾向にあるため，税金と社会保険料を合計した義務的支出の対実収入比率は低下せずに，16％前後を示している。他方，住宅ローン返済と他の借金返済は金額および比率ともに一貫して上昇している。ただ，私保険掛金は1998年をピークにやや低下傾向にある（**図表7-11-2**）。
　1990年代前半期では，義務的支出と契約的支出の割合は同じく15-16％台を示しているが，1990年代後半から2000年代には契約的支出の割合が義務的支出のそれよりも上回っている。実収入に占めるこれら2つの固定的支出の合計は，1998年から2000年代にかけて，34％台を占めるようになった（**図表7-11-3**）。他方，実質可処分所得の割合は低下しつづけ，1998年以降は実収入の65％台まで落ち込んでいる（**図表7-11-3**）。このように，実収入が低下するなかで，世帯全体の社会保険料，住宅ローン返済と他の借金返済が上昇を続け，そのため消費支出にまわされる実質可処分所得が低下し続けていることがわかった。
　ただ，実質可処分所得における消費支出の比率は9割強（**図表7-11-4**）を占めており，この所得をほとんど残すことなく消費している。1990年代には，不

第7章　家計からみた経済社会の変動と生活

図表7-11-1　実収入における税および社会保険料の割合（1953年-2006年）

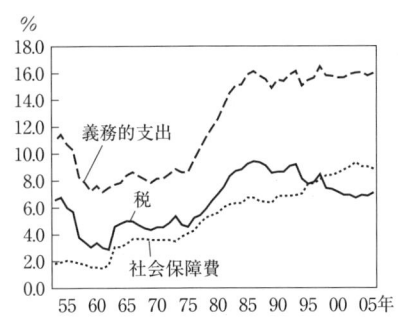

注：義務的支出とは税と社会保険料の計である。
出所：家計調査年報各年版（勤労者世帯，全国平均）より作成。

図表7-11-2　実収入における契約的支出の割合　（1953年-2006年）

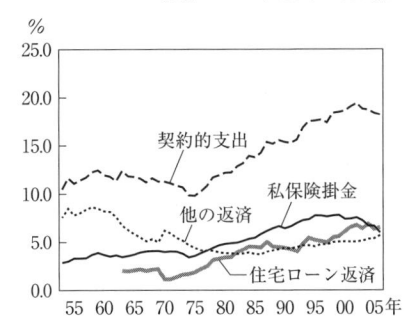

注：住宅ローン返済は家計調査年報では土地家屋借入金返済となっている。同様に，私保険掛金は保険掛金となっている。他の借金返済とは，家計調査による月賦返済，掛買払，分割払購入借入金返済，一括購入借入金返済，他の借金返済の計である。
出所：図表7-11-1と同じ。

図表7-11-3　実収入に占める義務的・契約的支出と実質可処分所得の割合（1953年-2006年）

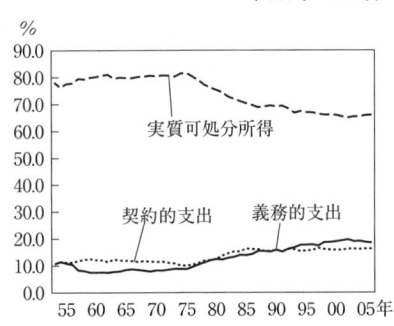

注：実質可処分所得とは実収入から義務的支出（税と社会保険料）と契約的支出（住宅ローン返済，他の借金返済，私保険掛金）を差し引いた残りの所得である。
出所：図表7-11-1と同じ。

図表7-11-4　実質可処分所得に占める消費支出の割合（1953年-2006年）

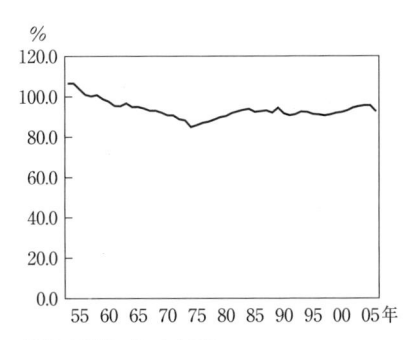

出所：図表7-11-1と同じ。

243

況の「根本原因」を「消費の不足」とする「消費不況説」が盛んに主張されたが，実際は実質可処分所得の9割以上を消費しており，この点からすると，消費の不足などとはいえない状況にある。

ただ，この時期の家計は，低下する実収入と低下しない固定的支出といった，一致しない収支の動きのなかで，収支を調整し，収支バランスをはかる手段が消費支出の節約に限られていたことも事実である。とくに，消費支出の制約は住宅ローン返済中の家計に顕著に現れている。

（2）住宅ローン返済中家計におけるマイナスの純貯蓄

家計にとって，地価（住宅価格）が下落することは，土地を購入して住宅取得を容易するというプラス効果がある一方で，借金返済の負担を重くする側面もある。バブル期に金融機関から借金して住宅を購入し，デフレ下に住宅ローン返済中の家計は地価下落によって「バランスシートを大幅に悪化させ，債務の返済が困難になっている」[68]からである。たとえば，家計調査から住宅ローン返済中の家計を取り出し，可処分所得におけるその負担をみると，1993年の16.4％を起点にして上昇を続けており，2002年には20.1％に達している。その後はやや低下しているが，それでも可処分所得の19％台を占めている（**図表7-12**）。

もちろん，住宅ローンの負担度は所得階層によって異なる。『全国消費実態調査』から住宅ローン返済中の家計について，所得階層10分位別にみたものが，**図表7-13**である。この調査は家計調査よりも大規模ではあるが，調査月が9月から11月までの3ヶ月間に限定されるためボーナス時の返済が含まれていない分，家計調査よりも住宅ローン返済の比率が低めに出る傾向がある。この点に留意して，住宅ローン返済の対可処分所得比の推移をみると，1989年から1999年までは下位層（Ⅰ，Ⅱ，Ⅲ，Ⅳ）から中位層（Ⅴ，Ⅵ，Ⅶ）にかけて負担増が高まり，2004年になると一部を除いて負担が低下している。こうしたなかで，低所得の第Ⅰ階層の住宅ローン返済比率は一貫して増大しており，2004年時点では最上位層の2倍近くの18.7％の負担となっている。このような所得階層間の住宅ローン負担比の違いは，1979年時点の階層間の負担が均衡してい

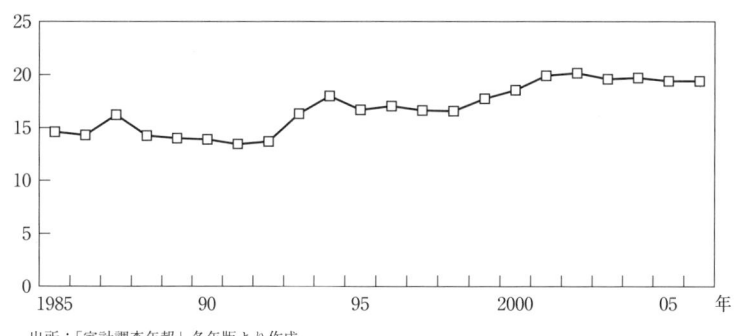

図表7-12　可処分所得に占める住宅ローン返済の割合

出所:「家計調査年報」各年版より作成。

図表7-13　所得10分位別にみた可処分所得に占める住宅ローンの負担　（%）

	I	II	III	IV	V	VI	VII	VIII	IX	X
1979年	11.5	11.5	12.0	11.5	11.8	11.5	10.7	10.1	10.0	8.6
1989年	14.0	12.7	13.8	13.6	12.1	11.2	10.5	10.7	9.2	9.0
1999年	17.1	17.7	17.1	16.3	16.2	15.9	12.6	11.8	10.8	9.3
2004年	18.7	17.5	16.9	16.5	15.3	13.9	12.3	11.2	11.3	9.7

出所：総務省「全国消費実態調査」より作成。

た状況からみると著しい変化である。

　次いで，可処分所得における住宅ローン返済の比率が上昇した1999年時点の貯蓄現在高と負債現在高についてみると（**図表7-14**），最上位層を除くすべての家計の純貯蓄高（貯蓄現在高－負債現在高）がマイナスとなっている。この純貯蓄を年収で除すると，第Ⅰ階層と第Ⅱ階層がマイナス1.9倍，第Ⅲから第Ⅴ階層までがマイナス1.7倍から1.1倍であり，所得が低くなるほど年収をはるかに超えるマイナスの純貯蓄（負債）を抱えている。

(3) 景気対策としての住宅投資の帰結

　以上，住宅ローンのある勤労者家計について述べてきた。じつは，勤労者世帯の住宅購入は不況対策と深い関係がある。1990年代の不況に対する総合経済

図表7-14 住宅ローン有家計の負債と貯蓄

年			I	II	III	IV	V	VI	VII	VIII	IX	X
1979	年収	(万円)	197.1	260.1	300.4	337.1	371.1	409.5	455.6	512.4	597.9	825.9
	貯蓄現在高-負債現在高	(万円)	-174.5	-154	-157	-222.6	-157	-139	-69.4	-48	16.3	198.4
	貯蓄-負債/年収		-0.88	-0.59	-0.52	-0.66	-0.42	-0.34	-0.15	-0.01	0.03	0.24
1989	年収	(万円)	290.3	386.6	452.8	512.8	574.9	639.7	719.9	815.4	954.9	1320
	貯蓄現在高-負債現在高	(万円)	-320.8	-289	-326	-315.2	-251	-195	-45.6	28.7	137.8	565
	貯蓄-負債/年収		-1.11	-0.75	-0.72	-0.61	-0.44	-0.31	-0.06	0.04	0.14	0.43
1999	年収	(万円)	326.8	447.4	529.3	609.7	689	776	871.2	993.3	1167	1617
	貯蓄現在高-負債現在高	(万円)	-637.9	-868	-874	-885	-765	-683	-537	-340	-165	229.9
	貯蓄-負債/年収		-1.95	-1.94	-1.65	-1.45	-1.11	-0.88	-0.62	-0.34	-0.14	0.14
2004	年収	(万円)	273.6	409.9	491.8	565.8	640.5	722.7	814.6	930.7	1093	1519
	貯蓄現在高-負債現在高		267	222.3	160.8	193.1	208.3	355.7	453.7	628.9	924.7	1605
	貯蓄-負債/年収		0.98	0.54	0.33	0.34	0.33	0.49	0.56	0.68	0.85	1.06

出所:総務省「全国消費実態調査」より作成。

対策の中核の1つとして,住宅金融公庫の事業規模および貸付枠の拡大が唱えられた。それによってローン金利の低下や無抽選でローン貸付の受け入れが行われた。その結果は,上でみてきたように,家計は可処分所得の2割前後の住宅ローン返済を抱え(家計調査による住宅ローン返済中の家計の平均),純貯蓄はマイナスに落ち込んだ。

住宅投資は,マクロ経済的には景気好転の手段として有益であったかもしれないが,個々の家計経済にとっては重い足かせとなった。しかもそれは2つの問題を生じさせた。1つは住宅ローン返済中の家計の消費を低下させたことであり,もう1つは,住宅ローン返済困難な家計を多く生み出したことである。

まず第1の問題点について述べよう。住宅ローンの有無別に1985年時を基準に消費支出の推移を示したものが,**図表7-15**である。1990年から1992年の3年間と1996年を除くと,いずれの年も住宅ローン返済中の家計の消費が住宅ローンなし家計のそれを下回っている。とくに,2000年以降,住宅ローン返済中の家計の消費は1985年水準よりも低くなっている。住宅ローン返済中の家計は,日常の消費をセーブして,優先的に返済支払いを確実にしなければならないからだ。

住宅ローン返済が不況下の家計にもたらしたもう1つの問題は,住宅ローン返済の延滞および代位弁済という問題である。住宅金融公庫(現・住宅金融支援

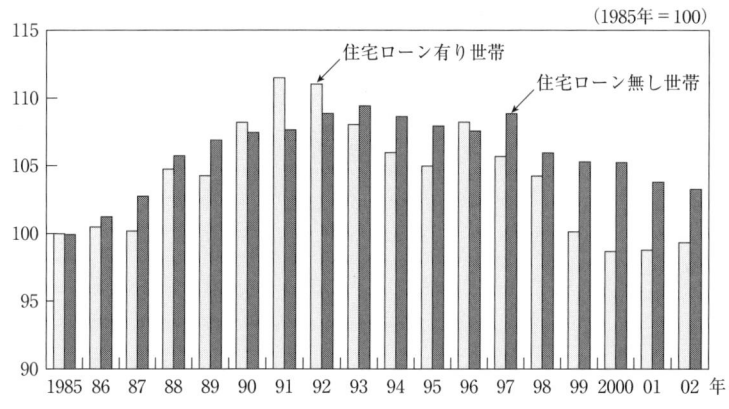

第7章 家計からみた経済社会の変動と生活

図表7-15　住宅ローン有無別消費支出の水準

(1985年=100)

注：1　総務省「家計調査」により作成。
　　2　全国・勤労者世帯における1世帯の1か月当たりの消費支出及び可処分所得に占める住宅
　　　　ローン返済額の推移。住宅ローンのない世帯は勤労者世帯全体から住宅ローンのある世帯
　　　　を除いて算出。
　　3　消費支出は，1985年を100とした各年の値。
　　4　消費支出は，消費者物価指数（持家の帰属家賃を除く総合）により実質化。
出所：内閣府編『2003年版　国民生活白書』基礎資料（第1-4-10図，p.190）より作成。

機構）は，不況によって失業または収入が減少し住宅ローン返済が困難となった場合は，一定の条件を満たす家計に対して，1998年から返済期間の延長や月々の返済額の変更を認めるようになった。その件数は1998年が2500件，1999年が8900件，2000年が7600件，2001年が1万4400件，2002年2万5600件，2003年が3万6400件，2004年が2万7400件，2005年が1万8400件ある。最近はピーク時（2003年）の半数に減少しているとはいえ，発足時の1998年時の7倍強の件数を示している[69]。さらに事態が深刻となり，公庫住宅融資保証協会が代位弁済を行ったケースをいうと，1992年669件，1993年885件，1994年939件，1995年1148件，1996年1430件，1997年1553件，1998年2226件，1999年2475件，2000年2914件，2001年2920件あり，この10年足らずの間に4.4倍も増大している[70]。

（4）景気回復と相対的貧困層の増加

　日本の景気は2002年2月以降に回復しはじめ，日本の政府は2006年11月22日に戦後最長の「いざなぎ景気を越えた」と表明した[71]。しかし，今回の景気回復

における最大の特徴点として指摘されているのが,「家計部門にあっては景気回復が見られないこと[72]」である。この要因として指摘されているのは,雇用形態の変化や賃金格差の拡大である。すなわち,2001年時に比べて,低賃金の非正規労働者が300万人以上も増え,全労働者の3割強を占めるようになったこと,中・大企業労働者の賃金が増加傾向にあるなかで,全労働者の4割強を占める小規模(従業員5-29人)企業の労働者の賃金が下落し続けているなどの状況である。

『2007年版 経済財政白書』においても,景気回復が家計に浸透していない要因について検討している。それによれば,今回の景気回復が,グローバル化やIT化などによる「非熟練労働の賃金下押し圧力や,固定費圧縮を企図した労働分配率の低下,雇用の非正規化」など企業の雇用および労働分配政策の変化と輸出主導による景気回復であったからだと述べられている。民間消費主導の景気回復の場合にはサービス業など「労働集約的な業種の生産を誘発するため,多くの労働者を必要とする[73]」のに対し,輸出主導による景気回復は「機械類の比率の高い貿易財の需要」が高まり,「加工組立産業のような資本集約的な産業の生産を誘発し,さほど労働力の増加を必要としないため[74]」であるといわれる。また,同白書では「生産性の伸びが1人あたりの賃金の伸びとして表れにくい」点も指摘している。

生産と企業の収益が増大し,この範囲での景気回復感が漂っている状況下で,家計は所得が増えず,不況脱出を実感できないでいる。すでにみてきたように,2003年から2006年にかけて,実収入,可処分所得,世帯主定期収入の対前年実質増加率は1年ごとにマイナスとプラスを繰り返している状態で安定性に欠けている。さらに,1994年以降の超低金利政策によって,家計は利子収入をも失ったままの状態である[75]。

『2007年版 経済財政白書』が,先進諸国での「経済成長と所得格差の同時進行」を指摘し,日本でも「貧困への対応として,従来のセーフティ・ネットの充実に加えて,経済成長に資する労働市場改革が行われている[76]」点を強調する1年前に,OECDによって,日本がアメリカに次ぐ高い相対的貧困率の国であることがすでに指摘されている。しかも,この高い相対的貧困率が人口の

高齢化という要因だけでなく，労働市場の二重構造も重要な要因となっており，所得の不平等と貧困を縮小するには，非正規労働者の増加の反転および公的な社会支出の対象をひとり親など社会的弱者により重点化すべきだも主張されてもいる。[77]

日本経済が長い不況を脱したといわれ，いまや「バブル期並の空前の企業収益」が報道されているなかで，この過程で重大なマイナスの影響を受け，従来のセーフティ・ネットからこぼれ落ちた人々が大量に存在している。21世紀に生じている貧困の解消と家計所得を改善するための社会政策が強く求められている。[78]

1） 横山源之助［1899＝1972］。
2） 以下での時期区分は，多くの研究で指標とされてきた経済変化を軸としている。しかし，このような指標による時期区分について，ローラ・ハインは「どの国でもたいていの歴史的転換点が政治的できごとにより規定されていることを考えれば，この経済による時代区分は戦後日本を論じるうえで，いかに経済の考察が優先されてきたかを雄弁に物語っている」と述べている。重要な指摘である。ローラ・ハイン［2001（注25）］。
3） 南亮進［1996：117］岩波書店。社会政策における戦後50年の総括と展望に関する文献としては，玉井金五［1997］御茶の水書房，を参照。
4） 有澤廣巳［1954：8］東京大学出版会。有澤の研究については，ローラ・ハイン［2007］を参照されたい。
5） 同上［1954：15］。
6） 中村隆英［1993：11］。
7） 下川耿史・家庭総合研究会編［1997：185］，「天声人語」『朝日新聞』2007年7月16日。
8） 中村隆英［1993：11］。
9） 下川耿史・家庭総合研究会［1997：185］，「天声人語」『朝日新聞』（2007年7月16日）ジョン・ダワー／三浦陽一・高杉忠明訳［2001：112-115］。
10） 森田は戦前基準の物価比較について，①消費における「選好尺度」や「消費生活の構造」変化，「価格体系」の変化，②戦前と戦後の家賃の取り扱いの違いなどから制約があるとしている。しかし，「終戦以来物価騰貴の測定に関する数次の議論の末，最善の計算として到達した結論」に従って，計測している。森田優三［1954：91-92］。
11） 経済企画庁［1965］。
12） 藤本武［1972］。
13） 藤林敬三・中鉢正美［1954］

14) 森田優三 [1954]。
15) 森田は戦前基準の物価比較について，①消費における「選好尺度」や「消費生活の構造」変化，「価格体系」の変化，②戦前と戦後の家賃の取り扱いの違いなどから制約があるとしている。しかし，「終戦以来物価騰貴の測定に関する数次の論議の末，最善の計算として到達した結論」に従って，計測している。森田優三 [1954：91-92]。
16) 橋本寿朗 [1995：128]。
17) 経済企画庁 [1955：281]。
18) 日本住宅公団 [1965：127]。
19) 同上 [1965：126]。
20) 下川耿史・家庭総合研究会 [1997：271]。
21) 西川祐子 [2002]。
22) 西川祐子 [2000：51]。
23) ステンレス製の流し台の採用は，個人住宅よりも学校給食用の調理室の方が先行している。1946年から実施された給食設備の衛生状態を改善するために，占領軍総司令部は木製またはブリキ製の流しをステンレス製のものにするように提唱し，1952年にそれが導入されている。天野正子・桜井厚 [1992：162]。
24) 下川耿史・家庭総合研究会 [1997：271]。
25) 日本住宅公団 [1965：138]。
26) 経済企画庁 [1963：33（表1-7）］より。
27) 日本公団住宅 [1965：140]。
28) 同上 [1965：181-182]。
29) 同上 [1965：181]。
30) 経済企画庁 [1959：28]。高度成長期の社会政策に関する文献としては，玉井金五・久本憲夫編著 [2004] を参照。
31) 経済企画庁 [1959：374]。
32) 下川耿史・家庭総合研究会 [1997：243]。
33) 同上 [1997：259]。
34) 川添登 [1985：26]。
35) 天野正子・桜井厚 [1992：138]。
36) 石川弘義 [1981：91]。
37) 経済審議会編 [1960：6-7]。
38) 同上 [1960：62-65]。
39) 石川弘義 [1981：81]。
40) 伊東光晴・柴田徳衛・長洲一二・野口雄一郎・宮本憲一・吉田震太郎 [1964：396]。
41) 宮本憲一 [1983：38]。
42) 経済審議会編 [1963：55-65]。
43) 宮本憲一 [1983：67-68]。
44) 宮崎義一 [1975]。

第7章　家計からみた経済社会の変動と生活

45)　経済企画庁［1974：5-11］。
46)　香西泰［1975］。
47)　経済企画庁［1974：64（第1-26表）］。
48)　同上［1974：64-65］。
49)　同上［1974：55-56］。
50)　江口英一・高野史郎・松崎粂太郎［1974］。
51)　経済企画庁［1997：298（第1-1-6図基礎資料）］。
52)　妻の収入を自身の個人的支出に充当し，家族の支出は夫の収入によってまかなうというパターンは，これまでの夫1人働きによる家計維持パターンと同じである。しかし，そこには妻の主張が込められている。夫の相対的に大きな収入と小さな妻の収入とを一体化すれば，妻の小さな収入がそのなかに隠れてしまう。それを防ぎ，妻自身の収入をみえるかたちにし，存在価値を明確化するには「私のものは私が払う」というパターン以外にはない。夫婦共働き世帯の家計パターンについては，室住眞麻子［2000：160-166］を参照されたい。
53)　国民生活センター編［1980］。
54)　経済企画庁［1980：57-67］。
55)　森ます美・居城舜子［1981］。
56)　宮崎義一［1988：90］。この見解について宮崎は，ヴォーゲルが「1986年現在，イギリスが日本と並んで世界最大の債権国の1つであるという事実を見落と」ており，これは「西ヨーロッパの寄与率の大きさを軽視しようとする一種の偏見といってよいかもしれない」と述べている（同［1988：97］）。
57)　同上［1988：123］。
58)　経済企画庁［1989：136（第2-3-5表）］。
59)　同上［1989：137（第2-3-6表）］。
60)　橋本寿朗［2002：57］。
61)　石川経夫［1990：232］。
62)　同上［1990：239-255］。
63)　橘木俊詔［1989］。
64)　橋本寿朗［2002：76］。
65)　伊東光晴・河合正弘［2002：134］。
66)　山家悠紀夫［2001：49］。
67)　こうした見解は1995年時点の法人企業が1985年の1.4倍も増え，1991-95年平均の倒産企業の負債総額が1981-1985年平均の2.4倍にも膨らんでいる点を考慮して引き出されている。1990年代前半の倒産件数の「少なさ」は，銀行が不良債権の最終処理を先延ばすことで企業経営を支えたからだ，というのが山家の主張である。同上［2001：50］。
68)　河合正弘・通産省通商産業研究所編［1995：59］。
69)　住宅金融支援機構のホームページ（「債権管理業務」）による情報。
70)　公庫住宅融資保証協会資料より。内閣府［2003：33（第1-4-12図）］。

71) 『朝日新聞』2006年11月26日。
72) 山家悠紀夫 [2006]。
73) 内閣府 [2007：48]。
74) 同上。
75) 「超低金利での利子所得　家計331兆円失う」『日本経済新聞』2007年3月23日。
76) 内閣府 [2007：241]。
77) OECD（2006）*Economic Surveys of Japan.*
78) 家計と貧困研究の一例として，室住眞麻子 [2006] を参照されたい。

【参考文献】
有澤廣巳（1954）「日本における生活水準」同編『日本の生活水準』東京大学出版会
天野正子・桜井厚（1992）『「モノと女」の戦後史』有信堂
『朝日新聞』2006年11月26日
石川弘義（1981）『欲望の戦後史』太平出版社
伊東光晴・柴田徳衛・長洲一二・野口雄一郎・宮本憲一・吉田震太郎（1964）『住みよい日本――国民生活の診断』岩波書店
伊東光晴・河合正弘（2002）「対談　デフレに有効な政策はありうるか」『世界』5月号
石川経夫（1990）「家計の富と企業の富」西村清彦・三輪芳郎編『日本の株価・地価――価格形成のメカニズム』東京大学出版会
江口英一・高野史郎・松崎籹太郎（1974）「『現代のインフレ』による『生活崩壊』と最低基準生活費」『賃金と社会保障』No.661
川添登（1985）「電化」朝日ジャーナル編『女の戦後史2』朝日新聞社
香西泰（1975）「今回不況の特徴」『金融』通号335
河合正弘・通産省通商産業研究所編（1995）『円高はなぜ起こる』東洋経済新報社
経済安定本部（1947）「経済実相報告書」伊東光晴・長幸男（1971）『戦後日本思想体系8　経済の思想』筑摩書房
経済企画庁（1955）『1955年版　経済白書』
経済企画庁（1959）『1959年版　経済白書』
経済企画庁（1963）『1963年版　国民生活白書』
経済企画庁（1965）『1965年版　国民生活白書』
経済企画庁（1974）『1974年版　国民生活白書』
経済企画庁（1980）『1980年版　国民生活白書』
経済企画庁（1989）『1989年版　経済白書』
経済企画庁（1997）『1997年版　国民生活白書』
経済審議会編（1960）『国民所得倍増計画』

経済審議会編(1963)『国民所得倍増計画中間報告』
国民生活センター編(1980)『サラリーマンのこづかいと生活』光生館
下川耿史・家庭総合研究会編(1997)『昭和・平成家庭史年表』河出書房新社
ジョン・ダワー／三浦陽一・高杉忠明訳(2001)『敗北を抱きしめて(上)──第二次大戦後の日本人』岩波書店
玉井金五(1997)「21世紀生活保障思想への課題と展望」『21世紀の社会保障』社会政策学会年報第41集，御茶の水書房
玉井金五・久本憲夫編著(2004)『高度成長のなか社会政策──日本における労働家族システムの誕生』ミネルヴァ書房
橘木俊詔(1989)「資産価格変動と資産分布の不平等」『日本経済研究』No.18
中村隆英(1993)「家計簿からみた生活史」同編『家計簿からみた近代日本生活史』東京大学出版会
内閣府(2003)『2003年版 国民生活白書』
内閣府(2007)『2007年版 経済財政白書』
日本住宅公団(1965)『日本住宅公団10年史』
西川祐子(2002)「ニュータウンのジェンダー変容」『TOYONAKA ビジョン22』Vol.5
西川祐子(2000)『近代国家と家族モデル』吉川弘文館
『日本経済新聞』2007年3月23日
橋本寿朗(1995)『戦後の日本経済』岩波新書
橋本寿朗(2002)『デフレの進行をどう読むか──見落とされた利潤圧縮メカニズム』岩波書店
藤本武(1972)「日本における食糧消費構造の発展」籠山京教授還暦記念論文集刊行会編『社会福祉と生活構造』光生館
藤林敬三・中鉢正美(1954)「戦後および戦前における都市労働者家計の比較」有澤廣巳編『日本の生活水準』東京大学出版会
南亮進(1996)『日本の経済発展と所得分布』岩波書店
宮本憲一(1983)『経済大国』小学館
宮崎義一(1975)『新しい価格革命──試練に立つ現代資本主義』岩波新書
宮崎義一(1988)『ドルと円──世界経済の新しい構造』岩波新書
室住眞麻子(2000)『世代・ジェンダー関係からみた家計』法律文化社
室住眞麻子(2006)『日本の貧困──家計とジェンダーからの考察』法律文化社
森田優三(1954)「生計水準の変遷」有澤廣巳編『日本の生活水準』東京大学出版会
森ます美・居城舜子(1981)「『日本型福祉社会』政策のめざす家計の『合理的』管理とその理論的背景」日本家政学会・家庭経営学部会編『日本型福祉社会と家庭経営学』新評論

山家悠紀夫（2001）『「構造改革」という幻想』岩波書店
山家悠紀夫（2006）「『実感なき景気回復』を読み解く」『世界』3月号
横山源之助（1899）『横山源之助全集』（1972）明治文献
ローラ・ハイン（2001）「成長即成功か　歴史的にみる日本の経済政策」アンドルー・ゴードン編／中村正則監訳『歴史としての戦後日本（上）』みすず書房
ローラ・ハイン／大島かおり訳（2007）『理性ある人びと力ある言葉──大内兵衛グループの思想と行動』岩波書店
OECD（2006）*Economic Surveys of Japan*

（室住眞麻子）

終 章

社会政策をとりまく諸問題

はじめに

　本書では，主に日本の社会政策の展開と現段階について，関連する個別分野を検討するかたちで取り扱ってきた。そこで，以下では再度それを全体的な視点から捉え直し，今日的状況のなかに位置づけるとともに，今後の展望という意味を込めて，将来の針路に関わる論点にまで言及しておきたい。

　周知のように，日本の社会政策は1世紀以上の歴史を有しており，世界史的にみてもきわめて注目すべきケースである。しかしながら，長年にわたって日本の社会政策への海外からの関心は低かった。その理由のひとつは，アジアや日本の経済発展の度合いにも関わってきたといってよいだろう。つまり，「遅滞」「停滞」していたイメージの強い地域に対して，西洋を中心に生成，発展を遂げた社会政策は結びつきがたいものがあったのである。また，日本に限ってみても，国外からみるとある時期まで共同体の残存といった印象が強く，そうした国では地域や家族といった機能や役割が非常に大きかったように受け取られがちであった。だとすれば，こうした特質も社会政策を必要としない事情説明のひとつにつながっていく。東洋でもっとも古い歴史と伝統を有する日本社会政策は，20世紀において国際的に注目されることが著しく少なかったというべきであろう。

　しかしながら，21世紀に入ってから状況は大きく変わりつつある。それはなぜかというと，日本の近隣諸国，とくに韓国，中国といった国々で社会政策が大きなうねりとなって展開を遂げはじめたからである。中国では，1978年の改

革開放政策に移行をはじめてから，また韓国では1987年の民主化以降，労使関係，社会保障，国民生活といった領域で新しい動きが生じ，それが社会政策の熱気を帯びた論議，かつ実行となって現れ出ることになった。とはいえ，韓国にしても，また中国にしても社会政策の学問的蓄積はこれまで決して多くない。むしろ，実態としては実践面で社会政策が先行し，それを理論・学説が追いかけるかたちをとっていることは否定できないであろう。それだけに，余計日本の社会政策面での経験といったものは重みをもってくる。先に述べたように，1世紀以上もの歩みを有しているのであれば，なおさらであろう。

このように，日本の社会政策に対しては新しい国際的関心が芽生えはじめ，それが現実にもさまざまな交流となってきている。こうした状況は，日本の社会政策をみるうえで大きな意味をもつことになるだろう。というのも，国際的な座標軸のなかで日本を眺めるとき，かつての比較軸は長い間もっぱら〈日本〉対〈欧米〉であったのに対して，現在は〈日本〉対〈アジア〉といったアプローチが欠かせなくなってきているからである。以下では，そうした欧米からの眼に加えて，アジアからの眼といったことを意識し，できるだけ日本の社会政策をめぐる重要なイシューを取り上げる。そして，そうした作業を通じて日本の社会政策の特質を析出し，それが国際的にみて一体どのような位置を占めるのかについて問うことにする。こうした検証を経て，最後に21世紀の日本社会政策が進むべき途についても論及したい。

1 共同体的要素と社会政策

『社会政策』Ⅰの序章で論じられたように，現在の日本は「雇用者社会」といってよい様相を呈している。しかし，それも実に長い年月を経て形成されたものであった。バブル経済の崩壊まで，わが国では「日本的システム」というかたちで特有の経済効率，雇用保障等への礼賛がなされた。そして，そうしたシステムが築き上げられるうえで注目されたのが高度経済成長期であった。この時期を契機として，日本はそれまでにないシステムづくりに入ったのである。たしかに，高度経済成長期は日本経済や労使関係に決定的なインパクトと

なった。雇用者との関連でいえば，常用雇用者が安定的な地位を確立しはじめ，それは他方で非常用雇用者との格差といった状況を浮き彫りにしていった。いいかえれば，それまではまだそうした差異が鮮明になっていなかったといってよい。その背景として終戦後の厳しい政治や経済の状況があり，就労面において不安定な要素が多数存在していたことによる。

　高度経済成長期の入口において，1955年に日本生産性本部が発足したことはよく知られている。以後，生産性を向上させて，公正な分配を高めていくという生産性運動が開始されることになるが，この取り組みは日本の雇用構造，労働市場，労使関係等の変容と密接に結びついていた。そうしたなかで生じてくる流れを取り出せば，階級的，対抗的労使関係から，協調的，安定的労使関係への転換がそれである。雇用の確保，継続がもつ意味の大きさは，当時でないとなかなか理解することは難しいかもしれない。雇用が保障され，そこそこの生活を支える賃金も支払われ，しかもそれに加えて企業独自の福利厚生が与えられるという3点セットは，常用雇用者としての誇りを支えるうえで重要な条件であった。企業は，雇用者とその家族にとって日常生活を営むうえで不可欠の共同体であったのである。

　しかしながら，高度経済成長期に形成されはじめたとされる企業・労使モデルは，おそらくその起源を遡れば戦前期にまで行き着く部分があるといってよいだろう。とりわけ，具体例としてよく引き合いに出されるのが鐘ヶ淵紡績のケースである。当企業は，社長を務めた武藤山治の思想や行動，また1905年もの早くに民間として共済組合を設立したことで有名である。武藤は，従業員は家族の一員のようなものであるとの考えで，経営家族主義的な共同体を作ろうとした。それが労使融和という究極の目標を実現する手段であったことは，間違いない。もっとも，わが国で常用雇用者がひとつの層として生じはじめるのは，第一次大戦期あたりであったといってよく，全体の比重からすればまだまだ限られた存在にすぎなかった。むしろ，当時は日雇労働者に代表されるように，非常用的な就労形態が一定割合を占めていたというべきである。そうした常用雇用者がそれなりの地位を占め，日本の労使関係の核として重みを増してくるのが高度経済成長期であったということである。

こうして，高度経済成長期は常用雇用者にひとつの労働・生活スタイルといったものを付与した点において，大きな意味をもった。企業が中心になって雇用者を包摂し，雇用と賃金，福利厚生を提供していく形態は，企業内に共同体的要素を組み込むものである。それは，当時の生産性運動のスローガンともマッチし，一方の企業単位というミクロの世界は，他方のマクロ的経済成長に見事に符合したのである。その後，高度経済成長が終焉し，それまでの発展に翳りが生じてくるが，日本の企業・労使システムはきわめて強固なものとして，むしろその機能を増していく。欧米が長期不況のなかで苦悩しているとき，わが国だけは眼を見張るような軌道を歩んでいった。その行き着いた先がバブル経済であり，またその破綻であった。それは，長年にわたって維持してきたシステムの限界を意味するものともなった。
　その後は平成長期不況をはさんで今日まできているが，雇用者社会がいっそう浸透するとともに，その内部が実に多様化，流動化しているのはすでに論じられているとおりである。企業は，かつてのように常用雇用者を包摂し，雇用，賃金，福利厚生を保障するという存在ではもはやなくなりつつある。しかしながら，すべての企業が同じ方向に向かっているとも断言できない。福利厚生ひとつ取ってみても，その「終焉」を叫ぶほど単純なものではない。このようにみてくると，戦後は高度経済成長期から企業・労使が内部のルール，慣行づくりを行っていき，それがある時期まで企業単位というミクロの世界の自立をうまく支えていたということができる。社会政策は本来マクロ的な問題を扱うものであるから，ミクロの動きを根底で規制することには限界がある。しかし，このマクロとミクロのせめぎあいを問うことこそ，日本の社会政策を，とりわけ雇用・労働面で深く照射することになる。
　そこで，雇用・労働といった視点から社会政策の系列を史的に追ってみると，戦後はやはり終戦直後に立法化が集中している。基本的なものは，この時期に作られたといってよく，その後は労使関係の自立化にともない，どちらかといえば幹というよりも枝的なものが付加されていったというべきであろう。もっとも，高度経済成長期に入ると労働市場の大きな変容が生じたこともあり，それに見合う立法化（例：1966年雇用対策法）がはかられていく。それら

は，新たな枠組みを作る雇用・労働立法というよりも，これまでのものを補強する性格を有していたといってよい。そうした流れのなかで，終戦直後から高度経済成長期あたりまでを見渡すと，ひとつの共通項が浮かび上がってくる。それは何かというと，雇用・労働系列の社会政策の主たる対象が成年男性雇用者におかれてきたということである。成年男性雇用者が中心になって働き，一家を支えていくという戦前に生じはじめたパターンは，戦後関連する雇用・労働立法の施行によっていっそう確立されていくことになったのである。

しかしながら，1970年代以降になると，それが大きく変わるようになる。それまで，どちらかというと，やや周辺的な扱いを受けていた女性，高齢者，障害者，外国人労働者等といった人々に対する社会政策が，雇用・労働といった面において生成してくる。とくに，1970年代から1980年代あたりまでがそうした社会政策の開花ともいえる時期を形成する。その意味では，成年男性雇用者に加えて非成年男性雇用者を包括する社会政策がひとまず作り上げられたのであった。そうした時代を経て，今や雇用・労働面の社会政策は，新たな次元に入ってきている。雇用者社会の深化とともに，成年男性，非成年男性といった区分だけではなくて，正規，非正規，もしくは働き方の多様化といったところで，社会政策が正面から問われるようになってきている。1990年代以降に顕在化した派遣労働をめぐる問題，若年層の雇用問題，日雇・ホームレスの就労問題，母子家庭世帯といった就職困難層の人々に対する関連施策がその代表ともいえるだろう。

こうした一連のめまぐるしい動き，状況に対して，明確な思想，哲学に裏づけられた新しい体系的施策は実行に移されているようには思えない。そうしたなかで，あえていえば20世紀のある時期まで重要な要素であった共同体的なものが一切企業・労使から放逐されてしまうのか，それとも現代的修正を加えて残り続けるのかといったことこそが，今後の雇用・労働の社会政策を考えていくうえで決定的な意味をもっているように思われる。このことは，以下の社会保障関係でも重要な論点をなす。

2 人口問題と社会政策

　先に，企業・労使といったレベルでの共同体的要素について言及した。これが社会保障の領域になると，いっそう関わりをもってくる。『社会政策』Iの序章では相互扶助といったかたちで問題提起されていたが，それは共同体的な部分をどれほど築き上げているかといったように読み替えてもよい。
　わが国における福祉系列の社会政策は，これまた戦前期にまで立ち返るほど大変長い歴史を有している。しかしながら，これまで福祉系列の社会政策の評価は必ずしも芳しくなかったというのが事実だろう。日本では，国家が前面に出ず，むしろ企業，地域，家族といった機能が大きく，それらが国家の代替的役割を果たしてきたというのが，それである。いいかえれば，さまざまな単位での共同体的営みこそが，福祉系列の社会政策の進展を不要にしたということである。しかしながら，事はそれほど単純ではない。そのために，本節でも必要な限りで戦前期に立ち入っておきたい。というのも，わが国の場合，福祉系列の社会政策の本質を把握するためには，その起源を無視することができないからである。結論を先取りしていえば，福祉系列の社会政策には，企業，地域，家族等が国家と有機的に連携したかたちで組み込まれていたということである。
　ひとつの例を挙げておこう。1922年にわが国で最初の社会保険である健康保険法が制定された。同法は今日まで続いているだけでなく，そこに盛り込まれた基本的骨格も大きく変わっていない。当時の民間で働く雇用者を対象にした医療保険であるが，企業に健康保険組合の設立を認める組合管掌の健康保険と，そこに入ることができない雇用者を対象とする政府管掌健康保険の2つを導入した。このうち，前者をみると，同法が制定されるまえから企業レベルでの共済組合を作っていたところは，それを健康保険組合に衣替えするかたちで制度に加入することになった。したがって，組合管掌の場合は，その企業に勤める雇用者のみが対象となる。これは，見方によっては明らかに企業内福祉の一種であり，国家が制定した法のなかに企業が組み込まれるかたちで社会政策

が成り立っているわけである。国家か，企業かという二者択一の区分ではないのである。それは，企業のなかの共同体的要素を壊さない仕組みを見事に取り入れている。

　以上は一例に過ぎないが，福祉系列の社会政策をみてみると，多くが国家的立法のなかに企業，地域，家族といった単位の共同体的要素が埋め込まれるかたちで接合されているのがわかる。他方，企業，地域，家族といった単位だけでみても，共同体的要素は相互扶助といったことを考えたとき重要であった。一般に注目されるのは，この後者のケースである。それがわが国で大きな役割を果たしたのは間違いないが，むしろ大切なのは国家との融合部分への着目である。こうした戦前に生成した構造的特質は，戦後になっても変わることがなかった。むしろ，職域別，地域別というようにより徹底した括りによって強化されていく。その指標が，1961年の国民皆保険・皆年金体制の確立であった。雇用者は職域で，自営業・農業者等は地域でということが，制度的に鮮明になる。これは，あえていえば戦前に芽生えた相互扶助システムが完成したともいえるのである。

　そうしたシステムに大きなインパクトを与えたのは，上述した高度経済成長の終焉であり，そのことが財源をはじめ課題を深刻化させていった。しかし，それ以上にわが国における人口問題の浮上は衝撃となった。まずは，人口の高齢化である。1970年に高齢化率が7％となり，高齢化社会の到来ということが話題になった。こうした状況は，福祉系列の社会政策に次第に影響を及ぼすことになる。

　医療面でいえば，老人医療の領域が俎上にのせられた。高齢化とともに，老人医療費は上昇を開始し，1982年の老人保健法で新しい費用負担の仕組みを導入することになる。各保険者からの拠出金がそれであり，健康保険から国民健康保険への財政支援が決定した。当初は何とかそうした負担に耐えていくことができた健康保険であったが，老人医療費の高まりにともなう拠出金負担増は健康保険財政を圧迫し，その限界を露呈しはじめるのは1990年代であった。同時期に介護保険構想が登場するが，本来の理由に加えて苦境に立つ医療保険の負担軽減のために医療から介護を切り離すねらいがあったことも否定できな

い。介護保険については，その後論議が積み重ねられ，2000年4月から新制度がスタートしたのは既述のとおりである。

　また，社会保障のもうひとつの柱である年金についても，高齢化の進展は受給者増となって現れ出た。もともと財政的基盤が脆弱であった国民年金は，1980年代に入ると積立金が1982年度をピークとして逓減状態に陥った。今後いっそう受給者が増え，それに備えて積立金が準備されていなければならないにもかかわらず，低下をはじめるということは大きな危機を意味した。これまでの独立した制度だと，財政破綻するのは必至である。1985年の年金法改正で基礎年金の導入による一元化がはかられたが，その最大の理由として国民年金の危機回避を挙げなければならない。この改革においても，先の医療保険と同じように，厚生年金が国民年金を財政的に支援するというシステムが導入された。いいかえれば，医療においても，また年金においても職域保険が揺らぎはじめた地域保険を支えるというシステムができ上がったのである。

　こうした高齢化の影響により，社会保障改革が医療，年金を中心に進んでいくが，その後に大きな人口問題として浮上してくるのが少子化である。それは，1990年代に顕在化した。1994年に政府レベルでエンゼルプランが打ち立てられたのは，そのひとつの指標である。高齢化対策と比べると，わが国の少子化対策は20年以上の遅れが存在したといわざるをえない。少子化は女性の働き方にも大きな関わりを有しているので，企業レベルでもさまざまな取り組みがなされてきたことはよく知られている。また，政府は企業レベルの努力だけではなく，地域レベルで可能な支援体制をも整えるといった姿勢で少子化対策を推し進めようとしている。しかしながら，これまでの経過をみると成果を挙げてきたとはいいがたいのが現実である。

　高齢化対策に加えて少子化対策を進展させなければならない今日，「人口問題と社会政策」の重要性が痛感されるようになってきている。欧米の一部の国々では，戦前から家族政策のかたちを採って少子化に取り組んできた。その伝統は現在においても失われていない。しかるに，わが国では近年こうしたテーマに多大な関心が寄せられ，さまざまなレベルで議論が繰り返されている。その意味で，著しく進んだ欧米に対して，この面では相当の遅れが生じて

いる日本という構図が提示されているかのようである。しかし，わが国は人口問題に対する社会政策的接近を怠ってきたのであろうか。答えは，否である。むしろ，わが国ほど人口問題と社会政策を意識して取り組んできたところはない。表面的な人口論議が多い今日，再度これまでの当分野の蓄積に眼を向けてみる必要がありそうである。

3 東アジア社会政策と日本

　上述したように，日本の社会政策は1世紀の歴史を有しており，それは国際的にみると最も古いケースに分類される。にもかかわらず，日本の社会政策が脚光を浴びるということはこれまでほとんどなかったといってよいだろう。その理由として，いつの間にか社会政策は先進国に結びつけて考えられるようになってしまったということがある。こうした捉え方に基づくと，後進国では社会政策が未発達か未成熟なのである。しかし，本当にそういってしまっていいのであろうか。

　たとえば，社会政策といえばすぐに思い浮かぶのがドイツである。当時のドイツは欧州でみたとき後進的な位置にあった。しかし，用語としても，また実践としても，当時のドイツでは社会政策が華々しく展開された。そうしたドイツに留学した日本人は強力な刺激を受けて帰国し，日本における社会政策の普及に大きな力を発揮していったという事実がある。19世紀の末において，これほど社会政策が熱心に議論され，取り組まれたのは世界的にみてもドイツと日本を除いてはほとんどなかったといえるのではないか。しかしながら，世紀の転換は時代の流れを大きく変えていく。欧州の主要国では，さまざまなかたちを採りつつも，社会政策が有力な潮流となって流れ出ることになる。いわば，20世紀における社会政策の幕開けである。

　戦前の日本は，ある時期まで工業化，近代化の度合いが十分でなく，したがって社会政策の進展もスローペースであったかもしれないが，社会政策をめぐる思想，学説や，他方での海外社会政策の情報収集は相当なものであった。おそらく，戦前の社会政策学会の論議自体，まだ海外の研究者等に十分知られて

いないし，内務省を中心とした海外社会政策情報の把握力や協調会の機関誌であった『社会政策時報』における活発な議論も，海外からはほとんど視野に入っていなかったように思われる。しかしながら，そうした古い時期の日本社会政策に対して外国人研究者から注目がなされるようになるのは，わが国で日本労働史や社会史に関心が生じた1980年代であったといってよい。当時の日本は国際的にみても最高の経済的パフォーマンスを生み出しているといわれ，多くの礼賛を浴びていた。しかし，他方ではそうした経済発展がなぜ可能になったのかについて，歴史的に深く掘り下げてみようという動きが社会科学の多様な部門で，なおかつ国内外の研究者によって生じたのである。それは，社会政策も例外ではなかった。そして，それ以降まだ数は多くはないものの，日本の社会政策については戦前期にまで遡る外国人の研究成果が生み出されてきている。

　翻って，世界の社会政策研究の潮流に眼を向けると，衝撃的なインパクトを及ぼしたのが，1990年に発表されたエスピン-アンデルセンの福祉国家レジーム論であった。欧米を中心にした福祉国家の類型化は，その着眼点のシャープさも相俟って，わが国の福祉国家研究者の間を席巻した。エスピン-アンデルセン自身，その後の批判に答えるかたちで新しい作品を開示していったが，レジーム論そのものへの関心は衰えることがなかった。むしろ，東アジアでの社会政策の国際比較といった新領域が開発されるに及んでは，それぞれの国の性格規定をめぐってかなり深入りした議論もなされるようになったといえる。しかしながら，わが国でこうしたエスピン-アンデルセンのテーゼを意識して日本のレジーム論を展開するさいにひとつの共通点があった。それは何かというと，もっぱら戦後期だけを対象にして日本福祉国家の性格規定を試みようとしたことである。

　このようにみていくと，日本の社会政策について，それを国際的位相のなかで位置づけようとするとき，大きくは2つの流れがあることがわかる。ひとつは戦前期を重視し，そこで形成されたものを視野に入れずして日本の特質を論じることはできないというものであり，もうひとつは，もっぱら戦後期だけを対象にして日本の特徴を析出しようとするものである。この2つの手法は，こ

れまで交差することなく続いてきているように思われる。上述したように，日本の場合は戦前期の展開を無視することができないことはいうまでもない。だとすれば，余計に戦後につながった部分とそうでない部分の検証が不可欠となる。しかしながら，現在の状況をみると，そういった領域に十分眼が行き届いていないばかりか，ひたすら戦後限定でレジーム論を議論する風潮が強く，そうした方法論から生み出されるものは全体的に平板な特質規定に終わっている。むしろ，戦前期の社会政策的実績や研究成果をいかに引き継ぎ，それを戦後につなげるかが決定的に重要ではないだろうか。

　先にふれたように，こうしたなかで東アジアの社会政策が大きな盛り上がりをみせている。政治や経済が安定をはじめると，国民の関心は必ず雇用保障や生活保障に移ってくる。したがって，東アジア，とりわけ韓国や中国で社会政策の論議が高まり，実際にも政策・制度が具体化していく有様は実に望ましいことである。しかしながら，こうした国々における社会政策もひたすら現時点のことが中心に取り上げられ，現状と課題の分析だけに多くのエネルギーが投じられているように思われてならない。韓国においても，また中国においても不十分ながら自国での社会政策の思想・学説や政策・制度が存在してきたはずである。そして，いずれの国においても社会政策は国家だけではなく，企業，地域，家族といったものと大きな関わりを有するかたちで歴史を刻んできた可能性が多分にある。だとすれば，最低限韓国社会政策史，中国社会政策史を成果として生み出し，それらを土台にした社会政策研究を進めていかなければなるまい。

　これは，何も各国の現状と課題を軽視してもよいといっているのではない。そうではなくて，社会政策そのものは複数の主体が複雑に絡み合うかたちでダイナミックに展開するものであるからこそ，その基盤的部分の確認を怠ってはならぬということである。東アジアにおける社会政策の国際比較は今後ますます盛んになるだろう。そして，そのさい日本がその比較軸として重要な位置を占めるであろう。だとすれば，まずは確固たる20世紀の日本社会政策像の提示が不可欠である。戦後期だけで事足りるわけでは毛頭ない。その意味で，本当の国際比較に向けて各国とも中長期的な視点で社会政策の歩みを精査し，互い

の軌跡から示唆,教訓を十分汲み取ることができるようなところまでもっていかなければならない。東アジアがどのような特質を有しているのかについて国際的関心が高まっているのであれば,なおさらであろう。

東アジアは,もともと共同体的要素が強く,それを長く維持してきた地域である。しかしながら,そのなかでも,とりわけ日本は最もそうした要素が希薄になったともいわれている。また,韓国においても急速に消滅しつつあるようにみられている。そして,中国においても都市では激変していると報じられている。そうはいっても,企業,地域,家族のそれぞれにおいての濃淡,強弱はもちろんある。かつての共同体的要素が失われたとしても,新たにそれに変わるものが出てくるのか,あるいは作り出していかなければならないのかといったことは,これからの社会政策を考えるうえでも非常に重要な論点であり,東アジアのケースはそうしたことを探求するうえできわめて相応しい場を提供しているといってよいだろう。

4 むすび

社会政策は,歴史,思想・学説,政策・制度といったように,きわめて幅広い領域を対象とするものである。したがって,マクロ的に捉えようとすれば,さしあたり一国レベルでの社会政策の特質といったものを描き出すということになるが,他方で狭い個別分野に対してミクロ的なアプローチも多用されたりする。その意味で,縦と横が非常に幅広い座標軸を有することになり,どのレベルで問題を提起するのかといったことをしっかり押えておかなければならない。

これまでの社会政策の国際潮流をタイプ別にみると,大きくは以下の3つに区分できるだろう。第1は,市場機能を重視した自由主義的な思想をベースとするタイプである。第2は,北欧に代表されるように,国民生活の基礎保障を最優先課題とし,そのために社会資源を効果的に活用していくタイプである。そして,第3は,そのどちらにも属さない,いわば中間的な性格を多分に有するタイプである。ここで,これまでしばしば用いられてきた用語をひとまず使

うとすれば，選別主義，普遍主義，そしてその適度なミックスということになる。こうした区分をもとに，現在の日本を位置づけるとすれば，第3のかたちを採ってきたといえるものが，近年第1のタイプにシフトを強めようとしたということであろう。

　こうした流れのなかで，日本の社会政策はいかなる針路を目指すべきなのか。雇用・労働政策と社会保障政策がこれまでの2本柱であれば，現在それぞれの政策のあり方を考えていくというよりは，2つの政策の融合をいかにはかっていくかというところに差し掛かってきている。というのも，かつてのような成年男性雇用者と非成年男性雇用者といった区分を基にした社会政策の時代ではなくなりつつあり，むしろ『社会政策』Ⅰの序章で指摘のあったように雇用者社会といったものを前提にして，不適切な格差を解消した雇用者個人の保障を作り上げていかなければならないからである。だとすれば，それはこれまでの思考，発想，行政システム等を根本的に改めなければならないだろう。幸い，行政といえば，2001年にかつての労働省と厚生省が統合し，厚生労働省が発足した。しかしながら，その後統合の効果といったものがどこまで現れているのか判然としない。行政統合のメリットを生かすことによって，有効な社会政策の土台作りをすることこそが，まずは21世紀社会政策構築の第一歩となる。

【参考文献】
佐口和郎・中川清編（2005）『福祉社会の歴史』ミネルヴァ書房
社会政策学会編（2006）『東アジアにおける社会政策学の展開』法律文化社
社会政策学会編（2007）『格差社会への視座』社会政策学会誌第17号，法律文化社
社会政策学会編（2007）『経済発展と社会政策』社会政策学会誌第18号，法律文化社
玉井金五・久本憲夫編（2004）『高度成長のなかの社会政策』ミネルヴァ書房
玉井金五・大森真紀編（2007）『三訂　社会政策を学ぶ人のために』世界思想社

（玉井金五）

索　引

あ　行

アカウンタビリティ………………123
赤字分岐点…………………………232
朝日訴訟……………………………172
『新たなセーフティーネットの提案』…195
有澤廣巳……………………………206
EITC ………………………………197
医業経営の非営利性………………115
育児休業……………………………18
　　――法……………………………17
いざなぎ景気………………………30
石川経夫……………………………236
1.57ショック……………………6, 14
一般扶助……………………………176
医　療
　　――安全………………………114
　　――委員会……………………124
　　――事故………………………114
　　――の非営利性………………117
医療扶助費…………………………191
　　――の適正化…………………191
医療費適正化計画…………………111
医療法………………………………117
　　第5次――改正………………115
医療法人……………………………104
　　――制度………………………103
　　――制度改革…………………115
　　――の非営利性………………116
　　――の非営利性の強化………127
エスピン-アンデルセン……………264
エンゲル方式………………………172
エンゲル法則
　　――の逆転………………209, 210
　　――の停止……………………210
エンゼルプラン……………………262

円高不況……………………………38
オイルショック……………………32
恩　給………………………………69

か　行

「介護対策検討会報告」……………136
介護報酬……………………………146
介護保険………………………131, 262
　　――制度………………………109
介護予防……………………………152
格差縮小方式………………………173
革新自治体…………………………32
隠れ借金……………………………37
家計構造の複雑化…………………231
家計所得……………………………10
可処分所得スライド………………83
家族政策……………………………262
片山プラン…………………………59
家長的封建的家族制度……………215
家庭電化製品………………………218
ガバナンス…………………………118
官業共済組合………………………69
患者・公共参加政策………………123
患者・住民フォーラム……………124
患者の立場の強化…………………103
官民格差の是正……………………79
機関委任事務………………………58
機関車論……………………………35
企業内福祉…………………………260
基金拠出医療法人…………………117
基準および程度の原則……………178
基礎的財政収支（プライマリーバランス）
　　……………………………45, 59
基礎的な消費支出……………81, 100
基礎年金……………………………78
　　――の全額税方式化…………98

269

――の導入	262	――の一元化	95
基本年金	79	――の未適用者	73
義務教育費国庫負担	61	公的扶助	165, 167
逆進性	51	高度経済成長	26, 256
給 付		「高度な国民生活」像	220
――の効率化・重点化	155	高年齢者雇用確保措置	89
給付と負担の適正化	82, 83	交付税措置	41
協調会	264	合理的機能分担	37
協同組織	122	高齢化社会	3, 261
共同体	255	高齢化率	3, 4, 261
――的要素	258	高齢社会	3
狂乱物価	32, 225	高齢者	
居宅寝たきり老人実態調査	134	――雇用対策	85
緊急家計調査	211	――の自立支援	137
空洞化	99, 100	――人口	1
苦情処理機関	124	国債非課税制度	31
苦情処理制度	126	国籍条項	74
繰り下げ制度	89	国民皆年金	30, 75, 165, 261
ケアマネジメント	132, 145	国民皆保険	30, 105, 165, 261
経済安定 9 原則	24	国民健康保険	105
経済成長率	12, 13	国民所得倍増計画	172
欠格条項	170, 176	国民生活の基礎保障	266
現金給付	55	国民年金	74, 262
健康保険組合	260	――未加入・未納者	166
健康保険法	260	国民負担率	46
健全財政	30	「潜在的」――	46
現物給付	55	子育て費用	10
小泉「構造改革」	43	国家責任の原理	175
高額療養費制度	106	国庫補助負担金	28, 59
後期高齢者医療制度	111	小山進次郎	170, 175
公共性・営利性の両立	126	雇用者社会	256
合計特殊出生率	4, 5	雇用対策法	258
厚生年金	67, 262	混合診療	112
――基金(調整年金)	76		
厚生労働省	267	**さ 行**	
構造不況	30		
公団住宅居住者の家計調査(1965年)	216	歳出・歳入一体改革	45
公的資金	43	在職老齢年金	88
公的社会支出	51	財政構造改革	42
公的年金	165	財政構造改革の推進に関する特別措置法	42, 43

索　引

財政の硬直化 … 36
財政再計算 … 68
財政再建 … 36
財政新時代 … 30
財政投融資 … 26
財政法 … 23
財政民主主義 … 23
最低生活 … 171
最低生活費 … 171
最低生活保障 … 68, 165
　──の原理 … 176
再評価制度 … 77
再分配効果 … 50
参加型ガバナンス … 103, 122
三位一体改革 … 44, 59, 190
GEM … 12
シーリング … 37, 42
支給開始年齢の引き上げ … 84
資金繰り分岐点 … 233
資産価値の増大 … 238
次世代育成支援 … 91
次世代育成支援対策推進法 … 19
持続可能な公的年金 … 83
自治事務 … 58
指定管理者制度 … 118
児童・家族関係給付 … 19
児童手当 … 14
事務・技術職員層の勤労者世帯 … 238
シャウプ勧告 … 25
シャウプ税制 … 25
社会医療法人 … 118
　──債 … 119
社会政策
　日本── … 255
　東アジアの── … 265
社会政策学会 … 263
社会政策史
　韓国── … 265
　中国── … 265
社会的企業 … 122

社会保険方式 … 45, 81, 104
社会保障給付 … 19
　──費の推移 … 168
　──費の部門別の推移 … 167
「社会保障制度に関する勧告」 … 71
社会保障負担率 … 46
集権的分散システム … 28
修正積立方式 … 68
住宅投資の帰結 … 245
受益と負担の一致・明確化 … 46
数珠つなぎ方式 … 75
出資額限度医療法人 … 117
出資持分のある社団医療法人 … 117
出生率 … 11
寿命 … 4
少額貯蓄優遇制度 … 28
少子化 … 262
少子化対策 … 13, 14
消費革命 … 217
消費者価格調査 … 211
職域保険 … 262
女性の社会進出 … 11
職権保護 … 178
所得代替率 … 84
所得段階別定額保険料 … 141
私立学校教職員共済組合 … 72
人口減少 … 1
人口の高齢化 … 261
人口問題 … 261
申請保護の原則 … 178
新予防給付 … 152
診療報酬 … 104
水準均衡方式 … 173
スウェーデン方式 … 97
「生活保護制度の在り方に関する
　専門委員会」 … 195
生活保護
　──制度の財政 … 189
　──制度の成立と展開 … 169
　──の適正化 … 61, 193

生活保護法（新生活保護法）……………133, 170	
旧—— ……………………………………170	
生活余裕度…………………………………233	
税源移譲……………………………………59	
生産性運動…………………………………257	
生産年齢人口………………………………1	
成熟度………………………………………79	
生存権………………………………………24	
成長促進型の財政システム………………26	
制度間財政調整……………………………108	
成年男性雇用者……………………………259	
税方式………………………………………45	
世代間扶養…………………………………81	
世帯単位の原則……………………………179	
世帯保護率…………………………………187	
世帯類型……………………………………185	
——別の保護率…………………………185	
積極的労働市場政策………………………57	
絶対的貧困…………………………………174	
——概念…………………………………173	
船員保険……………………………………64	
全額税方式（化）…………………………98	
1955年版『経済白書』……………………214	
戦後型家計…………………………………212	
戦後直後の生活水準………………………206	
「家長的封建的家族制度」時代の住宅に対する批判的思想……………………215	
「洗多苦」…………………………………219	
選別主義……………………………………267	
相互扶助……………………………………260	
総人口………………………………………1	
相対的剝奪…………………………………173	
相対的貧困…………………………………174	
——概念…………………………………173	
——率……………………………………57	
ソーシャルワーク…………………………145	
租税特別措置……………………………28, 31	
租税負担率…………………………………46	
措置制度……………………………………132	

た 行

待機児童…………………………………15, 16
大規模年金保養基地（グリーンピア）………92
第3号被保険者……………………79, 91, 98
退職者医療制度……………………………106
タウンゼンド, P. …………………………173
たけのこ生活………………………………208
段階保険料方式……………………………68
地域支援事業………………………………155
地域福祉……………………………………135
地域包括ケア（システム）………………147
地域保険………………………………105, 262
地域連携クリティカルパス………………112
小さな政府…………………………………37
地方交付税……………………………28, 41, 59
地方財政平衡交付金制度…………………25
地方単独事業………………………………41
地方分権一括法……………………………58
地方分権改革推進法………………………59
地方分権推進法……………………………58
長期給付財政調整事業……………………94
超高齢社会…………………………………3, 4
通算年金制度………………………………75
積立金の取り崩し…………………………93
低所得層……………………………………225
TANF ………………………………………197
出来高払い…………………………………104
「トイレットペーパー・パニック」現象…224
特定財源……………………………………26
特定疾病……………………………………143
特別支給の老齢厚生年金…………81, 86, 89
都市的生活様式……………………………223
ドッジ・ライン……………………………24
富の集中……………………………………236
ドル・ショック……………………………32

な 行

内務省………………………………………264
中嶋訴訟……………………………………201

索　引

ナショナル・ミニマム…………………… 190
21世紀福祉ビジョン……………………… 137
日米構造協議………………………………… 40
日本国憲法…………………………………… 23
日本生産性本部…………………………… 257
日本的システム…………………………… 256
日本福祉国家……………………………… 264
認可保育所…………………………………… 15
認定こども園………………………………… 17
年　金
　公的——………………………………… 165
年金資金運用基金………………………… 92
年金積立金………………………………… 92
年金積立金管理運用独立行政法人…… 92
年金福祉事業団…………………………… 92

は　行

派遣労働…………………………………… 259
橋本寿朗…………………………………… 235
働き方の多様化…………………………… 259
バブル………………………………………… 38
林訴訟……………………………………… 177
範疇別扶助………………………………… 176
非営利性…………………………………… 103
非正規雇用………………………………… 57
非成年男性雇用者………………………… 259
必置規制…………………………………… 58
必要即応の原則…………………………… 179
123号通知………………………………… 183
日雇・ホームレス………………………… 259
日雇労働者………………………………… 257
被用者年金制度間費用負担調整事業… 95
被用者年金の一元化……………………… 96
被用者保険………………………………… 105
標準世帯…………………………………… 194
貧困の平等化……………………………… 208
ファンデーション・トラスト………… 120
　——病院………………………………… 119
フィスカル・ポリシー…………………… 30
夫婦の子ども数………………………… 7-10

賦課方式………………………………… 68, 82
福祉元年…………………………………… 78
福祉国家レジーム………………………… 264
物価スライド制…………………………… 77
婦徳………………………………………… 218
普遍主義…………………………………… 267
プライマリケアトラスト……………… 123
扶養控除…………………………………… 15
不良債権…………………………………… 38
平準保険料方式…………………………… 65
平成長期不況……………………………… 258
法人経営者高所得層……………………… 238
法定外目的税……………………………… 58
法定受託事務……………………………… 58
保健医療サービス方式………………… 104
保険者機能………………………………… 108
保険料水準固定方式……………………… 83
保護基準…………………………………… 171
保護費……………………………………… 189
保護率の推移……………………………… 180
母子家庭世帯……………………………… 259
補助事業…………………………………… 41
補足性の原理……………………………… 176
捕捉率………………………………… 183, 193
　——の推計……………………………… 184

ま　行

マーケット・バスケット方式……… 170, 171
前川リポート……………………………… 40
マクロ経済スライド……………………… 83
未婚率……………………………………… 7
宮崎義一…………………………………… 224
民間活力の導入…………………………… 37
民間非営利法人制度……………………… 115
無拠出制の年金…………………………… 74
武藤山治…………………………………… 257
モノ不足…………………………………… 208
モデル年金………………………………… 84

273

や 行

山家悠紀夫……………………239
有期保護制度…………………196
有限均衡方式……………………83
幼保一元化………………………17

ら 行

濫　給…………………………193
理想とする子ども数……………13
臨時行政調査会…………………36
列島改造…………………………33
漏　給…………………………185
老人医療………………………261

老人医療費
　──拠出金……………………108
　──無料化制度………………106
　──支給制度…………………135
老人家庭奉仕員制度…………134
老人福祉法……………………134
老人保健法……………………261
老人保健制度…………………106
老人保健福祉審議会…………138
労働者年金保険…………………64
ロウントリー,B.S.……………173

わ 行

ワーキングプア………………197

■編者紹介

玉井金五（たまい　きんご）
- 所　属　大阪市立大学大学院経済学研究科教授
- 専　門　社会政策論
- 主　著　『防貧の創造』啓文社，1992年
  『大正・大阪・スラム〔増補版〕』（共編）新評論，1996年
  『都市失業問題への挑戦』（共編）法律文化社，2003年
  『高度成長のなかの社会政策』（共編）ミネルヴァ書房，2004年
  『三訂　社会政策を学ぶ人のために』（共編）世界思想社，2007年

久本憲夫（ひさもと　のりお）
- 所　属　京都大学大学院経済学研究科教授
- 専　門　社会政策，労使関係論，労働経済論
- 主　著　『日本のリーン生産方式』（共著）中央経済社，1997年
  『企業内労使関係と人材形成』有斐閣，1998年
  『正社員ルネサンス——多様な雇用から多様な正社員へ』中央公論新社，2003年
  『高度成長のなかの社会政策』（共編）ミネルヴァ書房，2004年
  『企業が割れる！電気産業に何がおこったか——事業組織再編と労使関係』（編著）日本評論社，2005年

2008年7月5日　初版第1刷発行

社会政策 Ⅱ
少子高齢化と社会政策

編　者　玉井金五
　　　　久本憲夫

発行者　秋山　泰

発行所　株式会社 法律文化社
〒603-8053　京都市北区上賀茂岩ヶ垣内町71
電話 075（791）7131　FAX 075（721）8400
URL:http://www.hou-bun.co.jp/

©2008 K. Tamai, N. Hisamoto Printed in Japan
印刷:中村印刷㈱／製本:㈱藤沢製本
装幀　奥野　章
ISBN 978-4-589-03108-2

[近刊] 社会政策 I 久本憲夫・玉井金五編
ワーク・ライフ・バランスと社会政策
社会政策全体をバランスよく扱った基本書。歴史的な経緯をふまえつつ、雇用政策、賃金処遇制度、最低賃金など労働問題の現在を明らかにする。

住民主体の地域福祉論 井岡 勉監修 牧里毎治・山本 隆編
●理論と実践 地域福祉を生活者である住民の目線から捉え、暮らしの安全・安心をボトムアップに構築することをめざす。「井岡地域福祉論」の集大成。●3360円

変貌する世界と日本の年金 江口隆裕著
●年金の基本原理から考える 世界の年金改革の動向を踏まえて日本の制度を考察し、全体像と課題を提示。複雑な年金制度への疑問をすべて明らかにする。●3360円

現代日本の介護保険改革 森 詩恵著
戦後から介護保険制度成立に至る高齢者介護保障政策の展開過程を描出。社会福祉政策のゆくえをさぐり、介護保険制度の本質に迫る。05年改正にも言及。●3255円

シリーズ・新しい社会政策の課題と挑戦【全3巻】
新自由主義的な潮流のなかで、社会政策の存在意義が問われている。〈今そこにある問題〉や〈新しく浮上してきた問題〉を提示し、解決の道筋を描く。

1 社会的排除／包摂と社会政策 福原宏幸編著
欧州諸国における社会的排除概念の発展と政策への影響を概観し、ホームレス、不安定雇用の若者などの事例から日本での実践を紹介。●3465円

2 ワークフェア ——排除から包摂へ？ 埋橋孝文編著
ワークフェアは貧困克服の有効な手段となりうるか。登場の背景から特徴、波及効果と帰結までを検証し、日本での政策展開を探る。●3465円

[近刊] 3 シティズンシップとベーシック・インカムの可能性 武川正吾編著
貧困の増大のなかで関心が高まるベーシック・インカムをシティズンシップとの関連で多面的に検討。公的扶助、年金、児童手当にも論及。

法律文化社

表示価格は定価(税込価格)です